Jean Rousselet

L'allergie au travail

Éditions du Seuil

En couverture : illustration Michel Granger

ISBN 2-02-004920-1
(ISBN 2-02-002213-3 1re PUBLICATION)

Préface

Préface de la deuxième édition.

Il peut paraître paradoxal, impudent même, d'évoquer le refus actuel de certaines formes de travail, quand le chômage s'accroît et quand la jeunesse, particulièrement sensible à cette nouvelle intolérance, se trouve être aussi la première victime de la crise économique.

C'est prendre le risque de nourrir le discours de tous ceux qui pensent excuser les responsabilités des pouvoirs économiques et politiques en faisant le procès de leurs seules victimes.

Il est facile d'expliquer le non-emploi par la paresse, le dégoût des tâches aliénantes, l'outrance des ambitions. C'est peut-être aussi exagérer le découragement de beaucoup de jeunes en vidant de toute substance l'enjeu des luttes toujours plus sévères qu'il leur faut mener, pour simplement avoir le droit de travailler.

Est-ce vraiment le moment de troubler encore plus des esprits déjà trop tentés de ne plus rien croire de l'enseignement de leurs aînés ?

Les critiques qui ont accueilli la parution de cet ouvrage n'ont pas manqué de refléter parfois ces appréhensions, surtout quand elles cachaient mal des susceptibilités idéologiques, ou le regret de voir traiter dans une perspective trop subjective des problèmes dont seule la dimension politique paraissait digne d'intérêt.

Autant il paraît urgent de proposer des solutions immédiates au chômage des jeunes, autant il peut paraître superflu de se pencher sur les états d'âme de ceux qui ont la chance de ne pas être menacés par des difficultés d'emploi.

Et pourtant ! Anticiper pour soi ou pour son groupe social des difficultés d'emploi ou des insatisfactions au travail entraîne obligatoirement des conduites et des stratégies à effet économique. Plus se généraliserait un désintérêt pour de futures qualifications professionnelles et plus deviendrait irréalisable toute politique globale de formation et comme il est déjà loisible de le constater, tout ajustement même modeste entre le monde de l'éducation et celui de la production.

Craindre de ne pas trouver d'emploi ou n'en attendre aucune joie, c'est se précipiter affolé et trop tôt sur le marché du travail ou, au contraire, reculer le plus possible cette échéance inquiétante en prolongeant à l'excès des études stériles ou en se satisfaisant de vaines activités marginales. Même s'il s'agit là de réactions isolées, il est à craindre qu'elles annoncent des comportements plus généralisés présentant alors tous les caractères de contagion et d'imprévisibilité propres à la psychologie des foules. Faut-il attendre leur cortège inévitable de désordres et de paniques pour prendre en considération, au moins, leur coût social ?

N'est-ce pas aussi se leurrer que d'attendre de la fin de la crise actuelle de l'emploi un soulagement tel, qu'assurés de trouver du travail, jeunes et vieux ne portent plus attention au contenu des tâches qui leur seraient proposées ?

Vraisemblable ou non dans le système actuel, une telle échéance passe de toute façon par des choix dont l'urgence s'impose dès maintenant, choix de structures économiques, de taux de croissance, de types d'investissement, de politiques éducative et sociale, et donc finalement choix de société. Comment pourraient-ils être faits sans, qu'en préalable, une réflexion soit menée sur le sens et la place à accorder au travail dans un monde où la connaissance ne fait qu'exacerber les attentes, tandis que le progrès technologique risque d'en contrarier toujours plus le libre épanouissement ?

Préface de la première édition.

A lire tout ce qui s'écrit sur la jeunesse et en particulier sur ses attentes et ses jugements, il est étonnant d'y mesurer la faible place accordée à ce qu'elle pense du travail. Cette indifférence contraste avec l'excessive attention portée à n'importe quelle autre de ses opinions.

Sans cesse appelés à donner leur avis sur les sociétés d'aujourd'hui et sur celles à venir, les jeunes sont en effet beaucoup moins souvent interrogés sur le sens de leur future existence de travailleurs que sur la drogue, l'érotisme, la violence ou leurs intentions de vote.

Quand ils le sont c'est d'ailleurs généralement plus dans une perspective concrète d'orientation professionnelle, que pour les inviter à réfléchir sur le contenu et la finalité d'une activité laborieuse à laquelle ils sont pourtant condamnés à consacrer demain tant de temps et tant d'eux-mêmes.

Tout se passe comme si l'obligation de travailler était à ce point naturelle, comme le sont celles de respirer ou de se nourrir, qu'elle demeure par essence étrangère à toute évolution culturelle et *a fortiori* à toute remise en question. Tout se passe aussi comme si une véritable conspiration des intérêts et des idées s'efforçait d'ôter toute signification globale à des manifestations aussi diverses que les révoltes des ouvriers travaillant à la chaîne, le désintérêt croissant des jeunes à l'égard de certaines tâches ou même à l'égard de toute activité de travail, l'apparition d'attitudes juvéniles anticarriéristes nouvelles, l'augmentation des diverses formes de marginalisme professionnel, la création encore discrète mais non négligeable de communautés regroupées autour d'activités artisanales délaissées, le succès de slogans tels que « boulot, métro, dodo », etc.

Quand l'unanimité se fait pour affirmer que chacun dans la société doit se voir offrir des chances égales de réalisation personnelle, de créativité, et donc d'épanouissement, et qu'il est facile de constater que le plus grand nombre les recherche dans des « hobbies » et des activités ludiques ou culturelles de plus en plus extérieures au monde du travail, n'est-il pas permis de conclure à un divorce grandissant entre ce monde et celui des aspirations individuelles ?

L'indifférence dont ce phénomène paraît l'objet est peut-être due au fait que ceux qui pourraient en témoigner valablement sont justement, par définition, ceux qui peuvent encore concilier l'exercice de leur profession avec leur intérêt intellectuel, leur curiosité ou leur besoin de créativité, et donc sont les plus maladroits à en prendre conscience ou à lui attacher importance.

Que peut exactement connaître du travail aliénant, celui dont le travail est de décider, d'observer ou d'imaginer ? Tout ce qu'il en sait, il l'a appris dans des livres faisant état le plus souvent d'observations ou de conclusions bien dépassées. Comment par contre pourrait bien exprimer son désarroi celui chez qui le travail quotidien a fini par étouffer toute possibilité d'expression et même de réflexion ?

Quel courage et quelle lucidité seraient par ailleurs nécessaires à beaucoup d'adultes « arrivés » pour admettre l'appauvrissement progressif de leurs responsabilités professionnelles quand la valeur symbolique qu'ils continuent à accorder à leur fonction sociale commence à seule pouvoir légitimer l'image de plus en plus menacée qu'ils se font de leur réussite et de leur propre valeur ?

Si tant d'éducateurs, d'hommes politiques, de parents même, venant d'horizons différents, se retrouvent pour nier toute nouvelle importance à ce facteur travail ou pour ignorer ce qui tend à le rendre différent de ce qu'il était hier, c'est probablement qu'ils sentent confusément qu'en acceptant l'hypothèse même d'un éventuel changement dans ce domaine ils prennent le risque de remettre en question la totalité de leurs habitudes, de leurs idées et même de leur personne.

Prêts à de modestes concessions, ils ne le sont pas à une révision complète de leurs systèmes de pensée ou de leurs modes de vie, surtout si rien dans l'enseignement des diverses doctrines dont ils se réclament ne les y prépare. Il est pourtant urgent de commencer à poser ce problème, même s'il faut pour cela oser violer tous les tabous dont la plupart des idéologies occidentales ont appris à l'entourer.

Si nous ne cherchons pas dès maintenant à savoir ce que sera demain le travail et comment il se conciliera, en tant qu'activité avec les progrès de la technique et en tant que valeur avec le bouleversement prévisible des mœurs, nous perdons toute chance de concilier les leçons du passé avec les promesses du futur. Nous perdons aussi toute chance de comprendre nos enfants et de nous faire comprendre d'eux. Sans vouloir à notre tour donner une nouvelle explication du malaise actuel de la jeunesse, il paraît évident en effet qu'une des grandes causes du malentendu entre pères et fils, éducateurs et élèves, tient aux jugements différents que chaque génération commence à porter sur le concept de travail. Il est normal que les jeunes qui se préparent à affronter le monde du travail le regardent avec plus d'attention que leurs aînés qui y sont habitués, et il est vrai qu'ils sont aujourd'hui mieux informés de ce qui les y attend que nous ne l'étions à leur âge. Pourquoi dès lors les accuser de pessimisme outrancier quand ils n'attendent pas de leur avenir de travailleur ce que nous pensions être en droit nous-mêmes d'attendre ? Peut-être plus lucides, apprécient-ils mieux que nous des conditions qui elles aussi ont changé ?

Ils sentent bien que leur méfiance à l'égard du travail est mal comprise. Quand ils l'estiment naturelle et l'expliquent par ce qu'ils croient le bon sens et la simple observation, ils s'étonnent, de la voir si vite condamnée au nom de principes trop rigides ou d'habitudes désuètes. Faute de pouvoir concilier l'information qu'ils saisissent et l'éducation qu'ils reçoivent, ils risquent de généraliser ce divorce d'opinions en refusant l'ensemble des structures et des fondements moraux d'une société, prise sur un point précis en flagrant délit de mensonge ou d'hypocrisie. Cette réflexion sur le travail ne se révélerait-elle pas encore plus nécessaire et urgente si la contestation qui est parfois faite de sa place dans la cité ou de son rôle dans l'épanouissement de chacun apparaissait légitime ?

A mesurer comment tant de métiers deviennent incapables de satisfaire les appétits naturels de responsabilité, d'autonomie et de créativité de ceux qui les exercent, et à voir la profondeur du fossé qui se creuse entre les aspirations nouvelles du plus grand nombre et les faibles possibilités de réalisation que leur offre le monde professionnel, il est permis de se poser la question. Quand, parallèlement à l'appauvrissement de la plupart de leurs contenus l'évolution technique laisse prévoir une diminution du temps consacré aux activités laborieuses au profit d'autres manifestations de l'activité humaine et quand la quête d'une meilleure qualité de vie commence à entrer en compétition avec la simple recherche d'un niveau de vie plus élevé, le moment est venu de ne pas laisser aux seuls jeunes le monopole d'une révision plus ou moins déchirante de certaines valeurs.

En se refusant à sacraliser aveuglément le travail et n'importe lesquelles de ses formes, ils témoignent en effet probablement de plus de lucidité qu'il ne peut paraître à travers le désordre de leurs révoltes.

Peut-être seraient-ils moins angoissés et moins maladroits si leurs aînés, plus conscients des conséquences du progrès scientifique et plus attentifs à ses implications psychologiques et culturelles, cherchaient, hors des leçons du passé à mieux les préparer à un avenir moins centré sur le travail, si dès maintenant aussi ils s'efforçaient de les aider à combler ce qui risque de devenir bientôt un vide temporel et moral inquiétant.

1

La jeunesse n'y croit plus

Son témoignage n'est pas négligeable.

Chaque fois qu'une société se trouve confrontée à de nouveaux problèmes éthiques et qu'elle est ainsi amenée à modifier ses modes de pensée et d'agir, ce sont les jeunes qui témoignent le plus ostensiblement de cette mutation et qui se font les plus ardents avocats des évolutions ou des révolutions nécessaires.

Cette fonction de contestation et d'incitation de la jeunesse est bien connue. Le besoin de s'émanciper des tutelles de l'enfance pour affirmer son autonomie et sa personnalité l'amène à critiquer les principes sur lesquels s'appuie l'autorité de ses parents ou de ses maîtres. Il lui faut refuser pour « se prouver » et par peur d'être mal comprise ou trop ignorée, il lui faut le faire avec exagération. Sa maladresse naturelle se conjugue alors avec celle tout aussi grande des aînés pour transformer en excès ce qui n'était initialement que malaise ou inquiétude. Mais il lui faut aussi « proposer », car elle sait bien que son destin s'inscrit tout entier dans un devenir où ses propres espérances ont plus d'importance que les souvenirs et les habitudes des générations précédentes. Sans grande connaissance du passé et le suspectant d'avoir trop souvent légitimé l'arbitraire de son éducation infantile, elle est par ailleurs beaucoup plus disponible pour rêver à cet avenir que ne le sont les adultes, plus affranchie qu'elle est des contraintes immédiates et des responsabilités socio-économiques du quotidien. Elle est enfin malgré les apparences, moins sceptique, moins désabusée et bénéficie momentanément pour se mettre en projet d'une richesse de potentiels intellectuels et physiologiques qu'elle ne retrouvera jamais plus et qui la pousse irrésistiblement à toujours aller de l'avant sans se satisfaire de modestes réformes ou de petites victoires.

A trop avoir été décrites par des écrivains ou des psychologues qui depuis le Romantisme n'ont voulu y voir que les signes éphémères d'une crise d'adolescence appelée à rapidement disparaître, ces manifestations en devenant classiques ont curieusement fini par perdre toute importance aux yeux de beaucoup d'observateurs d'aujourd'hui. Rien de ce que disent ou réclament bruyamment tant d'étudiants ou tant de jeunes travailleurs ne mérite selon eux une véritable attention, puisque dans quelques mois, quelques années, ces jeunes devenus des bourgeois respectables ou des ouvriers résignés auront tout oublié de leurs excentricités juvéniles. En quoi aussi pourraient-ils être les témoins d'une quelconque évolution des mœurs ou les hérauts d'une nouvelle société très différente des anciennes, puisque l'histoire montre que tous les efforts des jeunes qui les ont précédés dans ces conflits de génération ont avorté ou n'ont fait que refléter sans les influencer réellement les insensibles évolutions dont leurs aînés ont toujours su rester les maîtres en même temps que les seuls auteurs ?

De tels raisonnements ont pu être vrais dans le passé. Ils ne le sont plus aujourd'hui et l'aveuglement qu'ils traduisent, s'il peut encore sécuriser tant bien que mal certains, a surtout pour effet d'alimenter le véritable racisme anti-jeune dont commencent à faire preuve ceux qui s'inquiètent de voir leurs fils ne plus « jouer le jeu ». Pour eux c'est en effet tricher que persévérer plus que de coutume dans la contestation ou chercher à mettre de la logique là où de leur temps ne se mettaient que passion ou paradoxes. C'est même faire œuvre d'escroc que se servir pour critiquer leurs aînés du surcroît d'information et de connaissance dont les jeunes sont redevables aux patients efforts de ces mêmes aînés. Comment s'étonner dans ces conditions que le dialogue devienne soudain si difficile ?

En réalité les problèmes actuels de jeunesse n'ont presque plus rien à voir avec les crises d'adolescence du passé, même si leur expression continue d'utiliser les mêmes gestes et les mêmes mots.

Tout les oppose, et nous y reviendrons, qu'il s'agisse de leurs dimensions chronologiques, de leur place relative dans l'existence de chaque individu, de leur contenu psychologique et idéologique et surtout de la nature de leurs rapports avec des sociétés, elles-mêmes très différentes.

C'est peut-être que la plupart des nouvelles réactions juvéniles doivent plus aux mutations du monde contemporain qu'aux habituelles manifestations psychologiques de l'adolescence. La remise en question des concepts de travail et de réussite et des valeurs morales qui s'y attachent serait de nature à le faire croire.

Plus que de simples et passagères difficultés d'adaptation et de socialisation, il semble en effet qu'en ce domaine les jeunes témoignent d'une véritable révolution éthique qui commence à ne plus laisser insensibles leurs aînés. Les signes avant-coureurs en sont nombreux et, dans la plupart des divers groupes jeunes, traduisent sous des aspects parfois contradictoires la naissance d'une commune idéologie qu'adoptent déjà les groupes adultes les plus jeunes ou les mieux informés. Ce sont cette persistance et cette extension qui donnent tout leur prix à des comportements encore trop souvent négligés et surtout mal compris des autres adultes.

Tous traduisent une désaffection grandissante à l'égard du travail. Comme le soulignait le professeur Stalpers dans une récente synthèse des études consacrées depuis dix ans à la jeunesse en Europe, « beaucoup de jeunes commencent à ne plus considérer le travail comme une occupation capable d'absorber toute l'attention et toute la personne. L'activité professionnelle n'est plus l'unique souci et l'unique centre d'intérêt. Elle n'est plus que l'un des nombreux aspects de la vie. N'ayant qu'une signification partielle, elle devient de plus en plus un moyen permettant de parvenir à des fins extérieures ».

Ses ambitions s'appauvrissent.

Toutes les enquêtes françaises confirment ce jugement. Alors que les initiatives adultes s'essaient à élargir l'information des futurs travailleurs pour faciliter leur orientation à partir de la connaissance de leurs aptitudes, de leurs ambitions et des emplois susceptibles de leur être proposés, un nombre grandissant d'entre eux se révèlent incapables de choix professionnels véritablement élaborés et s'en désintéressent même parfois de manière évidente.

Quand il s'agit par exemple de jeunes demandeurs d'emploi, c'est-à-dire de jeunes à la recherche généralement d'un premier emploi, beaucoup ne font état d'aucune ambition précise ou demandent à exercer un métier dont il apparaît vite qu'ils ne connaissent rien. Tous ou presque, même libres de toute contrainte économique immédiate, finissent par accepter n'importe quelle proposition et semblent se satisfaire aisément de perspectives parfois étrangères à leurs choix initiaux.

Interrogés par ailleurs sur leur éventuelle volonté de réussite professionnelle appréciée en terme d'enrichissement des tâches et des responsabilités et en terme de promotion, rares sont ceux qui témoignent de ce que nous avons appelé faute de mieux la « combativité » (cette notion exprimant la capacité et le goût de la décision, le désir de s'engager et de s'impliquer, le souci d'organiser le présent pour améliorer l'avenir par des démarches, des initiatives, une formation complémentaires, etc.).

Une telle indifférence peut paraître naturelle quand il s'agit de jeunes à la recherche d'un emploi à la fin même de leur scolarité obligatoire. Issus en général des groupes sociaux défavorisés, ils savent ne pouvoir espérer, du fait de leur manque de qualification, que des tâches obscures et ingrates et des avenirs socioprofessionnels médiocres. Cela devient plus alarmant quand la crise de l'emploi commençant à intéresser des jeunes mieux formés, ayant poursuivi des études générales ou techniques, on retrouve aujourd'hui, chez eux, les mêmes attitudes.

Et pourtant tous ces adolescents, plus ou moins résignés, semblent en même temps de plus en plus pressés de travailler. L'obtention d'un emploi est aujourd'hui la première des préoccupations et des revendications de l'ensemble de la jeunesse.

Si rebutant soit-il, n'importe quel travail paraît préférable au chômage. Même s'il est loin des ambitions passées, il a en effet au moins le mérite d'ouvrir la voie à l'indépendance économique et surtout d'offrir le statut social que seul continue à procurer dans notre société l'exercice d'une profession.

Il met fin aussi souvent à une prolongation jugée insupportable des obligations scolaires. Plus de la moitié des interruptions, sanctionnées par des mises au travail immédiates, trouvent là leur seule origine.

La tentation serait grande de confondre alors indifférence à l'égard du travail et paresse ou indigence intellectuelle.

En fait il n'en est rien, puisque les conduites d'autres jeunes du même âge, bons élèves et même très bons élèves, traduisent la même croissante désaffection à l'égard du contenu des différentes activités de travail.

Hier le choix du métier se concrétisait très tôt par celui du patron qui ferait bénéficier sur le tas de son expérience ou par celui de l'établissement professionnel spécialisé dans la branche envisagée. Il n'en est plus ainsi aujourd'hui. Si les patrons-artisans continuent à n'exercer qu'un seul métier bien individualisé, les centres et les écoles d'apprentissage regroupent sous le même toit des apprentissages très divers préparant à des professions n'ayant entre elles que peu de points communs. Beaucoup de ces établissements recrutent par concours et répartissent les futurs élèves d'après leur classement d'entrée sans tenir compte de leurs ambitions initiales. Tel qui s'était inscrit espérant apprendre le métier d'électronicien se retrouve en section de travail des métaux et tel autre qui s'imaginait plus tard, en blouse blanche devant une table de dessin, se retrouve en bleu, devant une fraiseuse, un établi de menuisier ou un tableau d'électricien.

Au fil des études, les plus ou moins bons résultats entraînent d'autres réorientations, selon une hiérarchie des aptitudes et des métiers, qui change d'ailleurs avec les besoins du marché du travail ou de ceux de l'entreprise qui assume la formation de son futur personnel.

Rares, pourtant, sont ceux qui cherchent à corriger les hasards de cette sélection. Encore plus rares sont ceux qui manifestent le moindre déplaisir. Et il en est ainsi tout au long de la période de formation professionnelle et même quand plus tard la qualification ayant été acquise et sanctionnée par un diplôme, ces jeunes ouvriers sont dans la même entreprise ou dans d'autres, affectés à des postes de travail ne tenant aucun compte de ces deux ou trois ans d'efforts de spécialisation préalables et souvent même des diplômes professionnels obtenus.

Quand on sait que plus de 50 % des jeunes travailleurs, titulaires d'un certificat d'aptitude professionnelle, n'occupent pas, trois ans après la fin de leur formation, un emploi correspondant à leur qualification ou à leur niveau général de connaissances, il est évidemment permis d'incriminer en premier l'incapacité de l'Education nationale à traduire dans son enseignement technique l'évolution des exigences du monde du travail. Beaucoup de jeunes « qualifiés » changent de métier parce qu'ils ne trouvent pas d'embauche dans celui qu'ils ont appris. Pourtant la comparaison des statistiques d'emploi avec celles des effectifs des diverses sections d'enseignement professionnel montre que cette inadéquation structurale n'explique que partiellement le phénomène. Il n'est que d'interroger les sujets considérés comme instables parce qu'ils changent souvent de postes de travail, ou d'entreprises, pour constater que leur comportement s'explique au moins autant par des facteurs psychologiques personnels que par de simples considérations économiques ou technologiques. C'est surtout parce que rien ne les attache à leur travail et au contenu des tâches qu'il implique, qu'ils acceptent de le quitter si facilement. De toute façon et à supposer même que certains d'entre eux, écartés de leurs ambitions initiales, aient été à un moment donné fortement motivés, le fait de découvrir plus ou moins tôt qu'ils ont peu de chance d'y consacrer longtemps leur intérêt ne paraît pas de nature ni à renforcer leur enthousiasme pour un avenir si incertain ni à valoriser leurs futures responsabilités. C'est même de dégoût dont il faudrait parler puisque quand ils ont déjà l'expérience d'un premier emploi avec ou sans qualification, accepté de bon cœur ou non, et qu'en chômage il leur faut en rechercher un nouveau, ils ne sont plus que 35 % à vouloir refaire une expérience dans la profession déjà exercée, les autres la mettant au contraire au premier rang de celles refusées *a priori*. Seuls échappent à cette répugnance les emplois exigeant une spécialisation étroite, donc de reconversion difficile et ceux offrant de très appréciables avantages matériels.

Comment s'étonner de toutes ces attitudes quand les élèves du secondaire long et les étudiants de l'enseignement supérieur, c'est-à-dire les plus privilégiés de ces classes d'âge, les plus aptes à se mettre en projet et ceux disposant de plus de temps pour préparer leur insertion dans la vie active sont de plus en plus nombreux aussi à témoigner des mêmes attitudes ?

A l'âge où les apprentis terminent leur scolarité technique, leurs camarades du même âge, en première et en terminale, savent rarement à quoi ils utiliseront le baccalauréat qu'ils préparent. Une minorité pré-déterminée par son orientation en classe de seconde est capable de faire état d'un vague choix entre les carrières scientifiques, économiques, juridiques ou médicales. Les autres, de beaucoup les plus nombreux, sont incapables d'une telle prospective personnelle et semblent attendre que les aléas des sélections, des échecs, ou des succès scolaires décident pour eux. Quand leur avenir est ainsi presque tout entier joué à l'occasion d'une réorientation inopinée ou à travers un seul examen, ce sont le plus souvent les pressions parentales ou l'exemple d'un ami qui la veille d'une inscription en faculté emportent la décision finale.

Son avenir en loterie.

Pour Pascal déjà, « le hasard décidait seul du choix du métier ». Cela semble encore plus vrai aujourd'hui que la complexité des cheminements scolaires et leurs surprises inévitables interdisent tout projet à long terme.

Les plus modernes techniques d'observation scolaire, d'information et d'orientation ne font que renforcer cette influence du hasard en stérilisant très tôt les rêves d'enfant et en accordant plus tard une importance excessive à la seule appréciation des résultats scolaires et des aptitudes immédiates. Qu'y a-t-il de plus aléatoire qu'une réussite à un examen ? Est-il certain qu'à 15-16 ans la personnalité soit assez élaborée pour qu'il soit possible d'en mesurer exactement les qualités et les défauts et surtout d'en prédire le devenir ? N'est-ce pas là aussi un pari bien dangereux ?

Les vocations à la Mozart sont rares et, chez tous ceux qui ne sont pas à 6 ans des génies, elles sont choses fragiles nées de fantasmes qu'il faut nourrir sans cesse de longues réflexions. Comment supporteraient-elles sans dommage l'inhumaine course d'obstacles imposée aujourd'hui à nos lycéens sans que ne leur soit même laissé le temps de penser et d'imaginer leur futur ?

Plus de 50 % des sujets commençant une scolarité secondaire dans le cycle long abandonnent en cours d'études, changent de filière ou échouent définitivement au baccalauréat. Ce gaspillage d'espoirs et d'énergies suffirait seul à expliquer pourquoi la plupart des élèves des classes terminales en préférant « voir venir » s'interdisent peu à peu tout véritable engagement. Une telle prudence, bien légitime, finit toujours par se transformer en méfiance tant à l'égard de l'avenir scolaire immédiat, qu'à celui de l'avenir plus lointain professionnel ou social. Parce qu'il leur est impossible de focaliser leurs efforts et leurs attentes sur un métier précis et donc sur des tâches bien définies, ils préfèrent se désintéresser de cet aspect particulier de leur futur et paraître le mépriser au profit d'autres attentes moins décevantes et plus immédiates. Cette analyse intervient malheureusement à un moment clé de leur maturation et risque de ce fait de laisser dans leur représentation du monde et de la société des traces qu'aucune réussite ne pourra plus tard effacer. Il n'est pas toujours bon d'apprendre ainsi à attendre plutôt qu'à décider.

Les mêmes mécanismes de sélection et les mêmes réactions psychologiques se retrouvent dans l'enseignement supérieur.

Il fut un temps où les facultés de droit, en préparant à tout et à rien, permettaient aux plus indécis des étudiants de retarder leur entrée dans la vie active en ne s'interdisant pourtant presque aucune carrière. Il en est ainsi maintenant de presque toutes les autres facultés, comme il commence aussi à en être des instituts et des centres techniques supérieurs.

Dans n'importe quelle discipline, la majorité des étudiants poursuit des études pourtant déjà spécialisées sans chercher à bien savoir sur quelle profession elles déboucheront. Même à ce niveau les vocations sont rares et l'aspiration à travailler encore bien confuse. Les étudiants qui savent ce qu'ils veulent faire et se passionnent pour leurs futures activités de travail ne sont pas plus nombreux que les lycéens capables de faire état d'ambitions précises.

De surprenants engouements collectifs drainent aujourd'hui vers certains cycles d'études particulièrement longs une masse d'étudiants plus tentés d'y trouver matière à réflexion personnelle et surtout sursis à s'engager dans la vie active que promesse concrète d'avenir professionnel. Le moindre échec ou la plus petite déception se traduisent par un changement radical d'orientation, et l'on voit se multiplier les passages *a priori* surprenants des facultés de pharmacie à celles de lettres, des facultés de médecine à celles de droit, de la préparation des carrières commerciales à celles du journalisme, de l'électronique à la vente, etc.

Les abandons sont aussi de plus en plus nombreux et pas toujours justifiés par de graves insuccès ou de lourdes hypothèques économiques.

Pour beaucoup, tout semble se passer comme si l'enseignement supérieur, loin de préparer à l'exercice proche d'une profession, constituait au contraire le meilleur moyen de retarder l'entrée dans la vie active.

L'accumulation désordonnée et presque avaricieuse de certificats et de diplômes sans intérêt sur le marché du travail peut refléter chez certains un louable désir de parfaire leurs connaissances. Elle n'en paraît pas moins suspecte chez d'autres qui y voient surtout une excuse pour ne pas assumer immédiatement et le moment venu la plénitude de leurs responsabilités d'adultes. Plus qu'une indétermination excessive ou une répugnance à l'égard de telle ou telle profession, c'est en effet une véritable appréhension de n'importe quelle forme de travail qu'ont en commun aujourd'hui beaucoup d'étudiants prolongés. Cet état d'esprit ne leur est d'ailleurs pas particulier. Il inspire la manière dont beaucoup de jeunes — une fois dépassé le stade initial des refus d'ambition et des désintérêts et quel que soit leur niveau culturel ou socio-économique — s'essaient à retarder et à transformer leurs débuts de vie salariée et productive par le biais d'activités de type marginal.

Les tentations de l'abandon.

Le choix délibéré de ces solutions de marginalisme professionnel, dans les générations qui accèdent à l'âge de travailler, nous paraît constituer par son accroissement récent et sa généralisation à tous les milieux le phénomène le plus révélateur des nouvelles attitudes de la jeunesse à l'égard du travail et donc du bouleversement des valeurs qu'elles impliquent.

Mal connu, difficile à cerner, il devrait pourtant être au premier rang des préoccupations des économistes qui pourraient y voir une menace pour l'équilibre futur des structures de production et de consommation.

Il est probable aussi qu'à mieux en connaître les causes profondes, les sociologues et les moralistes y trouveraient de meilleures explications de la crise de jeunesse moderne que dans les déclarations souvent gratuites et excessives d'autres jeunes incapables d'accorder leur conduite à leur discours. Il est vrai qu'il s'agit là de conduites ambiguës dont la mesure exacte échappe en général aux programmes et aux instruments statistiques.

Beaucoup aussi, pour des raisons purement politiques, préfèrent les ignorer systématiquement pour ne pas ôter de crédit aux assertions de ceux qui font état aujourd'hui d'un chômage jeune alarmant, ou de ceux qui, au contraire, en nient la réalité.

A s'en tenir au vocabulaire des sociologues et des statisticiens qui veut que la population active marginale soit faite « des personnes qui ne sont occupées ou ne recherchent un emploi qu'incidemment et de manière occasionnelle, qui n'ont pas une conscience d'actif et affirment avoir travaillé au moins une heure pendant la semaine de référence », les jeunes de moins de 25 ans ayant une activité marginale, quoique plus nombreux que les années précédentes, ne seraient maintenant en France que 200 000. Si l'on admet pourtant que les jeunes et surtout les jeunes anomiques sont les plus nombreux à échapper aux recensements et que par ailleurs dans le contexte politique actuel il est plus prudent quand on a les cheveux longs de se déclarer actif plutôt qu'oisif, ce chiffre paraît très inférieur à la réalité.

En y incluant les travailleurs saisonniers ou occasionnels qui sont regroupés dans d'autres rubriques statistiques et à la lumière de différents sondages ou de l'expérience des travailleurs sociaux spécialisés, il semble qu'il soit possible de multiplier par trois ou quatre, pour avoir une idée très approximative de la quantité de jeunes pouvant être qualifiés de « marginaux professionnels ». Ce nombre n'est pas négligeable puisqu'il représente en France presque la totalité d'une tranche d'âge.

Rentreraient dans cette rubrique tous ceux qui, dès la fin de leur scolarité obligatoire ou de leur formation professionnelle, ne peuvent et surtout ne veulent pas occuper immédiatement un véritable emploi, c'est-à-dire tous ceux qui, plus hésitants, à la fois moins motivés et moins hâtifs (et parfois aussi moins contraints financièrement) en arrivent à transformer en une longue suite d'expériences diverses, entrecoupées de périodes d'inactivité, ce qui pour les autres demeure encore une rapide conversion aussi sensible au plan psychologique qu'au plan socio-économique.

Il est impossible de dresser une liste exhaustive de ces activités marginales et elles sont si nombreuses, si variées, si changeantes et si souvent clandestines qu'il est même difficile à travers quelques exemples de s'essayer à en esquisser une classification. Très arbitrairement elles peuvent pourtant être regroupées en quatre catégories principales, en pensant évidemment que beaucoup d'entre elles sont par ailleurs exercées par des jeunes qui ne les acceptent que contraints économiquement et pour un temps si possible limité.

1. Activités postscolaires ou préprofessionnelles prolongées.

Ce sont toutes celles qui, de près ou de loin, peuvent être rattachées à la formation reçue ou à l'avenir professionnel que cette formation implique, par exemple :

— pour les étudiants :
leçons particulières, emplois de répétiteurs, de surveillants ; travaux vacataires de codage, de triage, d'enquêtes d'opinions, dans des organismes de recherches scientifiques ou des entreprises de marketing ; encadrement et monitorat dans des clubs de loisirs et de vacances, accompagnement et interprétation dans des voyages organisés, des visites de monuments et de musées, etc. Ces activités étant prolongées audelà des temps de vacances habituelles et répétées.

— pour les titulaires d'une formation professionnelle :
petits travaux de dessin chez des architectes, des décorateurs, des publicistes, des entreprises du bâtiment, emplois épisodiques dans des garages, des entreprises de dépannage, des chantiers à l'étranger, stages préprofessionnels prolongés à l'excès.

2. Activités diverses d'attente, retardant l'insertion définitive.

Il s'agit d'emplois temporaires et généralement non qualifiés, occupés pendant des périodes très courtes et répétées ; magasinier, emballeur, conditionneur, laveur de voitures, chauffeur-livreur, groom, pompiste, petits travaux du cuir, du carton, coursier de banque, emplois temporaires de la SNCF, des PTT, de vente, etc.

3. Activités indépendantes et autonomes, refusant les types d'insertion classique et se voulant obéir à des désirs de liberté, d'art, etc.

— travaux saisonniers : vendanges, cueillettes de fruits et de légumes ;

— travaux à l'air libre : ventes foraines, distribution de prospectus, « photo-stop », ventes de journaux d'art, d'étudiants, etc., sur la voie publique, démarchage, affichage ;
— travaux para-artistiques : figuration de cinéma, de théâtre ou de publicité, photographie de mode ou autres, musique des rues, etc. ;
— travaux artisanaux plus ou moins folkloriques : bijouterie, métaux repoussés, osier, tissage, poterie, perles, tricots, etc.

4. Activités para- ou prédélinquantielles ou de transgression sociale.

Elles sont encore plus nombreuses, variées, polymorphes et dans tous les domaines se situent généralement entre la véritable délinquance et ce qu'il est convenu d'appeler « le système D ». Elles vont de la mendicité occasionnelle à la pratique de « la manche », du petit trafic au chapardage organisé (en général de livres ou d'accessoires de voitures), de la petite indélicatesse érigée en système à la complicité plus ou moins franche d'activités criminelles adultes, de la liberté sexuelle non rétribuée mais assortie d'avantages en nature (vêtements, repas, sorties, etc.), au racolage des fins de semaine ou au « michetonnage », etc.

Il est évident que toutes ces attitudes de fuite devant la véritable activité de travail, quand elles ne sont pas plus ou moins justifiées par de réelles difficultés matérielles d'insertion, sont le reflet de problèmes personnels et liées aux personnalités des sujets, à leur vécu, à leur passé socio-éducatif ou à leur environnement.

Leur accroissement récent et le fait que beaucoup des individus qui jeunes les affichaient commencent à ne plus les abandonner en devenant moins jeunes, amènent pourtant à penser qu'il existe des causes plus générales.

Il est certain aussi qu'elles ne pourraient être si nombreuses si quelques nouveaux aspects socio-économiques des sociétés modernes, en les rendant possibles, ne contribuaient en même temps à nourrir leurs motivations profondes.

Dans cette perspective, trois facteurs principaux sont, semble-t-il, à souligner :

Inadéquation emploi-formation : elle peut être quantitative ou qualitative. La spécialisation croissante des emplois et des formations rend souvent de plus en plus délicate leur adéquation au plan des individus. C'est ce qui arrive quand les techniques de production sont subitement changées ou quand faute de planification à moyen et long terme sont formés par exemple trop de diplômés de certaines disciplines universitaires ou trop d'ajusteurs, de couturiers ou de mécanographes. Les victimes de ces distorsions n'ont dans l'immédiat d'autres ressources que de se contenter d'activités d'attente ou marginales, dont ils ne peuvent plus se détacher aisément, par la force de l'habitude ou la peur de l'inconnu.

L'élévation du pouvoir d'achat : en refusant certaines sollicitations de la société de consommation — ce que beaucoup de jeunes et de moins jeunes se proclament par ailleurs désireux de faire — et en se refusant aussi à penser à l'avenir, il est plus facile aujourd'hui qu'hier, à un âge où les charges sociales et économiques sont faibles, de subsister en ne travaillant qu'épisodiquement.

Le salaire d'un ou deux jours de travail permet de « se débrouiller » toute une semaine, à condition d'accepter les modes de nourriture et d'habillement en faveur dans certains groupes. Quand on sait par ailleurs que beaucoup de jeunes qui travaillent régulièrement continuent pourtant à vivre presque totalement à la charge de leurs parents — qui peuvent le faire mieux qu'hier — tout en gardant la plus grande part de leur salaire comme argent de poche, il est légitime de penser que ceux qui ont des activités moins traditionnelles sont encore aidés par leurs familles dans leurs périodes d'inactivité plus ou moins volontaire.

L'évolution générale du marché du travail : sous l'influence des progrès technologiques dans les secteurs primaire et secondaire et du fait de l'extension du secteur tertiaire se créent peu à peu par ailleurs des postes de travail mal définis, occasionnels, qui n'existaient pas auparavant et ne peuvent être occupés que par une main-d'œuvre elle-même occasionnelle et marginale. C'est le cas, par exemple, des travaux saisonniers dans l'agriculture qui réclament d'autant plus de travailleurs occasionnels que les entreprises agricoles sont plus industrialisées, et emploient moins d'ouvriers agricoles permanents. Les techniques de production et de commercialisation, obligées de se plier à des demandes globales immédiates et nécessitant la mise en vente sur le marché de grosses quantités standardisées, impliquent aussi l'intervention épisodique de conditionneurs, d'emballeurs, de vérificateurs, etc., dont le besoin ne se faisait pas sentir quand les productions étaient écoulées progressivement. Il en est ainsi aussi des activités de publicité, de marketing ou de sondages d'opinion, faites de périodes de « lancement » et de « campagne », par définition intenses et brèves, et des activités artistiques ou para-artistiques qui se développent à mesure que se créent de nouvelles entreprises de spectacles ou de nouveaux supports de mass media et que s'y élargit la place faite à l'image.

L'augmentation des « travaux intérimaires de vacances » qui croît parallèlement à celle du nombre des sujets qui bénéficient de ces avantages sociaux et à celle du nombre des jours non travaillés, joue aussi un rôle non négligeable en donnant à de plus en plus de jeunes le goût ou l'habitude de ces activités temporaires. Il est rare qu'un adolescent ayant travaillé deux ou trois mois d'été dans un quelconque emploi s'y découvre une vocation pour la profession ainsi entr'aperçue.

Il est fréquent au contraire qu'il y trouve prétexte pour interrompre des études devenues insupportables ou que, séduit par un des aspects les plus mineurs d'une existence de travail appréciée trop fugitivement (salaire, liberté, nouveaux contacts humains...), il cherche à en retrouver le goût dans une suite d'expériences analogues de plus en plus décevantes. C'est là aussi un bon moyen pour se dégoûter très vite de tout réel travail.

Ce qu'elle en attend aujourd'hui.

Toutes ces conduites commencent à être bien connues des employeurs et des spécialistes de l'orientation et du placement, même si beaucoup d'entre eux se refusant à accepter ce qu'elles ont en commun de sincère, préfèrent les traiter en épiphénomènes agaçants et n'y voir que manque de courage et d'ambition.

Le grand public, lui, les ignore ou ne leur attache aucune importance dans la mesure où elles lui paraissent moins scandaleuses ou moins menaçantes que d'autres qui, tels la violence ou l'érotisme, risquent de troubler ses habitudes et sa quiétude.

A une époque où l'excessif devient suspect et où tout ce qui est évident est vite déformé, leur discrétion plaide au contraire pour leur authenticité. Elles ont aussi pour une fois le mérite de vérifier ce qu'apprennent les enquêtes d'opinion. Bien des jeunes font état, dès qu'on les interroge sur ce qu'ils pensent, de points de vue exagérés ou paradoxaux dans le seul but de choquer leurs interlocuteurs adultes et de mieux ainsi affirmer leur personnalité. Même quand ils sont sincères, il est rare que l'outrance de leurs déclarations se retrouve dans leurs comportements. S'ils ébauchent une mise en application de leurs thèses excessives, il est rare qu'ils persévèrent et ce divorce entre les discours et l'action qui caractérise finalement la plupart des crises juvéniles rassure depuis toujours les adultes. Si cela devient en général moins vrai dans la plupart des domaines — et c'est ce qui fait l'originalité des crises de jeunesse actuelles —, cela ne l'est plus du tout en ce qui concerne les jugements portés sur le travail et les engagements qui en découlent.

Bien des façons de s'insérer dans la vie active paraissent au contraire aller au-delà des déclarations de principe ou des proclamations d'intention, comme s'il était plus facile, dans ce cas particulier, de violer les tabous en agissant qu'en parlant. C'est peut-être aussi que beaucoup sont plus habiles à vivre dans le réel leurs attentes ou leurs refus qu'à les exprimer dans un langage encore mal adapté aux inquiétudes et aux confusions de la société moderne et dont ils ont toutes raisons de penser par ailleurs qu'il ne peut être compris de la plupart de leurs aînés.

Cette ambiguïté est immédiatement perceptible quand des jeunes sont conviés à donner leur opinion sur ce qu'ils pensent du travail et sur ce qu'ils en attendent personnellement. Selon les enquêteurs et selon la manière dont les questions sont posées, il est permis d'en conclure avec la même apparente bonne foi que la jeunesse met son « futur de travail » au premier rang de ses préoccupations du moment ou qu'au contraire elle s'en désintéresse à peu près complètement. Quelle aubaine pour ceux qui font profession politique de nier la spécificité et la nouveauté des conflits de génération actuels. Quel argument aussi pour ceux qui croient assister aux prémices d'un bouleversement radical de toutes les valeurs classiques. En fait, demander « comment voyez-vous demain votre travail ? » ou « y pensez-vous beaucoup aujourd'hui ? » est toujours compris de deux manières différentes, si aucune explication complémentaire n'est donnée.

Pour les plus nombreux l'expression « futur travail » se

confond avec celle de « future profession ». C'est l'avenir personnel global avec ses dimensions socio-économiques (niveau de vie et de consommation, sécurité, stabilité, avantages matériels) et ses aspects symboliques (statut social, mode de vie, prestige, etc.) qui est évoqué.

Compris dans ce sens très large, il continue évidemment à susciter beaucoup d'intérêt. En cela, la génération actuelle n'est pas apparemment très différente des autres, même si la part de rêve s'amoindrit, si le réalisme colore de plus en plus les représentations de l'avenir. Chez ceux dont le futur se trouve déjà hypothéqué par le manque de qualification ou des tentatives ratées d'insertion persiste toujours un peu d'espérance, ne serait-ce que dans la chance et le hasard.

Mais le mot travail peut être compris différemment et évoquer non plus la profession mais le contenu des tâches qu'implique l'exercice de tel ou tel métier. Quand ce sens est bien précisé par les enquêteurs et bien compris des jeunes, les réponses sont alors de nature à surprendre les observateurs qu'avait pu rassurer l'intérêt encore porté à l'avenir en général.

La plupart témoignent en effet d'une désaffection pour l'activité même de travail et cela quelle que soit sa nature propre. Il n'y a ni refus, ni révolte, simplement indifférence à l'égard des peines et des joies qui, à l'atelier, au champ ou au magasin, étaient jusqu'ici réputées indispensables à la dignité et au plein épanouissement des individus.

Cette véritable inappétence constitue un phénomène nouveau révélateur d'un profond changement de mentalité. Nous savons mal ce que pensaient de leur labeur quotidien nos ancêtres, mais, à coup sûr, beaucoup d'entre eux ne pouvaient en tirer déjà ni orgueil ni plaisir. Ils se révoltaient, priaient, accusaient le destin ou la malchance, mais, astreints à des tâches trop ingrates, ne restaient jamais complètement insensibles à la dimension métaphysique d'un destin personnel inséparable de la notion de châtiment ou de malédiction divine. Les plus amers enviaient le sort de ceux dont le travail paraissait noble, les autres s'efforçaient d'oublier leur misère, mais tous acceptaient finalement une condition dont l'ingratitude échappait à la mesure des hommes et des sociétés humaines.

Il n'en est plus ainsi aujourd'hui, le jugement des jeunes en la matière paraît beaucoup plus libre. Il suffit pour s'en convaincre de s'entretenir avec des jeunes de tous les milieux ou de comparer les résultats de sondages d'opinion consacrés à ce problème. Une large enquête de la Jeune Chambre économique vient ainsi de montrer que, dans la population juvénile très diversifiée et très représentative qu'elle étudiait, l'hypothèse de ne pas aimer son futur travail ou son futur métier constituait la dernière des huit éventualités proposées comme susceptibles d'assombrir l'avenir et que cette surprenante hiérarchie des attentes n'entraînait aucun sentiment de gêne ou de culpabilité d'ordre moral ou religieux.

Nous avons posé une question à peu près identique à des apprentis scolarisés de la métallurgie parisienne. Il s'agissait donc cette fois de sujets conditionnés par leurs moniteurs et leurs études à attacher beaucoup d'importance aux qualités intrinsèques de spécialisations professionnelles considérées comme enviables, telles que mécanicien, motoriste ou électromécanicien. Les résultats avaient été semblables à cela près qu'environ 20 % d'entre eux, au contraire, généralement fils de manœuvres, continuaient à valoriser des gestes et des tâches qui pour eux représentaient surtout une promotion sociale.

Dans une très récente enquête s'attachant, elle, à préciser les critères de réussite et d'échec propres à des adolescents de 16-17 ans, issus de toutes les classes sociales et de tous les niveaux culturels, nous venons de constater, grâce à des entretiens très approfondis, les mêmes états d'esprit. Pour 60 % de ces jeunes, appelés à se projeter dans l'avenir, il ne paraît pas indispensable d'aimer plus tard son métier pour prétendre avoir réussi sa vie. Pour 70 % ce ne sera pas avoir raté cette vie qu'exercer une profession incapable d'apporter des satisfactions directement liées aux tâches futures qu'elle implique.

Ces points de vue « jeunes » ont été confirmés par l'enquête, récente elle aussi, menée par *le Nouvel Observateur* qui montrait que moins de 10 % des individus interrogés faisaient de l'amour de son métier un facteur de bonheur.

Ce processus de dévalorisation est encore plus sensible quand sont interrogés de futurs techniciens, capables en principe de bien penser leur avenir et d'en énoncer clairement les grandes lignes. Pour 54 % de ces jeunes relativement privilégiés au plan culturel et bénéficiant d'une formation de pointe les écartant à coup sûr des métiers sans attrait et sans initiatives, la profession n'est plus qu'*un moyen qui doit servir d'infrastructure* à toute la vie, puisque c'est d'elle que dépendra le mode de vie en même temps que le rang social. Pour 32 % elle n'est plus envisagée qu'en *fonction de sa rétribution,* et n'est qu'un secteur d'activité parmi d'autres ou du temps échangé contre de l'argent. Ce n'est que pour 1/6 d'entre eux qu'elle prend une véritable valeur en *témoignant de l'existence dans le monde.* Il ne faut pas attacher trop d'importance aux statistiques surtout quand elles veulent quantifier des opinions. Il est curieux pourtant de relever que cette faible proportion de sujets continuant à attacher du prix à l'activité de travail plus qu'à ses avantages extérieurs est exactement celle retrouvée à travers des techniques d'investigation différentes chez d'autres échantillons aussi dissemblables que des chômeurs, des apprentis de l'artisanat, des syndicalistes chrétiens ou de futurs employés de bureaux des deux sexes.

Mais, dira-t-on, il s'agit là d'opinions exprimées plus ou moins sincèrement, recueillies plus ou moins fidèlement et probablement souvent expliquées par le seul désir de scandaliser les adultes qui les recueillent.

L'exploration des zones plus profondes de la personnalité à l'aide, par exemple, de tests projectifs tels que le TAT (Thematic Aperception Test) qui ne fait appel lui qu'à l'interprétation de dessins volontairement ambigus, ne fait pourtant que les confirmer.

A ce niveau aussi le facteur travail est très rarement mentionné et n'apparaît comme élément anxiogène que lorsqu'il menace le besoin de sécurité.

Ce désintérêt croissant amène certains observateurs à en rendre responsables les états de passivité ou de révolte qui caractériseraient aujourd'hui la jeunesse. S'étonnant, en effet, d'une telle proportion de *non-concernés par le travail* chez des adolescents par ailleurs si systématiquement informés de la nécessité des qualifications et de l'âpreté des compétitions sociales, ils veulent n'y voir que fuite ou refus.

Il n'en est rien et il s'agit beaucoup plus d'une prise de conscience et d'un transfert d'intérêt. Ces jeunes en réalité toujours aussi préoccupés de leur avenir que l'étaient hier leurs aînés, commencent par contre à ne plus en attendre la même chose, ou plutôt se refusent à en attendre les satisfactions que ces mêmes aînés continuent à vanter dans leurs discours et leurs leçons, tout en les méprisant dans leur vie de tous les jours.

Quand les parents, les éducateurs et la société tout entière, au nom de leurs propres habitudes de pensée, s'efforcent encore de présenter la réussite comme une réalisation de soi « par et à travers » le travail, les fils la mesurent de plus en plus et dans un ordre décroissant à l'argent, au bonheur conjugal et familial, à la sécurité dans l'emploi, aux joies extra-professionnelles, sportives, artistiques ou ludiques, etc.

On peut regretter que les jeunes attachent tant d'importance à leur futur salaire, mais comment pourrait-il en être autrement dans une société de consommation dont la seule ambition paraît être de développer sans cesse les appétits et les besoins sans offrir d'autres moyens que l'argent pour les satisfaire ?

Interrogés sur ce qui leur paraît le plus important dans les films d'information et d'orientation destinés à leur faire découvrir les métiers, 80 % des élèves de troisième disent avoir accordé plus d'intérêt au cadre de vie qu'aux tâches elles-mêmes. Certains formulent même ainsi leur opinion : « En quoi ce métier gênera-t-il ma vie familiale, mes loisirs, etc. ? »

Les jeunes sont-ils d'ailleurs les seuls à avoir cette vision de l'avenir et où trouveraient-ils des exemples pour la refuser ?

Et que penser aussi d'une génération jeune si critiquée qui met par ailleurs, dans la plupart des sondages d'opinion bien menés, le bonheur conjugal au second rang de ses préoccupations futures et voit dans l'hypothèse de « ne pas avoir plus tard de satisfactions avec ses enfants » le plus grand risque de rater son existence ?

Toutes ces représentations de l'avenir procèdent plus d'un effort d'adaptation au possible que d'un aveugle désir de changement. Dans toutes nos analyses la proportion de ces indifférents au contenu du travail croît en effet à l'intérieur de chaque groupe étudié avec l'âge, la qualification et le niveau de connaissances générales, c'est-à-dire avec l'expérience de la vie, traduisant bien un ajustement des attentes aux réalités perçues. Cette hypothèse paraît confirmée par une autre évolution qui voit, elle, la recherche de stabilité et de sécurité être peu à peu remplacée par celle de l'augmentation du pouvoir d'achat, à mesure que sont étudiées des strates socio-économiques plus élevées, c'est-à-dire à mesure que diminuent les menaces objectives de chômage et qu'augmentent au contraire les chances subjectives de participer pleinement au phénomène général de consommation.

Hors toute perspective morale il serait possible de se féliciter de cette adéquation raisonnable, si pour beaucoup elle ne continuait à se payer de troubles qui traduisent un conflit toujours plus aigu entre les valeurs enseignées et les valeurs vécues.

C'est le cas des refus de plus en plus fréquents et *a priori* incompréhensibles de saisir les chances pourtant largement offertes de formation ou de promotion, de l'augmentation des abandons non motivés d'apprentissage ou d'études en cours, des changements d'emploi, des difficultés croissantes d'insertion et d'adaptation dans les entreprises et surtout des solutions aussi extrêmes que le chômage volontaire.

Il y a vingt ans l'action d'un médecin du travail des jeunes était surtout dirigée vers la prévention des troubles pulmonaires, endocriniens et vertébraux. Elle est aujourd'hui, quand elle existe, à 80 % faite de prévention, de dépistage et de mise en traitement de troubles caractériels et névrotiques, toujours plus graves comme le montre l'augmentation rapide des conduites asociales et suicidaires juvéniles en milieu de travail. Ces manifestations de pathologie sociale et psychiatrique traduisent toutes la même impossibilité de concilier les appétits contradictoirement développés de sécurité matérielle et d'épanouissement personnel.

Dans une enquête déjà ancienne portant sur 60 000 jeunes travailleurs, la JOC avait montré que plus de 50 % d'entre eux étaient mécontents de leur travail qu'ils trouvaient ennuyeux, sans perspective d'avenir et trop mal rétribué. Cette proportion d'insatisfaits s'accroît sans qu'il soit bien facile de savoir ce qui dans leurs déclarations pessimistes tient aux conditions mêmes d'emploi ou au manque initial d'enthousiasme. Le fait que l'obligation de travail paraît aujourd'hui dans nos sociétés « d'assistance sociale » moins immédiatement liée à la satisfaction des besoins essentiels n'est pas propre à tempérer ces amertumes et ces scepticismes.

2

Les moins jeunes s'en détournent

Beaucoup commencent aussi à ne plus y croire.

Les jeunes ne sont pas seuls à témoigner d'une telle désaffection pour l'activité de travail.

Beaucoup d'adultes, de travailleurs déjà insérés dans la vie active ressentent ou affichent le même mépris des tâches et des responsabilités qui sont exigées d'eux. Chez certains, cet état d'esprit ne fait que prolonger un état d'esprit développé pendant la jeunesse. L'expérience vient le renforcer en permettant de vérifier sur le terrain le pessimisme des jugements préalables et surtout en dévalorisant tout ce qui avait pu contribuer à embellir la perspective de la future existence professionnelle d'attraits étrangers à son aspect purement travail.

Ceux qui y avaient vu, à la fin de leur adolescence, le meilleur moyen d'accéder à l'autonomie, à l'indépendance économique et à la consommation, découvrent peu à peu l'illusion de ces attentes en même temps que la confirmation du peu d'intérêt de leur labeur. A s'ajouter, les déceptions s'exacerbent. Phénomène curieux, au lieu d'en accuser le système social ou la société, la plupart de ces travailleurs sont en général alors tentés, pour les compenser, de se retourner malgré tout vers leur métier pour y trouver les joies et les satisfactions qui les fuient partout ailleurs. Il est rare qu'ils y réussissent, et cette reconversion un peu tardive de leurs ambitions se solde en général par de plus sévères frustrations, génératrices à leur tour et à plus ou moins long terme de découragement et à nouveau d'indifférence. A ce stade, le phénomène est irréversible et les jeunes ou moins jeunes qui y sont sensibles risquent alors de s'installer pour toujours dans une attitude de défiance et de non-engagement. On croit de moins en moins à la chance et au hasard en vieillissant. Peut-être s'agit-il là d'un mécanisme psychologique aussi vieux que le travail industriel, dont on sait peu de choses parce qu'il n'a jamais été étudié, ou qu'il n'a été observé que par ceux qui, culturellement, étaient tentés de le trouver naturel. Il semble pourtant qu'en intéressant aujourd'hui de plus en plus d'individus, exerçant des professions de plus en plus nombreuses et variées, qualifiées ou non, il prend un nouveau sens, ne serait-ce que parce que les *a priori* idéologiques développés pendant la jeunesse induisent inévitablement les perceptions qu'ont plus tard de leur sort ces travailleurs. A supposer même, et c'est vraisemblable, que les conditions de travail ou la pauvreté des responsabilités soient restées pour beaucoup identiques à ce qu'elles étaient hier, le simple fait d'en faire la découverte avec un œil à l'avance critique suffit parfois à en assombrir la vision. On est plus tenté de trouver de l'ennui et de la monotonie là où on est déjà persuadé qu'il est impossible d'y trouver autre chose. Cette prégnance chez l'adulte des préjugés juvéniles se renforce tout naturellement au fil des ans de ce que continuent à affirmer de plus en plus haut ceux qui sont encore jeunes.

Contrairement à ce qui était la règle hier, la majorité des fils se refusent maintenant à exercer la profession de leurs pères et justifient leur opposition par des critiques d'autant plus convaincantes que la jeune génération dispose évidemment de connaissances et de moyens d'expression supérieurs à ceux de leurs parents. Il est difficile dans ces conditions à ces derniers de ne pas s'interroger. Même s'ils « cherchent à garder la face », beaucoup ne restent pas insensibles à ce désaveu désagréable de leur action passée ou présente. Pour mieux comprendre leurs enfants, il leur faut parfois faire alors les pénibles bilans que seuls et non sollicités ils n'auraient eu ni l'idée ni le courage de faire.

Cette influence de la jeunesse sur ses aînés est mal connue, quand elle n'est pas volontairement ignorée. Elle n'est pourtant pas négligeable, dans ce domaine comme dans d'autres. Ne serait-ce que parce qu'elle permet aux plus vieux de se croire encore jeunes en adoptant les modes de pensée et les contestations de leurs fils.

Chez d'autres jeunes adultes les manifestations de ce désintérêt pour le contenu des tâches sont différentes et obéissent à d'autres mécanismes.

Il en est ainsi, par exemple, de celles qui sont le fait des techniciens supérieurs au retour du service militaire, ou des jeunes cadres administratifs et ingénieurs en début de carrière. Même si la jeunesse n'est plus en général disposée à investir dans sa profession la totalité de ses attentes et de ses appétits de réalisation, il arrive encore en effet que beaucoup d'étudiants oublient momentanément un peu de cette réticence initiale et systématique en découvrant dans des lieux de formation de haut niveau les aspects demeurés passionnants de quelques métiers spécialisés ou à haute responsabilité. Cette découverte intervient vers 20 ans, à l'âge où s'effacent les aspects les plus excessifs de la crise d'adolescence, au moment où pour les psychologues il est admis classiquement que les révoltés de la veille mobilisent leur énergie pour s'engager tout entiers dans les causes qui en valent la peine. L'ambiance des laboratoires, des campus d'étudiants, des petits séminaires de travail, des instituts scientifiques, facilite encore aujourd'hui le recueillement propice à ces véritables veillées d'armes en même temps que la sévérité des examens continue à interdire à beaucoup toute préoccupation étrangère aux études. Ce sont souvent les plus cultivés et les plus diplômés qui sont ainsi aujourd'hui le plus longtemps tenus à l'écart de toute connaissance réelle du monde extérieur et donc de toute possibilité de se protéger à l'avance contre les déceptions éventuelles du monde du travail.

Les attentes qu'ils développent dans ces milieux clos et protégés les exposent à des déceptions souvent cruelles. Rien n'est en effet parfois plus différent de la réalité que ce qu'imaginent de leurs futures fonctions les étudiants soumis à des apprentissages professionnels trop prolongés et trop sophistiqués. La plupart d'entre eux ne tireront en général aucun parti de la somme des connaissances qu'ils sont obligés d'accumuler, et pourtant la diversité croissante des emplois modernes semble exiger cet allongement continu des préparations très spécialisées en obligeant le plus grand nombre à tout connaître des techniques de pointe que seuls quelques individus privilégiés auront parfois l'occasion de maîtriser dans l'exercice de la profession. Il est encore plus dangereux et pénible d'avoir trop attendu de l'avenir que de s'en être fait à l'avance une image trop noire.

D'autres adultes enfin, et nous y reviendrons, adoptent spontanément ces attitudes de désaffection, au fur et à mesure de leur expérience professionnelle, parce que le travail se met peu à peu à les ennuyer, parce que la lente élévation de leur pouvoir de consommation leur propose d'autres intérêts ou enfin parce qu'une fois leur situation sociale stabilisée, il leur devient plus facile de la comparer à d'autres supposées plus attrayantes. Se rendant compte qu'il leur est devenu impossible d'« être » mieux grâce à leur métier, ils n'y cherchent plus qu'un moyen d'« avoir » plus. Tous ces états d'esprit se traduisent moins souvent que chez les jeunes par des comportements significatifs. Les raisons de cette dissemblance qui pourrait faire croire que les générations adultes sont moins sensibles au phénomène que la jeunesse sont pourtant évidentes. Les adultes ont, en effet, moins de liberté d'action, enchaînés qu'ils sont par leurs responsabilités économiques et familiales. Comment pourraient-ils se contenter de solutions d'attente plus ou moins marginales ou s'offrir le luxe de changements d'emploi trop fréquents quand il leur faut subvenir au jour le jour aux besoins de leur femme, de leurs enfants, continuer à payer régulièrement leur loyer ou leurs retraites, économiser si faire se peut pour les vacances ou pallier les risques éventuels de maladie ou de chômage ? Plus on avance dans la vie et plus il est difficile de changer ses habitudes ou de se désinsérer de son milieu. L'usure physiologique s'accompagne toujours d'une usure du dynamisme ou de la confiance en soi et l'avenir paraît d'autant plus bouché que le passé a été fait d'expériences décevantes. Il arrive parfois aussi qu'à trop se détacher de leurs activités de travail, beaucoup commencent à y accorder si peu d'importance qu'elles ne leur paraissent même plus dignes de critique ou de révolte. Ce serait pour eux encore gaspiller de l'énergie que vouloir même les contester. Un fossé se creuse peu à peu entre ce qui dans la vie demeure digne d'être vécu et ce qui, au contraire, n'apparaît plus que comme un impôt payé en temps à la société.

Abrutis par la monotonie du quotidien, d'autres finissent enfin par perdre le goût ou les moyens de continuer à s'interroger sur leur sort.

C'est probablement ce qui s'est toujours passé chaque fois que des hommes ont dû se plier, sans espoir d'en changer, à des travaux trop longtemps ingrats. Certaines conduites, quoique plus discrètes que celles de la jeunesse, parfois aussi moins apparemment significatives, montrent pourtant que la résignation à l'égard du contenu des tâches n'est plus aussi passive qu'hier et traduit elle aussi parfois un profond bouleversement des valeurs morales et des habitudes d'agir et de penser qui y sont liées. Souvent difficiles à interpréter ou à rattacher directement aux inquiétudes juvéniles de même ordre, elles n'en montrent pas moins que quelque chose chez les adultes est aussi en train de changer dans le domaine des relations de l'homme à son travail.

Les comportements significatifs.

Dans certains cas il s'agit de l'extension à l'ensemble des travailleurs d'attitudes jusqu'ici caractéristiques de populations marginales ou d'individus isolés, dans d'autres il s'agit de manifestations n'intéressant que quelques groupes professionnels. Parmi les phénomènes qui tendent à se généraliser et traduisent un changement de mentalité, les plus intéressants paraissent être l'augmentation de l'absentéisme et du « turn over », la fuite devant les responsabilités, les initiatives, les fonctions d'encadrement et de commandement, le développement des « hobbies », du bricolage, du « do it yourself », la diminution des engagements syndicaux et la politisation de leurs activités, l'insuccès relatif des initiatives officielles et patronales en matière de formation permanente.

Depuis une décennie on observe une élévation continue des taux d'absentéisme dans tous les secteurs de l'économie et à tous les niveaux de la hiérarchie professionnelle, et cela quels que soient les pays et la nature de leurs divers systèmes d'assistance médico-sociale.

En France, selon une enquête récente de l'Union des industries métallurgiques et minières portant sur 500 000 individus, le taux global d'absentéisme pour l'ensemble du personnel masculin et féminin, ouvriers et employés, est passé de 6,9 % en 1964 à 7,9 % en 1971. En sept ans, le nombre des journées de travail ainsi perdues a donc augmenté de 15 %. Dans la mesure où il est permis de faire une distinction précise entre les absences pour raisons de santé (maladies, maternités et accidents du travail) et les autres, il apparaît que ces dernières, en doublant, expliquent à elles seules le phénomène.

Ce sont les sujets affectés aux travaux les plus pénibles et les plus monotones, les ouvriers et les employés les moins qualifiés, les plus jeunes ou les plus âgés qui s'absentent le plus souvent sans motif médical évident.

Faute de statistiques ou de références valables, il n'est pas facile d'étudier cette notion « d'absentéisme non autorisé » au plan national, mais d'après quelques sondages il semble bien que toutes les familles professionnelles et tous les secteurs d'activité à l'exception de l'agriculture, traduisent la même évolution et que le taux actuel global en augmentation rapide lui aussi, s'explique par la sommation des mêmes tendances. Les taux de 12 à 13 % d'absentéisme sont fréquents dans les industries de main-d'œuvre, les grands commerces et bureaux à gros effectifs, tandis qu'ils restent très inférieurs à la moyenne dans les industries de pointe, les commerces spécialisés ou les cellules de recherche ou de décision.

Il en est ainsi dans les autres pays industriels. Chez Ford à Detroit ou chez Chrysler, l'absentéisme journalier dépasse 15 %, obligeant les services du personnel à prévoir chaque jour une embauche de 20 % supérieure aux besoins pour éviter les ruptures de cadence et de production. Il atteint 25 % par jour aux chaînes de montage de Fiat Mirofiori où la maîtrise fait même état d'ouvriers qui abandonnent subitement leur poste en cours de journée, disparaissent et ne viennent même pas réclamer leur paie, comme si l'ambiance de travail ou le travail lui-même leur devenaient soudain insupportables.

Il s'agit là d'attitudes heureusement encore exceptionnelles, mais sont-elles si différentes des véritables pulsions qui poussent un nombre grandissant de travailleurs à changer sans raison apparente de métier ou d'entreprise ? Chez Fiat toujours, le *taux annuel de renouvellement* de la main-d'œuvre affectée aux fonderies est supérieur à 100 %, certainement supérieur à celui qu'ont connu depuis le début de l'ère industrielle tous les travailleurs astreints à manipuler des métaux en fusion dans n'importe quelle usine de métallurgie lourde, dans des conditions d'hygiène et de salubrité beaucoup plus critiquables et avec des horaires beaucoup plus lourds.

Le *turn over* annuel est de 25 % pour l'ensemble du personnel de Ford. En Suède, pays pourtant cité en exemple pour sa politique sociale, il augmente aussi continuellement, atteignant par exemple 35 % chez Volvo. Dans huit industries de transformation aux USA, il est passé de 40 % à 60% en six ans. Les enquêtes effectuées dans la totalité des pays industriels montrent la même évolution.

Les travailleurs français, réputés pourtant pour leur tempérament casanier, commencent même à céder à ces tentations d'instabilité. De 1959 à 1964, ils ont été 2 millions à changer de profession et 1 500 000 à changer de catégorie socio-professionnelle. Ce chiffre est en augmentation constante depuis et ne peut s'expliquer par la seule évolution technologique ou par des facteurs purement économiques, puisque les flux entre les trois secteurs, primaire, secondaire et tertiaire de l'économie ne justifient qu'à peine 50 % des transferts constatés.

Si l'on étudie quelles sont les populations et les branches professionnelles les plus sensibles à ces mobilités professionnelles horizontales, c'est-à-dire sans promotion et sans régression, il apparaît vite que ce sont d'une part les jeunes et plutôt les hommes que les femmes, et d'autre part les métiers les plus pénibles et surtout les moins dignes d'intérêt (essentiellement les postes de manœuvres, d'O.S. et d'employés de commerce).

Comme le faisait remarquer une enquête de l'INSEE, le taux de mobilité décroît avec la qualification. Malgré cela, il est pourtant déjà de 15 % pour les ouvriers qualifiés, de 10 % pour les techniciens et même de 20 % pour les employés de bureau.

Ce sont là des constatations d'autant plus intéressantes que, contrairement à ce qui se passe dans d'autres pays, les Français continuent à répugner à toute mobilité géographique, quelles que soient les difficultés d'emploi locales. Quand ils changent de travail, ils le font dans leur ville ou leur région.

Il serait évidemment exagéré d'expliquer cet accroissement de l'absentéisme et de la mobilité professionnelle uniquement par une désaffection croissante pour les tâches imposées. Le progrès des couvertures sociales et de la mensualisation des horaires contribue à faciliter certaines absences. Il est certain aussi que les rotations de personnel, de plus en plus fréquemment imposées à l'intérieur des grandes entreprises, sont plus souvent la cause que l'effet de ce désintérêt.

Ce phénomène prend pourtant tout son sens quand on le met en parallèle avec d'autres, moins directement liés aux progrès sociaux ou aux bouleversements technologiques et économiques.

Dans le cadre même du travail il en est ainsi, par exemple, de la *fuite presque générale devant les responsabilités, les initiatives, les tâches de commandement et d'encadrement.* Dans les grandes entreprises, les fonctions de « petit cadre » sont de moins en moins recherchées. Il devient difficile, même au prix d'avantages matériels non négligeables, de sortir des ouvriers de leur milieu anonyme pour en faire des contremaîtres ou des chefs d'équipe. Selon les sociologues anglais, à peine un travailleur sur deux de l'industrie se porte volontaire pour ce genre de promotion. Moins d'un sur trois persiste dans cette détermination quand il est demandé de faire les quelques démarches préalables indispensables. Il commence à en être de même, quoique peut-être dans des proportions moins importantes, en France. Dans la métallurgie ou la chimie, la plupart des professionnels qualifiés ne veulent plus quitter un emploi qu'ils connaissent bien pour un autre qui réclamerait d'eux des engagements dont ils préfèrent faire l'économie.

Commander, c'est rompre avec la solidarité de son groupe d'appartenance, mais c'est aussi risquer de s'attacher à son poste ou à son entreprise en investissant trop de soi dans ces nouveaux rapports, en chargeant d'affectivité des relations qui, pour être supportables, doivent rester le plus possible impersonnelles. Etre mis en situation d'assumer des responsabilités individuelles ou d'avoir des initiatives expose aux mêmes dangers en obligeant « à penser » des fonctions qui ne sont tolérables qu'en restant machinales.

Ces attitudes commencent à être bien connues des directions de personnel et expliquent aussi l'insuccès relatif des tentatives faites pour promouvoir une formation permanente ou des recyclages périodiques. Se perfectionner ou se tenir au courant n'est justifié que si l'effort supplémentaire trouve sa récompense immédiate en termes de salaire ou le cas échéant de promesse de sécurité d'emploi.

Il en est de même aussi de beaucoup des initiatives patronales ayant pour objectif l'enrichissement des tâches. Ce qui est fait pour rompre leur monotonie ou pallier l'ennui des travaux trop parcellaires n'a de valeur aux yeux des travailleurs que si ces restructurations se traduisent par une diminution de la fatigue ou une augmentation de la rétribution, surtout quand elles leur sont imposées sans avoir été étudiées préalablement avec eux. Il n'est pour s'en convaincre, qu'à mesurer la faible audience accordée par les milieux syndicaux à ces expériences.

Et pourtant ces mêmes structures syndicales sont maintenant souvent obligées d'être à l'affût de tout ce qui peut attirer l'attention sur leur action et augmenter leur influence. Alors qu'il y avait 40 à 50 % de travailleurs syndiqués en France après la guerre, il n'y en a plus que 25 %, toutes centrales réunies, aujourd'hui.

Malgré des moyens de propagande augmentés, et malgré le plus grand rôle proposé par la législation à leur représentation et à leur action au sein des entreprises, le pourcentage reste stationnaire depuis quelques années. La réalité est encore plus sombre pour leurs dirigeants, car parallèlement décroît la participation des travailleurs aux réunions et aux élections qu'ils organisent. Les jeunes s'y manifestent rarement et les militants y sont de moins en moins écoutés par une masse inorganisée qui lors des conflits les précède plus qu'elle ne les suit.

Pour garder quelque influence, ces syndicats doivent se politiser, s'éloigner des revendications professionnelles et s'ouvrir aux problèmes extérieurs. En fait leur évolution vers ce qui est extérieur au métier proprement dit est parallèle à celle de ceux qu'ils ont vocation de représenter et de défendre.

Tous les comportements reflètent, en effet, ce transfert d'intérêt d'un milieu de travail rejeté ou volontairement ignoré, vers d'autres horizons capables de mieux satisfaire des attentes naturelles restées inchangées et un dynamisme intérieur, toujours exigeant. Ce refus de tout ce qui peut rappeler les heures de travail est tel que la fréquentation des clubs de loisir ou de sport, des divers groupements ou associations diminue elle aussi chaque fois que ces prétextes à réunion, à loisirs ou à activités culturelles sont d'inspiration corporative, patronale ou employée. Les équipes sportives, les formations musicales d'entreprise perdent peu à peu leurs adhérents au profit d'autres dont ni le nom, ni la tutelle, ni le recrutement ne peuvent évoquer les activités professionnelles de leurs membres. Rien ne subsiste plus de cet « esprit d'entreprise » qui était censé développer l'énergie et l'orgueil des employés assez « privilégiés » pour participer à la fabrication d'autos prestigieuses ou applaudir aux exploits de l'équipe de football de leur usine.

Que reste-t-il de la fierté manifestée jusqu'à hier par certains corps de métier, quand, par exemple, les ouvriers du livre, les ébénistes ou les chauffeurs routiers se croyaient encore l'aristocratie du monde du travail, parce que leurs métiers les faisaient les héritiers des anciennes corporations ou les pionniers d'une civilisation de la vitesse ?

L'existence partagée.

La volonté d'établir une stricte frontière entre le « boulot » et toutes les autres activités est telle qu'elle influence même le choix des amis et des relations.

Les auteurs de *l'Ouvrier d'abondance* [1] ont mené sur ce problème une remarquable enquête dans la cité industrielle anglaise de Luton où pourtant les rapports de voisinage et d'amitié sont facilités par la petite taille de la localité et son isolement. Un ouvrier sur quatre seulement avait un ami parmi ses compagnons de travail, c'est-à-dire quelqu'un qu'il rencontrait souvent et avec qui il partageait des activités sociales complètement étrangères au travail. Un sur dix l'invitait régulièrement chez lui. Ceci alors que neuf sur dix de ces travailleurs, ayant l'habitude de recevoir au moins une fois par mois des voisins ou des amis qui n'étaient ni collègues ni compagnons de travail, ne pouvaient pourtant pas être accusés de manquer de sociabilité.

Les commentaires des ouvriers interrogés étaient éloquents et traduisaient bien cette volonté systématique de dichotomiser l'existence.

« Avec les compagnons de travail c'est comme à l'armée. On est amis, mais dès qu'on quitte le boulot, on ne pense plus à eux et c'est très bien comme cela. »

« Sorti du travail, je trouve qu'il vaut mieux ne pas se voir, on n'a plus de sujets de conversation. »

D'autres enquêtes anglaises et américaines montrent que le phénomène n'est pas propre à la classe ouvrière proprement

1. J. H. Goldthorpe, D. Lockwood, F. Bechhofer, J. Platt, aux Editions du Seuil, 1972.

dite et qu'il tend à se manifester aussi bien chez les « cols blancs » des bureaux et des administrations que chez les « blouses blanches » de la maîtrise. Leurs conclusions rejoignent donc celles de Maisonneuve qui, dans son ouvrage, *la Psycho-sociologie des affinités,* montre aussi le peu d'importance de la variable professionnelle dans l'origine des amitiés et insiste sur le fait que son rôle est d'autant plus négligeable qu'il s'agit d'individus peu qualifiés ou astreints à des tâches parcellaires. La meilleure preuve en serait que parmi les causes de rupture d'amitié le changement de métier n'interviendrait en général que dans 5 % des cas. C'est chez les ingénieurs et les cadres supérieurs que ce « mythe » de l'amitié liée à des préoccupations communes professionnelles serait encore le plus vivace.

Le souci d'associations telles que le Rotary ou les Lions, dont la vocation est justement de réunir un seul membre de chaque profession bourgeoise dans chaque localité montre bien que l'égalité de statut socio-économique ou culturel commence aussi à l'emporter dans les provinces françaises sur les seules affinités corporatives.

Dès qu'est finie la journée de travail, rien ne doit plus venir la rappeler et l'oubli ne peut être trouvé que par l'évasion des lieux et des contraintes qui risquent de l'évoquer ou par le repliement, volets clos, sur le petit univers familial.

Il est inutile d'insister sur le caractère presque pathologique de ces migrations hebdomadaires ou annuelles qui jettent sur les routes des millions de conducteurs et de voyageurs avides de fuir, ne serait-ce qu'une journée et au prix de n'importe quelle fatigue, leurs habitudes quotidiennes. Il était possible d'y voir un réflexe naturel de défense contre les conditions de vie humaines, tant qu'elles ne mobilisaient que des citadins menacés par la pollution et désireux de faire provision d'oxygène, de soleil ou de calme. Cela commence à ne plus l'être à partir du moment où cette véritable « bougeotte » s'étend aux habitants des plus petites bourgades. Ces transhumances fébriles, rendues évidemment plus faciles par le développement des vacances et des transports individuels, semblent maintenant répondre à d'autres motivations. On leur demande de combler tous les appétits d'activité, de curiosité, d'indépendance, etc., inhérents à la condition humaine qui ne sont plus satisfaits par l'exercice du métier.

Au volant de son auto ou sur sa moto, le conducteur du dimanche peut se déplacer où il veut, s'arrêter quand il le désire, décider de son trajet et le modifier éventuellement selon ses caprices. Il peut de son propre chef accélérer ou ralentir, choisir ses paysages, découvrir de nouveaux horizons, faire face à des difficultés impromptues et seul les surmonter. Il est son maître et n'a de compte à rendre à personne. Un jour par semaine ou un mois par an il a droit à toutes les expériences qui lui sont refusées le reste du temps.

Pour les uns, c'est simplement se « dégourdir » le corps et l'esprit, pour d'autres c'est déjà plus ou moins consciemment chercher à se « désaliéner », retrouver pour un moment la plénitude et l'autonomie de sa personne. Ces brèves bouffées d'indépendance ne sont pas sans danger, tant il devient difficile de concilier les conduites de liberté et les contraintes de la profession.

L'augmentation le lundi des accidents de travail et probablement aussi celle des accidents de circulation ou de vacances en est la preuve.

La recherche de soi en dehors du métier.

Cette tendance à investir dans des activités d'exception les potentiels et l'énergie inemployés dans le métier se vérifie aussi dans la vague grandissante d'autres modes de compensation.

Pour fuir les gestes trop connus de l'usine ou du bureau et

pour en même temps donner libre cours aux besoins naturels de création ou simplement de saine fatigue, l'habitude se généralise du jardinage ou du bricolage. Le succès du « do it yourself » s'explique beaucoup plus par l'occasion qu'il offre à chacun d'exprimer ses virtualités gestuelles et ses possibilités d'invention que par la disparition des petits artisans capables d'effectuer à domicile les aménagements ou les réparations indispensables. « Au commencement était l'acte », écrivait Goethe. Tous les modes de l'être sont les modes d'une activité qui tantôt triomphe de la nature et de la matière, et tantôt échoue. Le progrès procède par essais et par erreurs et l'homme pour être conscient de progresser a besoin de connaître l'hésitation et l'échec.

C'est là un luxe que les impératifs de la production interdisent aujourd'hui. Force est donc de trouver ailleurs les moyens et les preuves de cet accomplissement. Quand, par ailleurs, le métier ne fait plus appel qu'à quelques fonctions intellectuelles ou musculaires spécialisées et isolées, la nécessité se fait aussi sentir de ne pas laisser inactifs et stériles les autres virtualités négligées.

A le faire le travailleur retrouve d'ailleurs un équilibre psychosomatique et des joies qui lui rendent encore moins supportable la profession qui se refuse à voir en lui autre chose qu'une portion d'individu.

Plus il s'épanouit dans des tâches extérieures, plus il s'y fatigue ou s'y énerve même, et plus il détourne son intérêt de celles qui ne lui offrent qu'irresponsabilité et ennui.

Dans d'autres cas, sans qu'il y ait incompatibilité obligatoire avec ces activités extraverties, les travailleurs préfèrent s'isoler de leur travail et de tout ce qui peut l'évoquer, en se réfugiant au sein de leur cellule familiale.

La vie commence pour eux à partir du moment où ils peuvent mettre leurs pantoufles, s'asseoir devant leur poste de télévision ou s'adonner à leur hobby. Ce retour au nid, à la quiétude du foyer devient la seule ambition d'un nombre grandissant d'adultes qui préfèrent cette démission sociale, à la lumière, aux bruits et aux agressions d'un monde extérieur trop facile à confondre avec les habitudes de leurs locaux de travail ou de leurs moyens de transport.

Rien ne doit y rappeler la profession. Si par hasard une émission de radio ou de télévision y fait allusion, elle est aussitôt interrompue et remplacée par n'importe quelle autre à qui il est seulement demandé de changer les idées.

Pour beaucoup, « ramener du travail le soir à la maison », c'est aussi chercher à se singulariser ou manifester tous les signes d'une ambition suspecte. Ceux qui le font sont montrés du doigt et considérés avec commisération.

Nous avons demandé à des jeunes de différents milieux en quoi consistait exactement le métier de leur père et s'il faisait l'objet en famille de conversations fréquentes. A l'exception des fils d'artisans et de professions libérales, la plupart étaient bien en peine de répondre à la première question. Plus de 50 % connaissaient à peine le nom de la profession et après avoir dit que leur père était « ouvrier, fonctionnaire ou employé » étaient incapables de préciser la nature exacte des tâches et des responsabilités que ce statut impliquait. Certains même ne savaient pas où se situait l'entreprise ou le bureau paternel, ni ce qu'elle fabriquait ou ce qu'il administrait.

« Mon père est dans les bureaux, travaille à la SNCF, à la mairie, ou chez Renault », rien de plus.

Comment pourrait-il en être autrement puisque ces jeunes de 16-18 ans, à l'âge pourtant de l'orientation professionnelle, signalent que leurs pères ne parlent qu'exceptionnellement de leur travail à la maison, ou ne le font que pour s'en plaindre ou en décrire des aspects anecdotiques ? Quand aujourd'hui pères et fils discutent — ce qui est rare —, ils parlent de sport, de loisirs ou de spectacles, presque jamais de problèmes syndicaux ou socio-politiques. L'image que la plupart des parents donnent de leur activité de travail est telle d'ailleurs que les filles et les garçons de cette enquête refusent en majorité pour eux-mêmes un avenir semblable et rangent la profession de leurs pères parmi celles qu'ils refusent *a priori.*

Ce sont les fils d'artisans qui rejettent ainsi le plus souvent cette profession et se disent tentés par la fonction publique, comme ce sont les fils de fonctionnaires qui essaient en plus grand nombre de s'orienter vers les métiers indépendants.

Ces constatations sont d'expérience courante et il n'est pas indispensable de se livrer à des études psycho-sociologiques très scientifiques pour découvrir mille exemples autour de soi de cette désaffection. Qui que nous soyons et quel que soit notre métier, sommes-nous sûrs de faire assez pour intéresser nos enfants à cet aspect de notre vie ?

Qui peut prétendre échapper à l'usure nerveuse dont souffrent nos pareils et les rend incapables de présenter leur travail autrement que comme un « boulot » ? Une maladroite pudeur ne nous interdit-elle pas souvent aussi de faire état de nos satisfactions professionnelles encore intactes ? Afficher l'orgueil de son métier est devenu difficile. Ceux qui le pourraient encore s'y refusent par peur de faire sourire, par peur aussi de paraître trop privilégiés par comparaison avec tous ceux qui sont aujourd'hui mis dans l'impossibilité d'y prétendre et commencent à s'en plaindre ouvertement.

A l'indifférence, certains groupes socio-professionnels, plus particulièrement défavorisés ou sensibilisés, n'hésitent plus en effet à substituer des attitudes de contestation et de révolte moins silencieuses.

Ces manifestations ne sont d'ailleurs pas toujours entièrement négatives. Quand les O.S. des chaînes de montage de la construction automobile se mettent spontanément en grève sans attendre les consignes de leur syndicat, il ne viendrait à l'idée de personne d'en accuser seulement leur esprit de lucre ou de paresse.

Quand c'est le cas d'ouvrières du textile ou de vendeuses des grands magasins, il paraît de plus en plus évident qu'elles réclament une humanisation de leurs conditions de travail en même temps qu'une augmentation de leurs salaires.

Si les débats politiques font autant de place aujourd'hui aux notions de participation, d'autogestion ou de contrôle des décisions, c'est bien parce que certains commencent à ne plus confondre rendement aveugle et activité de travail et découvrent que le progrès social passe autant par l'enrichissement des tâches que par l'amélioration des techniques de production ou l'élévation du seul pouvoir de consommation.

Dans le slogan « métro boulot dodo », c'est l'inhumanité passive commune à ces trois temps de l'existence qui est mise en accusation, beaucoup plus que l'inconfort des trains de banlieue et des HLM, ou la médiocrité des rémunérations.

La prise de conscience de l'aliénation par le travail se nourrit alors de celle de toutes les autres, et la dépersonnalisation des individus, tant bien que mal tolérée, aussi longtemps qu'elle ne déborde pas du cadre de l'usine ou du bureau, devient insupportable dès qu'elle menace d'autres secteurs d'activité. Quand la défense de la qualité de vie commence à l'emporter sur la simple recherche de l'élévation de vie, il paraît légitime de mettre surtout en accusation l'évolution technologique perçue comme responsable de tous les maux actuels. L'existence scindée en deux périodes antagonistes, le travail et le non-travail, retrouve son unité et pour la mieux vivre globalement, il paraît indispensable de commencer par remédier aux iniquités les plus criantes, qui apparaissent les plus faciles à corriger, c'est-à-dire celles qui sont liées à l'emploi. Plus les conditions de travail tendent à devenir ingrates et plus il paraît urgent d'y apporter remède pour améliorer la vie en général. Parallèlement, plus les aspirations à mieux vivre se nourrissent d'un surcroît d'information et de connaissances et plus chacun se croit en droit d'attendre plus de sa profession et donc la refuse telle qu'elle est. Ce double processus explique d'autres conduites encore isolées, mais très significatives, qui, sans nier l'obligation de travail, cherchent à lui donner un autre contenu et souvent même une autre valeur.

Des agents de police de Washington se mettent en grève, non pour demander une amélioration de leurs salaires ou de leurs horaires, mais pour bénéficier de plus d'estime de la part des habitants de leur ville.

De jeunes ingénieurs d'une usine automobile parisienne arrêtent le travail pour exiger des fonctions de décision mieux définies et des responsabilités plus larges de création et de recherche. La proposition patronale d'augmenter considérablement leurs salaires sans changer leur rôle dans l'entreprise est refusée à l'unanimité et se traduit par un durcissement de leur position qui amène la direction à céder et à mettre à l'étude une modification du rôle de la maîtrise.

Dans les hôpitaux, le personnel infirmier féminin commence à lutter contre l'image trop classiquement altruiste du rôle de soignante et cherche à y substituer celle d'une profession spécialisée, technique, comparable à toutes les autres. Les déclarations de la plupart des assistantes sociales traduisent le même refus de jugements de valeur aujourd'hui dépassés.

Les étudiants en médecine au contraire sont de plus en plus nombreux à se déclarer prêts à sacrifier les promesses économiques d'un futur exercice libéral aux satisfactions d'une carrière hospitalière à temps plein, moins bien rétribuée mais plus intéressante au plan professionnel.

Beaucoup de choix et de stratégies commencent ainsi dans la plupart des secteurs d'activité à ne plus s'inspirer uniquement de réelles motivations professionnelles ou d'immédiates attentes économiques. L'image extérieure du métier, le statut social qu'il détermine, la sécurité, la stabilité, les occasions de voyage, les relations qu'il promet y ont autant d'influence que l'éloignement du domicile, la situation géographique ou les éventuelles nuisances.

Donner un nouveau sens à son métier.

D'autres groupes, surtout jeunes, en arrivent ainsi, non plus à dévaloriser le travail et à survaloriser la réussite matérielle, mais au contraire à leur donner un nouveau sens par le refus systématique de « l'esprit de carrière ».

Tout ce qui est attente utilitaire d'une bonne situation ou d'une meilleure position, obéissance aux modèles actuels de réussite, observation des règles classiques de la stratégie sociale, tout ce qui peut paraître attentismc intéressé, opportunisme ou idéal est refusé comme ne pouvant être que soumission aliénante et compromission dégradante. Seul reste digne d'attention le contenu propre du travail, l'accomplissement du travail résidant dans le développement même de l'activité laborieuse qui, sans avoir besoin d'avantages extérieurs, trouve en lui-même sa propre justification.

Cette conception reste encore le fait de quelques rares minorités en général privilégiées au plan de la culture.

C'est elle qui peut expliquer qu'un nombre grandissant de diplômés de l'enseignement supérieur et du technique long préfèrent maintenant, longtemps après la fin de leurs études, parfaire leur formation sans profit à moyen et long terme, dans d'autres disciplines, se satisfaire de statuts sans avenir de chercheurs, multiplier eux aussi les expériences d'emplois marginaux.

L'isolement et la quiétude que certains cherchent dans leurs foyers ou leurs loisirs, certains les trouvent ainsi dans l'exercice tranquille d'un métier qui leur offre protection contre les agressions de la société et possibilité de contenter leurs appétits de création, de curiosité ou simplement d'ingéniosité. Ils y font retraite.

Ces phénomènes sont encore trop exceptionnels pour que l'on sache s'ils n'entraîneront pas un jour des regrets ou des réorientations, ou si au contraire en se développant ils ne viendront pas, comme l'espèrent certaines chapelles de pensée, bouleverser les notions habituelles économiques et culturelles de sécurité, de promotion, d'épanouissement de l'être et de réussite trop souvent arbitrairement liées au facteur travail.

Même si ces conduites encore minoritaires peuvent apparaître différentes de celles plus nombreuses qui reflètent tout simplement désintérêt ou mépris, elles n'en témoignent pas moins elles aussi d'un profond bouleversement des mentalités et des jugements en ce domaine. Toutes ont en commun de refuser à n'importe quelle activité de travail, exercée n'importe comment, le privilège d'être le principal facteur d'épanouissement des individus et en fin de compte leur unique raison d'être.

S'il est indispensable de travailler, rien n'oblige à s'engager tout entier dans sa profession et il n'est possible d'y investir tout ou partie de ses attentes qu'à condition d'être certain d'y trouver des chances réelles de les réaliser.

En fait, comme les jeunes, leurs aînés, sans s'embarrasser de préjugés culturels, sont simplement plus enclins qu'hier à adapter leurs aspirations au réel et au possible. Leurs réponses aux sondages d'opinion sont encore plus significatives et montrent bien que seuls les impératifs de la vie quotidienne interdisent encore à beaucoup d'entre eux de concilier en ces domaines l'action et l'idéologie.

Il est malheureusement assez difficile de disposer d'informations objectives. Les unes, recueillies avec le seul objectif de justifier des revendications catégorielles, sont entachées d'arrière-pensées syndicales et politiques, d'autres sont suspectes parce que recueillies par des enquêteurs mal préparés par leur propre formation à bien analyser les phénomènes ouvriers, et donc vite soupçonnés eux aussi de mauvaise foi.

Les opinions ambiguës.

La liberté d'expression dont jouit en la matière un jeune est par ailleurs souvent refusée aux adultes. Faire état de ses préférences, après l'heure du choix, risque de souligner l'écart entre le modèle de vie et la réalité de l'existence. Triste épreuve pour l'amour-propre de qui n'a rien oublié de ses ambitions.

Quand certains se plaignent de leur travail et que d'autres presque aussi nombreux continuent à s'en déclarer satisfaits, il est bien difficile de mesurer exactement ce que recouvrent leurs déclarations. Comment apprécier leur sincérité ? Sûrement pas en comparant les réponses à la nature exacte des tâches. Chacun trouve son bonheur où il le veut, et il n'existe pas en ce domaine de critères communs à tous. Il en est qui recherchent la monotonie et d'autres qui l'exècrent, comme il en est qui préfèrent le bruit ou le travail en groupe et d'autres le silence et la solitude.

Certains aussi ne font même pas l'effort de s'interroger sur leur condition et d'autres auraient honte de le faire.

Le simple fait de poser la question « aimez-vous ou n'aimez-vous pas votre travail ? » suffit même parfois à modifier l'opinion préalable que l'interviewé pouvait avoir en lui faisant attacher une importance nouvelle et subite à un problème qu'il négligeait ou refusait de considérer.

A partir du moment où un étranger paraît s'intéresser à des préoccupations personnelles et surtout à celles concernant le métier ou les responsabilités professionnelles, il semble nécessaire de ne pas décevoir une attente qui valorise l'interviewé en tant qu'individu. Il faut alors devenir digne de cet intérêt et ce souci suffit à changer complètement la véritable hiérarchie des intérêts avoués et fausse donc la vérité.

Des sujets jusque-là indifférents ou au contraire enfermés dans un silence plus ou moins douloureux répondent alors n'importe quoi ou, ce qui est plus fréquent, cherchent la réponse la plus propre à étayer l'image qu'ils veulent alors donner d'eux-mêmes en fonction de la situation d'interviewé ou de l'idée qu'ils se font de la finalité de l'enquête. Selon qu'ils veulent paraître « fortes têtes », « sages », ou exagérément conformes, solidaires de leur groupe ou rebelles, selon qu'ils jugent l'enquêteur hostile, neutre ou sympathique, ils sont tentés d'exagérer, d'atténuer ou même de trahir leur véritable pensée.

C'est là toujours la principale difficulté de ce genre de sondages, chaque fois que sont abordées des zones trop intimes ou trop sensibles de la personnalité. Il n'y a que ceux qui font profession commerciale de dire l'opinion publique à partir de la récolte régulière de telles informations suspectes pour ne pas le savoir.

Quelques rares travaux sociologiques, parce qu'ils s'entourent d'un luxe de précautions méthodologiques et font appel à des entretiens non directifs de préférence à des questions trop ambiguës parce que trop formelles, apportent pourtant des renseignements non négligeables.

Faute de pouvoir toujours faire confiance aux jugements trop peu nuancés du genre « êtes-vous ou n'êtes-vous pas satisfaits ? », il paraît possible ainsi de mieux préciser les opinions en ce domaine en demandant simplement d'établir des comparaisons ou des hiérarchies entre divers aspects du travail en général et divers jugements ou souhaits, liés plus ou moins directement au facteur travail. En faisant éclater la question et en la désubjectivant, les risques de mauvaises réponses ou de mauvaise interprétation diminuent très sensiblement.

Il n'est pas sans intérêt d'apprendre ainsi que si pour 98 % des jeunes l'activité laborieuse a aujourd'hui complètement perdu son sens de devoir ou d'obligation morale, il en va de même pour 95 % des adultes. Pour cette écrasante majorité, elle n'est plus et dans un ordre décroissant, qu'un moyen de gagner sa vie, un échange de temps contre de l'argent, une contrainte sociale et pour quelques-uns même le seul moyen de lutter contre l'ennui. Et cela même dans des milieux encore imprégnés d'éthique chrétienne ou de philosophie socialiste, puisque 30 % des populations interrogées font état de pratiques religieuses régulières et que 40 % d'entre elles affirment leur obédience marxiste.

Ces chiffres très récents confirment en les accentuant la véritable désacralisation du travail dans les sociétés modernes qu'avait déjà constatée, entre autres auteurs allemands et anglo-saxons, dans les années cinquante, Helmuth Schelsky.

Indépendance et réussite.

Dans un système d'économie libérale à base d'initiatives privées et de profit concurrentiel, l'ambition de s'installer à son compte a été longtemps le rêve plus ou moins utopique de beaucoup de travailleurs salariés. Il fallait travailler pour vivre, mais aussi pour économiser afin de pouvoir un jour s'acheter le petit fonds de commerce, le garage, la petite entreprise artisanale indispensable au seul changement de statut capable d'offrir à la fois sécurité, élévation du niveau de vie et considération. Peu réussissaient cette mutation, cet embourgeoisement, mais leur réussite avait valeur d'exemple. Le mythe du petit mécano devenu constructeur d'automobiles conservait jusqu'à hier autant d'attrait en France qu'aux USA celui du vendeur de journaux devenu magnat du pétrole. Le choix de beaucoup d'apprentissages artisanaux ou de stages de clerc s'expliquait encore souvent par le désir plus ou moins avoué d'accéder, par le mariage avec la fille d'un patron boulanger ou d'un notaire, à la situation indépendante des futurs beaux-pères.

Le remarquable ouvrage de la Fondation nationale des sciences politiques, *l'Ouvrier français en 1970*, prouve qu'il n'en est plus ainsi, puisque seuls 20 % du très large et très représentatif échantillon interrogé font preuve d'un tel désir et encore s'agit-il le plus souvent de salariés de petites entreprises.

Et pourtant dans la même enquête plus de la moitié des sujets ne lient pas l'élévation de leur propre niveau de vie à celui de leur entreprise ou à celui de la France. Comment peuvent-ils dans ces conditions garder, même au plan du rêve, un quelconque espoir de voir s'améliorer un jour leur sort ? Peut-être en changeant d'entreprise, puisque 55 % ont déjà fait l'expérience. Sûrement pas dans des solutions politiques, puisque 12 % seulement disent y prêter une grande attention ; ni dans des solutions syndicales, puisque 21 % seulement disent faire confiance à l'action de leur représentant pour améliorer leurs conditions de travail ou leur salaire.

Le phénomène n'est pas réservé aux classes ouvrières. Les filles de « grands patrons » de médecine ou celles des industriels de province, quand elles sont défavorisées par la nature, semblent peu à peu perdre elles aussi leurs chances habituelles de compenser leur handicap esthétique par l'ambition sociale de leurs futurs maris. L'évolution des mariages « bourgeois » à Paris comme en province le montre bien. Si la dot conserve encore son attrait, il n'en est plus de même de la situation du futur beau-père. S'il est toujours fréquent d'attendre du mariage un héritage, il l'est beaucoup moins d'en espérer un métier. N'est-ce pas là une nouvelle manifestation de la volonté de séparer la vie réelle (celle de la famille, des loisirs, des intérêts réellement enrichissants) de la simple existence de travail tout juste bonne à procurer l'argent indispensable à la réalisation d'appétits nouveaux, toujours plus exigeants ?

Les attentes parallèles.

La profession n'étant plus qu'un moyen et de moins en moins une fin en soi, elle ne permet pas de « se prouver », elle permet seulement « d'avoir ». A ce titre, même si elle est parfois méprisée, il lui est pourtant de plus en plus demandé.

Il ne lui suffit pas de procurer les ressources financières indispensables, il lui faut aussi les distribuer régulièrement, équitablement, en tenant compte du mouvement des prix et en respectant une certaine hiérarchie.

Cette exigence, que toutes les branches professionnelles sans exception considèrent comme primordiale, reste le plus souvent dans les limites du raisonnable et du possible. Que l'on interroge des O.S., des cadres ou des membres de professions libérales, le maximum d'augmentation considéré non pas comme nécessaire, mais comme souhaitable, ne dépasse qu'exceptionnellement 15 % et, dans ce cas même, il s'agit de revendications sectorielles la plupart du temps très évidemment légitimes. Toute peine mérite salaire, ni plus ni moins.

Dans le même ordre d'idée, l'estimation faite par chacun des rémunérations d'autrui dans sa propre branche ou dans un tout autre secteur d'activité est toujours assez proche de la réalité. Les écarts (sauf ceux qui concernent les banquiers, les patrons et les présidents-directeurs généraux) sont très bien acceptés, même si l'échelle des revenus qui apparaît dans les sondages d'opinion comme devant être celle d'une société d'équité ne coïncide pas toujours avec celle en vigueur dans nos sociétés actuelles.

La pénibilité, le don de soi, la haute technicité, l'insécurité ou l'instabilité sont en particulier présentés comme devant justifier un surcroît de gains pour ceux qui sont obligés d'en témoigner ou d'en souffrir dans leur profession. Au contraire, les occasions d'intérêt, de joie ou de fierté, les possibilités de voyages ou de rencontres agréables, la brièveté des horaires ou la précocité de retraite que proposent d'autres métiers sont jugés comme devant entrer aussi en ligne de compte dans la fixation des rémunérations. Il ne paraît pas juste que les uns aient tout et les autres rien et, pour éviter cette injustice, un meilleur compromis est souhaité entre ces divers avantages, pour que chacun puisse se déclarer entièrement satisfait, soit de bénéficier d'un peu tout à la fois, soit d'être comblé au moins par un seul.

La recherche d'un tel équilibre explique que les attentes ou les revendications des adultes soient toujours fonction de leur propre situation de travail et reflètent moins souvent que chez les jeunes une commune idéologie. Mais peut-être cette volonté si souvent affirmée de compenser l'économique par le psychologique, le court terme par le long terme, est-elle déjà à elle seule une nouvelle dimension idéologique.

Refuser de privilégier l'activité de travail elle-même au détriment de sa rétribution financière revenait à la priver de sa dimension morale. Mettre en balance le gain avec l'âge de la retraite, la sécurité de l'emploi et le cas échéant la pénibilité ou l'ennui, c'est aspirer aussi manifestement à une existence où les plaisirs et les joies ne se monnayent pas tous de même manière. Dans cette double perspective, quatre grands courants d'opinion se dégagent dont l'importance respective est, répétons-le, toujours liée aux situations et aux mentalités propres des individus ou des groupes socio-professionnels interrogés. Chacun d'entre eux est surtout avide de ce qu'il n'a pas encore, comme si la société tendait à homogénéiser tous ses constituants.

La seule revendication à peu près générale a trait à *la nécessaire augmentation du temps libre, du temps libéré du travail* et des autres contraintes familiales ou sociales. A quoi servirait de voir son pouvoir de consommation s'élever au prix d'une plus grande aliénation au travail s'il demeure impossible d'en profiter pleinement et longuement ? La réduction du temps de travail hebdomadaire, l'allongement des vacances, l'avancement de la retraite s'inscrivent aujourd'hui en tête des programmes politiques et syndicaux.

Une majorité d'ouvriers et d'employés préfère le retour à la semaine de 40 heures et la fixation de l'âge de la retraite à 60 ans, à une amélioration substantielle des salaires ou à tout autre avantage.

Les heures supplémentaires, même quand elles sont payées à 50 % et même 100 % comme l'exige la législation, commencent à ne plus intéresser que les individus les plus défavorisés économiquement, ou ceux que les habitudes de crédit condamnent à toujours travailler plus pour payer des traites de plus en plus lourdes.

De plus en plus nombreux sont aussi ceux, cadres ou petit personnel de maîtrise, qui choisissent, chaque fois que cela est possible, des mises à la retraite anticipée à 60 ans, même quand cette décision a pour effet d'amputer de façon non négligeable le montant global de leurs allocations.

Combien d'entreprises et d'administrations commencent aussi à être désorganisées par la prolifération des « congés sans solde » de trois à cinq jours pour aider à « faire le pont », pour prolonger les vacances, ou tout simplement pour se reposer ou se livrer à des travaux domestiques de peinture ou d'installation sanitaire ?

N'en est-il pas de même dans toutes les professions ? Qui aujourd'hui serait encore assez naïf pour espérer trouver à son cabinet un avocat, un notaire ou un médecin spécialiste pendant les week-ends ou pendant les petites et les grandes vacances ?

Il y a quelques années, les embouteillages aux portes des grandes villes s'espaçaient en fin de journée de 18 h 30 à 20 h 30, il n'est pas rare de voir les mêmes désordres commencer aujourd'hui à 16 heures. Quand la « journée continue » est encore très rare, force est de penser que les travailleurs indépendants ou certains privilégiés de l'administration constituent la majorité de ces adeptes des journées de travail abrégées. Le matin, les heures d'arrivée ne paraissent pas en effet s'être avancées parallèlement.

Il ne faudrait pas croire que le deuxième courant de préoccupation qui a trait à *l'amélioration des conditions de travail* soit le fait des seuls travailleurs astreints à des travaux répétitifs et ingrats ou ne s'intéresse qu'au contenu des tâches.

Des enquêtes américaines, citées par Georges Friedman, montrent même que certains individus préfèrent les besognes monotones, parce qu'elles leur permettent de penser à autre chose. La possibilité de rêvasser est souvent considérée comme une relative compensation, et la nécessité d'une attention de surface permanente est perçue comme une contrainte supplémentaire.

Dans l'ouvrage déjà cité, *l'Ouvrier de l'abondance,* 50 % des ouvriers qualifiés et très qualifiés de l'échantillon déclarent que leur travail est monotone, et 70 % disent pouvoir penser à autre chose pendant qu'ils l'effectuent. Ces chiffres rejoignent ceux cités par Blauner dans *Alienation and Freedom.* Pourtant moins de 10 % seulement d'entre eux, interrogés sur les changements qu'ils voudraient voir apporter à l'organisation de leur travail, souhaitent qu'il puisse être plus varié.

Si l'ennui est plus ou moins bien toléré dans ces professions automatisées où l'homme sert la machine plutôt qu'il n'est aidé par elle, il n'en est pas de même des cadences trop rapides, des conditions matérielles salissantes et avilissantes, de l'environnement assourdissant ou étouffant, de l'encadrement tyrannique.

Passe encore de s'abrutir, mais en prenant son temps, en travaillant à « sa main », sans risquer des projections d'huile ou de peinture, sans contrôle policier de la maîtrise ou du contrôle, dans des ateliers clairs, bien aérés, peu bruyants. Oui, à l'enrichissement des tâches et à la liberté d'organiser son travail, si cette apparente conquête ne se révèle pas vite être un piège, un moyen de justifier une augmentation de la production sans grand investissement de la part du patronat au plan de l'hygiène, de la sécurité, ou de la simple propreté.

Tricher ?

Une enquête menée en 1972 pour le Gouvernement des USA, et publiée par l'*International Herald Tribune* montre par contre que l'ennui est plus vivement ressenti là où il n'est pas classique de le chercher : chez les employés, chez la plupart des cadres, dans les administrations et les sièges des entreprises. Probablement parce que chez eux le conflit est plus grand entre les attentes et la réalité du quotidien, peut-être aussi parce que ces groupes socio-professionnels, moins bien préparés à l'irresponsabilité et à la monotonie, y sont aussi moins habitués historiquement. Il est facile de plaindre de loin les ouvriers astreints à travailler à la chaîne, il l'est moins de mesurer combien son propre emploi, jadis considéré comme de nature très différente, finit par ressembler au leur. La blessure d'amour-propre rend encore plus insupportable la grisaille des heures du bureau.

Des conditions de travail trop agréables peuvent parfois rendre le temps encore plus long à passer. Les moquettes, les plantes vertes, le mobilier fonctionnel ou design ne font souvent qu'aggraver la sensation de tourner à vide. Pour rien au monde pourtant, ceux qui en bénéficient ne voudraient s'en voir privés. Cela risquerait trop de menacer *leur « statut »*. Quand la profession n'apporte rien de bien intéressant au plan des responsabilités et des initiatives et qu'elle interdit tout véritable engagement personnel, il lui est alors demandé en effet, en sus des avantages matériels, d'enrichir l'image que les autres peuvent se faire de celui qui l'exerce. C'est le besoin de « paraître » que traduit le dernier courant d'opinion et sous des formes diverses on le retrouve dans la presque totalité des groupes socio-professionnels avec une intensité dont le passé n'offre pas d'exemple.

Les observateurs pourraient y voir une régression plutôt qu'une marque de progrès, tant beaucoup de tentatives faites pour se différencier ou affirmer ostentatoirement son standing, son prestige et sa puissance ressemblent à ces comportements animaux que les éthologues commencent à bien connaître.

Au sein des entreprises industrielles et commerciales, la subtile graduation des bleus de travail, des blouses grises, des blouses blanches et des vêtements « bourgeois », évoque irrésistiblement la hiérarchie des plumages, des crinières ou des andouillers au sein des colonies d'oiseaux ou des hordes de mammifères. Le langage des signes jusque-là réservé aux militaires envahit le monde des civils. Le spectacle de jeunes cadres ou employés brandissant fièrement dans le métro un attaché-case ne contenant souvent que le casse-croûte de midi, mais leur donnant l'apparence de chefs de service respectables ne fait-il pas souvent penser à la démarche de jeunes babouins mâles s'essayant à imiter celle de leurs aînés ?

Ne pourrait-on aussi établir un parallèle entre l'importance attachée par les cadres de l'administration à la taille de leurs bureaux, et celle attachée par les oies sauvages ou les rats à la défense de leurs territoires ? Tous font preuve des mêmes réactions d'agressivité quand ils voient menacée la surface jugée indispensable à leur prestige ou leur sécurité. Quand l'autorité ou la réussite d'un chef de service se mesure au sex appeal et à la présentation extérieure de sa secrétaire, est-il interdit d'y voir d'instinctuelles motivations sexuelles ?

D'autres recherches de statut font appel à des signes plus directement liés au changement des normes sociales. Ils peuvent être verbaux et traduire la volonté de retrouver une certaine dignité en se démarquant de vocables du passé dont l'image s'est dévalorisée. Les facteurs se veulent « préposés », les bonnes à tout faire « employées de maison », les balayeurs « employés de voirie », les masseurs « kinésithérapeutes », les inspecteurs de police « officiers de police », etc.

Le meilleur exemple est donné par la création du terme O.S. (ouvrier spécialisé) qui caractérise tous les travailleurs qui sont justement dépourvus de qualification et de spécialisation au sens propre du mot.

Le refus croissant des professions manuelles et des tâches salissantes, et au contraire l'attrait nouveau pour les métiers exigeant une bonne présentation ou offrant des possibilités de voyage ou de rencontres agréables, procède du même désir d'offrir une image tentante de son « job » ou de sa situation professionnelle. L'espoir d'en rendre le voisin jaloux suffit à embellir l'idée qu'on se fait de son sort.

Mais dans ce domaine aussi, si les préoccupations paraissent communes à tous, elles n'occupent pas toujours le même rang dans les priorités et les urgences des différents groupes socio-professionnels.

Ceux qui ont argent, sécurité, ou joie dans le travail, en font moins état que ceux qui y trouvent la seule compensation à leurs difficultés économiques, à leur peur du chômage ou à leur ennui.

Les chercheurs, les physiciens, les médecins, les enseignants du supérieur, dont les différentes enquêtes montrent qu'ils sont en majorité satisfaits de leurs tâches, font tout au contraire sur les lieux de travail, pour effacer les distinctions de classes ou de rangs.

Dans les hôpitaux ou les laboratoires, il est de moins en moins facile de distinguer sur leur seule apparence extérieure le chef de service de l'infirmier ou du laborantin. Sur les campus universitaires les professeurs font des efforts parfois exagérés pour se fondre par le vêtement ou le langage, dans la masse de leurs étudiants. Nous retrouvons donc là ce souci d'équilibre déjà mentionné et qui nous paraît la caractéristique principale de la nouvelle représentation que se font du travail la plupart des adultes.

Au risque de choquer tous ceux qui continuent à faire de l'activité de travail l'axe de la vie, son essence en même temps que sa finalité, n'est-il pas permis de penser que ces attitudes tendent au contraire à ne plus en faire qu'une activité parmi d'autres ? Si à elle seule elle apporte joie et possibilité d'épanouissement, tant mieux. Encore faut-il qu'elle procure le surplus de ressources et de prestige que réclame aujourd'hui de façon toujours plus pressante la vie socio-économique moderne.

Si au contraire, et c'est de plus en plus fréquent, elle se révèle définitivement incapable de satisfaire à elle seule les besoins naturels d'épanouissement et de créativité, c'est regrettable, sans plus. Ce qui semble insupportable, c'est qu'elle ne puisse compenser cette frustration par un maximum d'avantages d'autre nature dont l'importance respective varie en fonction des situations et des attentes respectives.

Tout ceci traduit une évidente nouvelle approche du concept travail. Est-elle pour autant scandaleuse ? Au lieu de se voiler la face avec horreur comme tant continuent à le faire, n'est-il pas préférable de mieux en comprendre les raisons pour le cas échéant y apporter remède ?

3

Pourquoi cette contestation juvénile ?

Il est trop facile de toujours accuser les jeunes.

Il serait trop facile d'expliquer cette désacralisation du travail par le seul relâchement des mœurs. Ce serait mettre sur le même plan des attitudes qui ne menacent qu'une certaine conception de la société et d'autres qui attentent au contraire à une certaine image de la personne. Beaucoup pourtant cèdent à la tentation d'assimiler l'homme à son outil et n'hésitent pas à blâmer aussi sévèrement ceux qui osent faire état de leur dégoût des tâches aliénantes et ceux qui sans vergogne affichent leur volonté de bouleverser l'ensemble des normes sociales et des échelles de valeur. Leur morale est une et indivisible. Au moins en ce qui concerne leurs opinions, car il ne semble pas en être toujours ainsi au plan de leurs propres comportements.

Par peur du changement, de n'importe quel changement qui pourrait venir troubler la sérénité de leurs jugements habituels, et les obligerait à prendre parti sur des problèmes d'actualité, qu'ils veulent ignorer, ils préfèrent rendre la jeunesse seule responsable d'une contestation globale qu'il leur faut bien reconnaître dans tant de domaines. Il est facile alors d'imputer à son impatience naturelle ce que l'on se refuse à expliquer par des causes plus évidentes qui risqueraient, elles, à être soulignées, de mettre en cause la responsabilité de la société tout entière.

Pourquoi alors attacher de l'importance à des manifestations ou des revendications juvéniles dont chacun sait par expérience le caractère outrancier ?

Pourquoi aussi accorder crédit à des jugements portés sur le travail par des jeunes qui ne travaillent pas encore ou ont commencé à le faire depuis trop peu de temps pour avoir acquis le droit d'en parler ? A croire ces sévères censeurs, ils ne le critiqueraient que par habitude de tout critiquer et parce que la faiblesse de leurs parents s'est conjuguée avec celle de leurs éducateurs pour encourager chez eux la paresse et l'irresponsabilité.

La faillite éducative des familles est plus souvent mise en avant que celle de la société, et ceux qui en font si facilement état, à tout propos, accusent toujours celle des autres et jamais la leur. Comme si certains avaient en même temps le privilège de blâmer et celui de ne jamais se tromper dans leurs propres conduites parentales.

Toujours selon ces bons esprits, il serait vain d'attendre courage et persévérance d'adolescents trop gâtés et trop protégés. Leur peu d'attirance pour le travail ne serait qu'un aspect entre autres de leur coupable inclinaison à ne rien respecter des leçons du passé. Avec un peu d'autorité tout pourrait rentrer dans l'ordre à condition bien entendu d'imposer la seule vision du présent qui vaille, c'est-à-dire celle qui se refuse à admettre qu'aujourd'hui soit différent d'hier. Ce ne sont pas là discours exceptionnels, et même quand les jugements adultes sont moins tranchés, il est rare de ne pas y retrouver plus ou moins vivace le reflet de tous ces préjugés.

Il est bien difficile pour un père d'accepter en ce domaine comme en d'autres d'ailleurs, les leçons de son fils. Elles risquent d'affaiblir son image d'homme et de *pater familias* en même temps que son autorité.

Il n'est pas facile non plus, nous l'avons déjà fait remarquer, d'admettre pour soi-même à cette occasion la vanité de ses efforts passés ou de sa propre réussite socio-professionnelle.

Comment aussi espérer bien influencer le devenir d'un enfant et fortifier sa personnalité, en se privant de cet instrument éducatif précieux qu'a longtemps été le respect aveugle du travail ? Abandonner cet agent de persévérance n'est-ce pas s'exposer aux effets malheureux de l'oisiveté ou du « je m'en foutisme » au moment même où les tentations de la société de consommation multiplient les incitations à de telles conduites ?

La tâche des autres adultes responsables n'est pas plus aisée et l'on voit mal comment, sans précautions préalables, la société pourrait, du jour au lendemain, faire l'économie de ce moteur de la production qu'est le culte aveugle de l'activité de travail.

Tous ces risques sont réels et il serait dangereux de les sous-estimer. Il serait encore plus maladroit de fermer les yeux ou de nier contre toute évidence que les jeunes au moment de leur découverte de la vie sociale ont maintenant à surmonter des obstacles qu'aucune autre génération n'a eu à affronter avant eux.

Les uns tiennent au fait que leur jeunesse, par sa durée et son contenu, n'a rien de comparable à celle de leurs aînés. Les autres s'expliquent par l'évolution d'une société de plus en plus normative, qui, malgré les apparences, se révèle de plus en plus inhospitalière à tous ceux qui ne peuvent ou ne veulent jouer le jeu qu'elle impose.

Se refuser à voir ces changements c'est se condamner à ne rien comprendre au désarroi de la plupart des jeunes et donc refuser de les aider, c'est s'exposer à transformer en révolte ce qui n'était initialement qu'inquiétude. A choisir entre deux maux, il est préférable de discuter avec ses enfants, quitte à leur donner parfois raison contre ses propres opinions, plutôt que s'interdire tout échange avec eux, au risque de perdre leur confiance et leur estime. Et pourquoi, *a priori*, décider qu'ils ont tort dans tous les domaines ? Pourquoi ceux qui se préparent à entrer dans le monde du travail et qui savent fort bien que tout leur avenir va dépendre de ce que ce monde deviendra, n'auraient-ils pas sur ce point un meilleur jugement que leurs aînés, habitués ou fatigués, et de toute façon plus disposés à préparer leur retraite qu'à faire état de regrets inutiles ? La jeunesse a de tous temps été le principal moteur des révolutions culturelles et sociales, pourquoi lui refuser aujourd'hui ce rôle ?

Si elle commence à faire si peur, beaucoup plus peur que toutes celles qui l'ont précédée dans ce qui n'était jusqu'à hier qu'un simple conflit de générations, n'est-ce pas la preuve qu'elle commence à être différente ? Et si, quoique plus silencieuses, ses attitudes de méfiance à l'égard du travail sont beaucoup plus fréquentes que toute autre forme de contestation, n'est-ce pas la preuve aussi de la priorité qu'elle accorde à ce problème ? On se méfie de ses excès et de ses contradictions, pourquoi ne pas lui prêter attention dans le seul domaine où elle se montre capable d'être à la fois unanime et mesurée ? Si elle fait peur, c'est probablement qu'elle aussi a peur, peur de l'avenir en général et peur plus précisément de son futur socio-professionnel.

L'apprentissage du découragement.

Cela paraît difficile à comprendre, tant il est habituel de prétendre que les jeunes d'aujourd'hui « ne connaissent pas leur chance » et sont bien ingrats de si mal juger le monde que leurs aînés ont construit pour eux et qui s'ouvre à eux sous de si riants auspices. Ils commencent à travailler à 16 ans et de plus en plus souvent à 17 ou 18 ans, quand leurs propres pères avaient en général commencé à gagner leur vie dès l'âge de 14 et même de 12 ans. Au moment de décider de leur orientation, ils n'ont qu'à choisir entre tous les nouveaux métiers passionnants qu'a créés pour eux le progrès technologique. En même temps le progrès social, en abolissant les inégalités sociales, se met à offrir à tous, fils d'ouvriers ou fils de bourgeois, les mêmes chances de réussite.

Et que penser des promesses du futur quand d'autres progrès viendront élargir démesurément les champs de toutes ces nouvelles possibilités ? Que les jeunes s'interrogent dès maintenant sur ce qu'ils feront demain de leurs loisirs peut se comprendre, mais qu'ils soient si inquiets de leur avenir immédiat, de leur insertion à court terme dans la vie active relève pour beaucoup de la simple pathologie mentale.

Et pourtant ! Est-il si facile aujourd'hui de se faire une place dans le monde du travail ? Est-il si facile de concilier ses ambitions et les réalités du marché de l'emploi ? Jamais en réalité la compétition n'a été si sévère et jamais les individus n'y ont été soumis si précocement et avec si peu de précautions.

Cette liberté de choix, si souvent mise en avant par les responsables de notre société, est un leurre. Depuis leur plus tendre enfance, les futurs citoyens, quels que soient leurs niveaux intellectuels ou socio-économiques, sont soumis à un véritable conditionnement qui stérilise peu à peu en eux la plupart de leurs virtualités et beaucoup de leur dynamisme naturel. Il leur faut commencer à lire et à écrire à 6 ans, pas avant, pas après. S'il est vrai que pour les psychologues, c'est là pour la plupart des enfants le meilleur âge, il est des exceptions et bien des sujets font l'apprentissage de l'ennui dans des classes maternelles trop prolongées, alors qu'ils brûlent du désir d'apprendre et en sont fort capables. Il est classique d'affirmer que les représentations du monde sont déjà presque tout entières esquissées à 7 ans. Cela veut dire que beaucoup de sujets ayant déjà découvert à ce stade la monotonie de certains travaux imposés risquent d'en garder la vie entière l'appréhension ou l'habitude.

Il en est ainsi tout au long de la scolarité primaire. L'encombrement des classes et la rigidité des programmes obligent dès l'âge le plus tendre à d'incessants efforts plus propres à fondre les individualités dans un moule uniforme qu'à stimuler leur originalité.

Quelques instituteurs s'essaient à aller contre ces tendances en préservant la spontanéité de leurs élèves. Quand leurs expériences pédagogiques ne sont pas l'alibi du système, il leur arrive souvent d'être accusés par les familles ou leur hiérarchie de favoriser à plus ou moins long terme l'échec scolaire en consacrant trop de temps à des activités non sanctionnées par un examen.

Et c'est là le pire des péchés. L'enfant qui flâne en queue de classe ou, plus grave encore, redouble, est aussitôt condamné en effet par tous aux plus tristes destinées sociales. Ses parents s'alarment, consultent psychologues et orienteurs, s'affolent de conseils souvent contradictoires et n'ont de cesse que de faire partager leur désarroi au malheureux responsable de leur panique. Il est bien rare que le petit bonhomme de 8 ans, si tôt accusé de trahir la confiance de sa famille, reste insensible à ce procès que lui fait la société des adultes. Au mieux il apprend à s'en méfier.

Et malheureusement ces parents qui s'inquiètent n'ont pas tort de le faire, même quand leurs remèdes maladroits ne font qu'aggraver la situation. De récentes enquêtes viennent de montrer en effet que l'avenir scolaire et même tout l'avenir socio-professionnel étaient très souvent fonction de l'âge d'entrée en 6ᵉ. Commencer le secondaire après 11 ans, c'est diminuer sensiblement les chances d'atteindre finalement le niveau du baccalauréat, donc de voir s'ouvrir les portes des facultés et des grandes écoles. Le commencer après 12 ans, c'est abandonner plus de 80 % de ces mêmes chances.

Il est facile d'affirmer dans les discours que tous les jeunes Français bénéficient aujourd'hui de chances égales de réussite sociale. Malheureusement les mêmes études montrent que ce sont en très grande majorité les enfants issus des milieux sociaux défavorisés qui, malgré des progrès indéniables, continuent à se voir écartés dès le début des filières scolaires nobles. Ayant plus de mal à s'adapter à un enseignement encore très imprégné de la culture bourgeoise classique que leurs camarades qui y baignent dans leur vie familiale extra-scolaire, ils sont aussi moins « poussés » qu'eux par leurs parents. Les pères ayant bénéficié d'un enseignement long savent en effet mieux que ceux dont la scolarité s'est arrêtée beaucoup plus tôt, les dangers d'un redoublement ou d'une mauvaise orientation. Ils font tout pour les éviter à leurs propres enfants, à coups de leçons particulières, de surveillance étroite des devoirs et des leçons, d'entretiens répétés avec les professeurs, de changements d'établissement le cas échéant. La scolarité se transforme en surentraînement, ne connaissant ni trêve ni repos, ne tolérant aucun relâchement.

Et cela ne fait que s'aggraver au long des études secondaires. Pour les uns il s'agit de conserver les avantages initiaux, sans ralentir l'allure et en se mettant à l'abri d'éventuels accidents de parcours, pour se maintenir dans les filières privilégiées. Les risques de perdre pied avant même de pouvoir se présenter aux examens terminaux ne sont pas négligeables, puisque la moitié au moins des sujets insérés normalement en 6ᵉ et désireux d'aller jusqu'au bout du deuxième cycle long sont peu à peu éliminés à l'occasion de réorientations successives. Pour les autres il s'agit au contraire de s'essayer à rattraper le temps perdu en profitant des passerelles prévues à cet effet. C'est souvent difficile. Les changements de section se font en général des plus nobles, riches de promesses futures, vers les plus faibles, celles qui n'en offrent que très peu et très rarement dans l'autre sens.

Vers 15-16 ans, à la fin de la période de scolarité obligatoire, il est possible de diviser grossièrement chaque classe d'âge en trois groupes principaux. Un tiers se prépare contre vents et marées à se présenter au baccalauréat. Certains abandonneront avant ce moment et d'autres y échoueront. Un tiers est plus ou moins déjà inséré dans une structure quelconque de formation, préparant à divers diplômes professionnels : BEP (brevet d'études professionnelles), CAP (certificat d'aptitude professionnelle), etc. Certains aussi abandonneront avant l'échéance ou échoueront. Le dernier tiers enfin, depuis déjà un ou deux ans dans des classes dites de transition ou pratiques, attend la date légale de fin d'études. Faute de professeurs, faute d'équipement, faute de ligne pédagogique générale, garçons et filles y perdent encore trop souvent presque tous leur temps, ne suivent aucun programme et se livrent à des « activités d'initiation » vides de sens pour des adolescents. Des études ont montré qu'il n'est pas rare que leurs connaissances et leur raisonnement s'y dégradent et qu'à leur sortie de ces « garderies », divers tests intellectuels donnent des résultats inférieurs à ce qu'ils étaient à l'entrée. S'ils y apprennent quelque chose, c'est encore parfois à ne rien faire. A peine un sur cinq peut aujourd'hui espérer, après ce purgatoire, être orienté vers de véritables structures de formation professionnelle ou de pré-apprentissage.

Comment, devant ce bilan général, et malgré des progrès indéniables, ne pas parler encore de gâchis d'énergie et de bonnes volontés, et même de faillites économiques ?

Les meilleurs éléments, ou plus exactement les plus favorisés financièrement et culturellement, s'épuisent dans une compétition sans fin, simplement pour avoir le droit de se présenter à l'examen du baccalauréat. Comme l'habitude de la sérénité ou du bonheur, celle de l'inquiétude ou de l'insécurité s'acquiert.

Ces pères bourgeois qui accusent leurs fils d'être des ingrats ou des angoissés pathologiques, ont-ils été pendant leur propre jeunesse soumis aux mêmes épreuves ? Se souviennent-ils bien qu'inscrits tout naturellement en 6e et à n'importe quel âge, il leur était permis de faire leurs études secondaires à n'importe quel rythme ou presque, et dans la section de leur choix ? Il fallait être bien chahuteur ou bien paresseux pour ne pas à la fin décrocher la peau d'âne dont ils continuent à s'enorgueillir et qu'ils citent en exemple à leurs enfants. Combien d'adultes aujourd'hui « arrivés » auraient pu hier triompher des obstacles que doivent maintenant affronter leurs fils ? Cette simple vérité n'est évidemment pas toujours bonne à dire. Quel scandale familial quand un jeune a l'outrecuidance de s'y essayer.

Et que penser de l'état d'esprit de tous les autres adolescents qui, obligés d'abandonner des rêves imprudemment entretenus par leurs maîtres ou la société, ont déjà à 15 ans une mentalité de ratés, parce qu'un simple accident scolaire ou de santé les a brutalement écartés du peloton de tête, seul autorisé à poursuivre la course ? A force de s'être entendu répéter des années durant qu'ils construisaient leur avenir en réussissant leur passage en 5ᵉ ou en se maintenant en 2ᵉ C, comment n'en concluraient-ils pas que cet avenir est irrémédiablement compromis à partir du moment où il leur faut redoubler ou être orientés vers le moderne ou le technique ?

Une société n'est ni juste ni sécurisante quand elle se contente de faire des promesses ou quand elle propose également à tous des objectifs que seule une minorité est en mesure d'atteindre.

Comment lui faire confiance pour l'avenir quand, dès l'enfance, beaucoup découvrent que les cartes sont truquées au départ ?

« Si j'avais su » disent la plupart des jeunes travailleurs sans qualification interrogés quelques mois après leur découverte du monde du travail. Mais comment auraient-ils pu savoir, quand tout le système scolaire et social s'est évertué à mettre sur le compte de leur paresse ou de leur inintelligence des échecs qu'expliquaient seules leurs hypothèques culturelles ou économiques initiales. Leurs propres parents sont-ils même toujours conscients de cette inégalité de base ? N'ont-ils pas souvent surenchéri sur les éducateurs en critiquant chez leurs enfants des insuffisances dont ils étaient, contre leur gré évidemment, les premiers responsables.

Il est facile de répéter : « J'ai fait beaucoup de sacrifices pour te permettre de poursuivre tes études et tes médiocres résultats ne m'en ont pas récompensé. » Il est plus difficile pour un père de reconnaître que certains échecs filiaux tiennent souvent beaucoup à sa propre indigence intellectuelle, à son manque d'attention, à l'insuffisance de ses démarches, à la pauvreté des échanges familiaux. Combien de parents sont-ils même aujourd'hui bien conscients du fait que, dans le domaine de la réussite sociale, les hypothèques culturelles commencent à devenir plus graves que les classiques hypothèques financières. Est-il normal de laisser aux seuls extrémistes le privilège d'une telle constatation pourtant fondamentale ?

Déçus, critiqués au sein de leur propre milieu, conditionnés à faire beaucoup d'efforts pour peu de résultats tangibles, pourquoi ces jeunes attendraient-ils de l'avenir de travail des promesses que n'a pas su tenir le passé scolaire ?

Restent enfin les autres adolescents confinés et ségrégés deux ou trois ans dans leurs classes de transition ou pratiques. Est-il besoin de souligner qu'ils y perdent définitivement toute espérance et tout goût de l'effort ? Ravalés au rang « d'assistés scolaires », ils s'y forgent des mentalités très semblables à celles de tous les « assistés sociaux ». Faire le moins possible pour gagner le plus possible.

Ce tableau peut paraître noir. Que chacun fasse l'effort de l'apprécier à travers sa propre expérience de père ou d'éducateur, et non à travers des discours officiels ou des déclarations d'intention. Il lui sera facile alors de mieux comprendre pourquoi la jeunesse qui étudie n'a pas tellement de raisons d'être joyeuse et rassurée quant à son avenir.

Elle a malheureusement à affronter d'autres difficultés génératrices, elles aussi, des mêmes attitudes de méfiance à l'égard du futur professionnel.

L'inquiétant futur.

Il est couramment reproché aux jeunes de ne pas savoir ce qu'ils veulent et de manquer d'esprit de suite, en particulier en matière d'orientation. Cela paraît souvent vrai, et l'on comprend l'agacement des parents dont les enfants changent de projets au hasard des rencontres ou des émissions de télévision.

Mais comment pourrait-il en être autrement, et pourquoi penser que les jeunes ne souffrent pas autant de cette indécision que leurs aînés qui en sont les témoins désolés ?

S'il existe de réelles vocations, elles sont rares. Les ambitions socio-professionnelles sont, elles, beaucoup moins précoces ou impératives. Elles se construisent petit à petit, naissent d'une image, d'un exemple, d'un souvenir, mais demandent à être longtemps nourries et entretenues pour acquérir force et constance. Prolongeant ou non des rêves d'enfance, il leur faut grandir en même temps que le capital juvénile de savoir et d'informations pour pouvoir vers 15-16 ans se transformer en stratégies scolaires et sociales. Désirer exercer tel ou tel métier, et le faire avec sérieux et persévérance, c'est connaître à la fois son objectif et les chemins qui y mènent. Pour devenir opératoire l'idée maîtresse doit être longuement mûrie et confrontée avec les aptitudes, les goûts ou au contraire les faiblesses et les répugnances peu à peu mises en évidence par les études et l'élargissement du champ des connaissances. Cela ne se fait pas en un jour et sûrement pas à l'occasion d'un simple entretien d'orientation assorti ou non de tests psycho-moteurs qui mesurent au mieux ce qui est, mais sont incapables de prédire ce qui sera.

Cela implique aussi des délais de réflexion. Quand les jeunes, à 12 ans et à 16 ans sont mis, au seul vu de leurs résultats scolaires, sur des rails qui interdisent en fait tout regret ultérieur et toute véritable réorientation qui ne soit pas seulement une sanction, de telles maturations psychologiques deviennent impossibles. Dans la meilleure hypothèse les sujets ayant en 3e de bons résultats mathématiques sont aiguillés vers les carrières scientifiques, ceux qui en ont de moins bons doivent accepter des futurs littéraires ou juridiques, et tous les autres se voient dirigés, presque de force, vers les professions techniques, commerciales ou manuelles. La loterie des concours, des sélections ou les aléas du marché de l'emploi décideront ultérieurement du choix réel de la profession ou du poste de travail.

Il existe des possibilités virtuelles de corriger après cette orientation les décisions initiales. Peu en bénéficient, et ceux qui s'y hasardent doivent fournir de très gros efforts pour se réadapter en cours de route à des enseignements nouveaux.

Le plus simple et le moins frustrant pour un jeune n'est-il pas dans ces conditions d'attendre et de voir venir, surtout quand les projets et les hypothèses de cursus scolaire risquent de surcroît d'être inopinément bouleversés par une de ces réformes du système scolaire et universitaire qui, depuis vingt ans, interviennent en France presque chaque année ?

Il n'y a dans tout cela rien qui puisse pousser les jeunes à s'impliquer dans la construction de leur avenir et le manque d'enthousiasme qui leur est si souvent reproché pourrait aussi bien être jugé comme une marque de prudence et de sagesse. On serait même tenté d'encourager leur scepticisme à considérer ce qui les attend à la fin de leur scolarité, qu'ils aient ou non obtenu les diplômes ou les qualifications recherchées.

D'après les chiffres du dernier recensement, 50 % des jeunes Français s'insèrent dans la vie active sans aucun diplôme professionnel, et 33 % le font sans aucun diplôme d'enseignement général, fût-ce le modeste certificat d'études primaires. Que peuvent-ils attendre de leur futur professionnel ? Comment ne seraient-ils pas légitimement inquiets d'une telle hypothèque et découragés avant même d'avoir commencé, quand tous les moyens d'information ne cessent d'affirmer qu'il ne peut y avoir de réussite sociale sans diplôme ou sans qualification. La mode des « self-made men » a fait place à celle de la formation permanente.

50 % des jeunes ouvriers ou employés ayant bénéficié d'une véritable formation professionnelle n'exercent pas la profession à laquelle ils ont été préparés. 40 % des jeunes dotés d'une réelle qualification professionnelle sont affectés dès leur embauche et pour au moins dix-huit mois à des tâches élémentaires.

En cinq ans le nombre des jeunes de moins de 25 ans est passé en France de 23 % à 27 % chez les O.S. et les manœuvres, et en 1975 près de trois travailleurs de moins de 20 ans sur quatre étaient ouvriers.

Les diplômes de l'enseignement secondaire et de l'enseignement supérieur ne cessent aussi de se dévaluer sur le marché du travail.

Les chances de devenir cadre moyen quand on était bachelier et celles de devenir cadre supérieur avec un diplôme supérieur au baccalauréat avaient déjà respectivement diminué de 15 % et de 25 % de 1962 à 1968.

Le phénomène ne fait que s'accentuer, traduisant une véritable inflation de titres scolaires. L'augmentation du nombre des diplômes de l'enseignement supérieur s'est ainsi révélée en 1976 trois fois plus importante que celle des postes de cadres supérieurs offerts à ces jeunes.

Cette dévalorisation est d'autant plus sensible sur le marché du travail qu'elle coïncide avec le développement de la crise de l'emploi qui depuis 1975 affecte toutes les économies occidentales et intéresse tout particulièrement les jeunes. Selon les plus récentes statistiques de l'OCDE en juin 1977, les sujets de moins de 24 ans constituaient plus de 50 % de l'ensemble des chômeurs en France, en Grande-Bretagne et en Italie, ce qui signifiait pour ces mêmes pays un taux de chômage jeune » supérieur à 10.

Il serait illusoire d'espérer une prompte atténuation de ce phénomène dans les années à venir, car les raisons en sont autant structurelles que conjoncturelles.

En termes purement quantitatifs — nombre d'emplois mis à la disposition des jeunes — elles tiennent tout autant en effet à la nouvelle nature des échanges commerciaux internationaux, aux retombées du progrès technologique, à l'entrée massive des femmes sur le marché du travail, à l'évolution démographique, etc., qu'aux simples variations des taux de croissance économique ou des temps de travail.

En termes purement qualitatifs — nature des emplois proposés aux jeunes — elles ne font le plus souvent que refléter l'inadéquation qui s'aggrave entre les fruits d'un enseignement toujours plus élargi et plus poussé, et les véritables besoins en qualification et en spécialisation du monde du travail.

Tout laisse à penser que jusqu'aux années 1990, les difficultés à trouver un emploi subsisteront pour beaucoup de jeunes et que celles à trouver un emploi adapté à une formation précise risquent même dans certains secteurs de s'aggraver. On assiste déjà en France depuis 1977 à un certain glissement de la nature des demandes d'emploi jeunes non satisfaites au détriment des niveaux de formation les plus élevés qui jusqu'à maintenant semblaient épargnés par le chômage. Le nombre des chômeurs diplômés croît de manière inquiétante et il est à craindre que les mesures de sélection hâtivement instaurées à l'entrée dans beaucoup de facultés n'aient que des effets trop tardifs. A quoi sert-il d'ailleurs, au point de vue économique, comme au point de vue psychologique, d'interdire à de jeunes bacheliers l'entrée en 1re ou en 2e année de Faculté de médecine, de pharmacie ou de droit, si rien n'est fait, à ce stade, pour les réorienter vers des filières capables de satisfaire aussi bien leurs ambitions que les exigences réelles du marché de l'emploi ?

La jeunesse n'ignore plus rien de ces difficultés. Elle a même souvent tendance à les exagérer, puisque dans une enquête menée en 1977, près d'un large échantillon représentatif de jeunes Français de 20 ans, plus de la moitié d'entre eux se disent anxieux ou pessimistes quant à leurs chances futures de trouver un emploi et que à peu près autant se disent de surcroît indignés ou révoltés. Dans la même enquête, 25 % de ces mêmes jeunes se voient comme rejetés par la société, 10 % exploités par elle, et 40 % la remettent en question à cette occasion. Contestation de la société à travers le rapport au travail est une phénomène très nouveau. Il y a dix ans une enquête identique menée près de groupes de jeunes comparables n'avait incriminé pour expliquer les échecs ou les difficultés personnelles en matière d'emploi que le manque de chance, les carences parentales en matière d'éducation ou d'orientation et l'insouciance des sujets eux-mêmes. Ils n'étaient alors que 15 % à accuser la société.

A leur place qui ne serait d'ailleurs angoissé ou amer ?

Quel prix attacher à un travail jugé si tôt incapable de satisfaire les ambitions, et les besoins nouveaux, de récompenser les efforts scolaires passés, et de permettre, ne serait-ce que la sécurité ?

Les pères défaillants.

On peut expliquer aussi cette juvénile désaffection pour le travail par la dégradation de l'image paternelle dans les familles et de l'image virile dans la société tout entière.

S'il est vrai que le mot travail, dans la mesure où il se confond avec la notion d'effort douloureux, a pu être revendiqué par les femmes qui accouchaient, dans le sens de travail obstétrical, il n'en est pas moins vrai aussi que l'image du travail avait jusqu'ici été toujours associée à celle de l'homme. Et cela sans qu'il soit nécessaire de faire référence à la psychanalyse. Sans nier non plus que le labeur féminin ait été aussi indispensable à la survie et au progrès de la race humaine que le labeur masculin.

Dans une première période historique le travailleur, cultivateur, artisan ou commerçant exerçait son métier ou son art au sein et au vu de sa famille. Ses tâches et ses responsabilités professionnelles s'intriquaient tellement avec son rôle familial ou social que beaucoup de patronymes rappellent encore aujourd'hui le métier du premier ancêtre. Il était à la fois *homo faber* et *pater familias,* et pour ses enfants les deux images se confondaient d'autant plus qu'ils étaient très souvent appelés à lui succéder dans la même double fonction : Pierre, fils de Paul « le boulanger » avait toutes chances d'être un jour Pierre « le boulanger », père à son tour d'un autre « le boulanger ».

Quand ce n'était pas le métier qui singularisait la famille, c'était la terre que cultivait de père en fils une même lignée d'agriculteurs. Pierre, fils de Paul « du val ». Dès son plus jeune âge l'enfant était obligé de s'identifier ainsi au métier de son père. Plus il grandissait et plus il en apprenait les techniques, les joies ou les peines. L'apprentissage de la vie se confondait avec celui du métier paternel et l'apprentissage de la société extérieure, ne pouvait se faire qu'à travers les échanges de la petite cellule familiale et professionnelle avec son environnement social. Ce processus d'identification était encore plus prégnant et en même temps plus enrichissant au plan psychoaffectif des relations père-fils.

Pour construire sa personnalité l'adolescent a besoin à la fois d'un modèle et d'un adversaire. Il lui faut se « conformer » pour donner un objectif et une ligne directrice à son dynamisme et à son besoin de dépassement. Il lui faut ainsi « s'opposer » pour mettre à l'épreuve ses forces naissantes et pour les bien tremper. C'est l'âge du culte du héros en même temps que celui de la critique systématique. Cette ambiguïté peut souvent paraître agaçante, mais elle est indispensable à la complète maturation des individus, comme l'est n'importe quelle gymnastique au développement harmonieux de la musculature.

Dans nos sociétés patri-linéaires c'est au père qu'incombe la responsabilité d'être en même temps l'exemple à imiter et l'autorité à battre en brèche. L'admiration pour la maîtrise professionnelle de l'*homo faber* venait hier étayer le prestige plus incertain ou formel du *pater familias* tandis que le concret des efforts faits pour transmettre les secrets du métier familial donnait plus d'assise et de mesure aux manifestations d'autorité purement éducatives.

Mais les relations père-fils sont encore plus complexes. Le désir d'imiter cache toujours plus ou moins celui d'égaler et même de dépasser. Le besoin de lutter contre une domination parentale fait souvent place à la tentation d'y substituer la sienne. Il n'est pas nécessaire d'évoquer Œdipe pour expliquer la rivalité qui dresse les garçons et filles contre leurs parents du même sexe. L'étude des communautés de primates ou de mammifères supérieurs montre que l'espèce humaine n'en a pas le monopole.

Quel meilleur moyen de rivaliser avec son père tout en affirmant sa propre autonomie, et pourtant en continuant de lui manifester respect et admiration, que de chercher à le dépasser au plan professionnel ; surtout quand cette dimension de l'existence se confond intimement avec toutes les autres. Peut-être s'agit-il du simple transfert d'une compétition sexuelle plus profonde, peut-être s'agit-il seulement d'un déterminisme instinctuel indispensable au progrès du groupe humain.

Quelle qu'en soit l'explication, ce mécanisme ne pouvait hier que valoriser l'image du métier puisqu'il constituait ainsi le principal et souvent unique facteur de maturation en même temps que la meilleure sanction de l'autonomie.

Faute d'autres rites d'initiation disparus avec la plupart des autres coutumes ancestrales, l'accession au rang d'adulte était d'ailleurs la plupart du temps symbolisée par des cérémonies fortement marquées de préoccupations professionnelles. C'est en passant du rang d'apprenti à celui de compagnon que le fils d'artisan mettait ainsi fin à son statut d'enfant en tutelle. Mais encore fallait-il pour que cette compétition entre père et fils porte ses fruits que l'enjeu en vaille la peine, c'est-à-dire que l'image paternelle reste digne d'admiration et d'envie ou tout au moins qu'elle se singularise de toutes les autres images d'adultes.

A partir de la révolution industrielle de la première moitié du XIXe siècle, les conditions de travail changèrent pour la plupart des pères. Ceux qui continuèrent à pouvoir chez eux être à la fois modèles professionnels et éducateurs se firent de plus en plus rares. Les mêmes mécanismes d'identification persistèrent pourtant chaque fois qu'étaient réunies les conditions indispensables. De nos jours encore, les fils d'artisans et les héritiers de petites et moyennes entreprises ou de travailleurs indépendants témoignent, vis-à-vis de leur futur travail, d'attentes et de réactions très proches de celles de leurs lointains prédécesseurs et de toute façon très différentes de celles des autres jeunes de la même génération. C'est chez eux que se retrouvent les ambitions les mieux structurées et les représentations du futur laborieux les plus optimistes.

Jusqu'à ces temps derniers les pères, appelés à travailler en dehors de chez eux du fait de la concentration industrielle, s'ils jouaient un rôle moins déterminant qu'auparavant dans la maturation psychologique et socio-professionnelle de leurs enfants, continuaient pourtant à conserver en ce domaine une influence non négligeable. A un moment où les échanges entre la famille et le milieu extérieur, et tout particulièrement le monde du travail, n'étaient pas comme aujourd'hui nourris des renseignements prodigués par les mass media, c'est à eux qu'il appartenait encore de servir d'intermédiaire et de source d'information. Si les enfants ne voyaient pas leurs pères travailler, c'est quand même à travers ce qu'il rapportait de son activité laborieuse extérieure et de la vie active en général qu'ils découvraient le principal de ce qui se passait en dehors de leur petit univers scolaire ou familial.

Le respect que le père inspirait (et il avait plus de chances qu'aujourd'hui d'en faire naître chez ses enfants) finissait par profiter à son travail et à ses responsabilités sociales. Même s'il revenait le soir fatigué et un peu découragé, il lui suffisait d'affirmer son autorité pour que celle-ci paraisse procéder autant de son statut de responsable économique de la famille, donc de travailleur, que de celui toujours un peu contesté et formel de père de famille.

Travailler c'était justifier ou mériter l'autorité au sein du groupe familial. C'était vrai pour les salariés du bas de l'échelle sociale, cela l'était encore plus évidemment pour tous ceux qui pouvaient renforcer cette autorité intérieure de celle qu'ils montraient ou disaient avoir à l'extérieur dans leurs fonctions sociales et professionnelles. Ce qui était su de l'activité paternelle extra-familiale jouait dans les relations père-fils à peu près le même rôle psychologique que ce qui en était vu, quand domicile familial et domicile professionnel se confondaient. L'image du travail se consolidait et s'enrichissait de celle du père.

Qu'en est-il aujourd'hui de toutes ces interactions affectives et culturelles ? Notre propos n'est pas de prendre position dans un débat qui opposerait l'ancienne primauté paternelle aux revendications égalitaires des épouses et des mères, la classique tyrannie du sexe masculin aux efforts d'émancipation du sexe féminin. Il est simplement de constater une situation sans la juger, en suggérant pourtant que la plasticité des habitudes sociales n'est pas telle qu'elle puisse toujours sans dommage s'adapter immédiatement à des bouleversements trop brutaux ou trop rapides. La nature humaine est ainsi faite qu'elle tolère et même réclame d'incessantes petites mutations, mais réagit mal quand on brusque son processus évolutif.

Qu'on le déplore donc ou que l'on s'en félicite, force est de constater que depuis une vingtaine d'années l'image du père se dévalorise dans les familles en même temps qu'y diminuent son autorité et ses responsabilités.

Dans la plupart des milieux, le régime du matriarcat tend à se substituer à celui du patriarcat. Si l'on excepte une fois de plus les artisans et les travailleurs indépendants, les époux commencent à abandonner peu à peu la presque totalité de leurs fonctions familiales anciennes. Ce sont les mères qui en majorité gèrent les budgets et ont l'initiative des dépenses. Elles paient les impôts, le loyer, le gaz, l'électricité, rédigent les correspondances administratives et amicales, placent les économies, donnent l'argent de poche à l'époux et aux enfants, décident des vacances et des sorties, etc. Ce sont elles aussi qui surveillent les études, font les démarches près des professeurs, inspirent les orientations scolaires et professionnelles, assurent la discipline, sanctionnent et récompensent. Et cela en sus de leurs responsabilités propres de mères et de femmes d'intérieur, parfois même en sus de leur propre activité professionnelle. De plus en plus souvent même, il leur arrive d'assumer les responsabilités symboliquement viriles : la conduite de l'automobile familiale, le choix des journaux, des livres, des vêtements du mari et des relations du ménage.

Les sondages concordent pour estimer à 80 % environ de la totalité des épouses et des mères de famille le nombre de celles qui assument seules ou en priorité l'ensemble de ces diverses fonctions et responsabilités. Bien entendu, cette abdication masculine n'est pas volontaire. Elle s'explique par la durée toujours plus grande des horaires de travail et de trajet, par les déplacements professionnels toujours plus fréquents, par la non-coïncidence des temps de loisir et des heures d'ouverture des administrations avec lesquelles il est nécessaire d'établir des relations toujours plus nombreuses. La fatigue physique et nerveuse, les tentations de la télévision, les conditions de vie de beaucoup de logements modernes, la généralisation de mentalités adultes démissionnaires, viennent constituer des excuses supplémentaires. Peut-être aussi la nature féminine sous ses dehors fragiles cache-t-elle des ressources d'énergie dont commencent à être dépourvus beaucoup d'hommes.

Les psychiatres connaissent bien l'influence des inversions de rôles familiaux dans la genèse de certaines déviations sexuelles. Ils savent que la plupart des homosexualités masculines trouvent leur origine dans des comportements maternels excessivement protecteurs, associés à des comportements paternels trop effacés.

Ce refus d'affirmer sa sexualité dans des conduites normalement viriles ne paraît pas très différent du refus manifesté par tant de jeunes d'affirmer leur personnalité par le travail. Ils semblent bien avoir en commun les mêmes timidités et les mêmes appréhensions, nées probablement d'un même manque d'images paternelles suffisamment structurées et exemplaires pendant l'enfance.

Le fait que ces pères absents ou désimpliqués se refusent ainsi de plus en plus à assumer leur ancienne fonction de médiation entre la vie active et la vie familiale n'est pas propre non plus à magnifier chez leurs enfants l'image du travail. Quand, comme nous l'avons déjà signalé, ils ne parlent pas chez eux de leur profession ou n'en savent plus décrire que les aspects les plus rebutants, exprimant plus leurs déceptions que leurs joies, il serait vain d'attendre de leurs fils l'enthousiasme qu'eux-mêmes se refusent à manifester. Si l'image paternelle est demeurée à peu près intacte, il est même normal que les enfants continuant à accorder crédit et respect, cherchent à s'y conformer en exagérant à leur propre plan la désaffection pour le travail dont il est si facilement fait état en famille. Les filles sont alors aussi sensibles que les garçons à cet enseignement du mépris du métier.

4

Jeunesse d'aujourd'hui ou de toujours ?

Fait de nature ou fait de culture ?

Si les jeunes portent sur le travail et leur avenir des jugements nouveaux, c'est aussi que la jeunesse elle-même devient nouvelle et qu'ainsi il lui est possible pour la première fois d'avoir des autres et de la société une vision bien à elle.

Ce n'est pas l'avis de tout le monde. Beaucoup pensent en effet que les adolescents d'aujourd'hui ne diffèrent en rien de ce qu'étaient au même âge leurs aînés. Les adversaires de la nouveauté sont d'ailleurs souvent ceux-là même qui affirment aussi catégoriquement que les jeunes n'ont jamais eu autant que maintenant matière à se féliciter de leur sort et n'ont donc jamais eu autant de raisons de se sentir différents.

Beaucoup aussi nient l'existence même d'un problème de jeunesse, puisque selon eux, il n'existerait ni idéologie globale ni critères communs d'appartenance capables de légitimer l'existence d'une entité jeunesse au plan socio-culturel.

Etre jeune ce serait, aujourd'hui comme hier, passer de l'enfance à l'âge adulte en témoignant de quelques comportements plus ou moins caractéristiques, liés aux bouleversements de la puberté sexuelle ou psychologique et étrangers par essence à toute notion de milieu ou de culture. La crise de la jeunesse moderne ne refléterait pas les inquiétudes d'un groupe d'âge tout entier, mais ne ferait que recouvrir la généralisation arbitraire de manifestations individuelles en rien originales. Il n'y aurait jamais rien de nouveau dans les efforts de maturation et les conflits de générations, et les manifestations d'originalité juvénile continueraient aujourd'hui comme hier à n'être rien de plus qu'un pénible moment du processus normal d'achèvement des individus. Simple tribut payé à la nature, la révolte juvénile ne mériterait pas beaucoup plus d'attention que les autres incidents désagréables de la croissance.

L'hypothèse est évidemment séduisante puisqu'elle dégage la responsabilité des adultes et de la société, calme leurs inquiétudes et met au compte des prédispositions individuelles, donc des vécus personnels ou des milieux d'appartenance, les éventuelles complications psychologiques ou sociales.

Que les médecins et les psychologues prennent en charge la guérison des cas pathologiques, que la société se contente d'assumer les responsabilités de prévention ou de répression des seules manifestations individuelles ou collectives, qui, telles la violence ou la toxicomanie, risquent de troubler l'ordre établi, et tout ira pour le mieux dans le meilleur des mondes.

Il en est bien ainsi le plus souvent.

Les enseignants continuent d'enseigner les mêmes valeurs, les familles embouteillent les cabinets de psychiatres, l'administration réglemente et les juges sanctionnent.

Comment se fait-il alors que tant de jeunes de tant de pays différents commencent à succomber ensemble aux mêmes tentations de LSD ou de marijuana ? Quelle explication naturelle trouver à l'apparition simultanée de comportements identiques de violence ou de contestation chez les étudiants de Berkeley et de Nanterre, chez les provos d'Amsterdam ou les beatniks de Los Angeles, chez les jeunes ouvriers de Fiat à Turin ou de Renault au Mans ?

Quels facteurs biologiques ou génétiques peuvent bien déterminer dans la plupart des populations jeunes occidentales l'apparition au même moment des mêmes dégoûts du travail et de la même peur de l'avenir ?

C'est qu'en réalité le fait jeunesse est un *fait de culture* et non pas *de nature* et c'est parce que nos sociétés commencent à être très différentes de ce qu'elles étaient hier que leurs franges juvéniles apparaissent elles aussi différentes.

Il en a toujours été ainsi, même quand la notion de jeunesse se confondait plus étroitement avec celle d'adolescence.

Ce qu'en pensent les médecins.

Les médecins savent bien que divers facteurs ethniques, géographiques et culturels interviennent pour retarder ou avancer chaque étape de la puberté sexuelle et de la croissance.

Si l'on compare les développements pubertaires et staturo-pondéraux de deux groupes d'adolescents, les uns d'origine rurale poursuivant un apprentissage agricole, les autres d'origine urbaine poursuivant un apprentissage mécanique, on constate ainsi que les pubertés sexuelles des jeunes ruraux sont en général plus précocement achevées que celles des jeunes urbains, tandis que leurs croissances staturo-pondérales sont plus étalées dans le temps. D'autres facteurs socio-culturels interviennent, puisque les retards pubertaires sont liés d'une manière significative aux mauvaises conditions de logement, tandis que les précocités pubertaires ne sont le fait que des sujets bénéficiant de parfaites conditions de confort et de salubrité.

De nombreuses autres études ont souligné cette influence des facteurs économiques sur des phénomènes trop longtemps considérés à tort comme purement naturels.

Les dates d'apparition des premières règles chez les filles sont ainsi d'autant plus précoces que les nations où elles vivent ont un produit national brut élevé et peuvent donc être considérées comme très développées. Cette date s'est avancée de 6 à 9 mois en moyenne en Europe depuis la fin de la Seconde Guerre mondiale. Le phénomène est perceptible aux USA depuis 1910 et, chose curieuse, ne s'est démenti que pendant les années qui ont suivi la dépression économique de 1930. L'observation de jumeaux homozygotes élevés séparément, ou d'enfants adoptifs élevés dans d'autres milieux que les milieux parentaux naturels, aboutit à des constatations de même ordre. Il est évidemment impossible de nier l'existence d'un facteur déterminant génétique liant le développement morphologique des enfants aux caractéristiques parentales, mais il est aussi certain que ce facteur entre en interaction avec une foule d'autres déterminants dont beaucoup sont d'ordre culturel. Il n'est donc pas facile à l'heure actuelle de décider pour chaque étape de la maturation organique, entre ce qui appartient en propre à la programmation héréditaire et ce qui tient au milieu et au vécu personnel. Etape parmi d'autres d'une dialectique dont nous ne connaissons jamais tous les termes exacts, l'adolescence dans ce qu'elle a de plus simple et de plus directement observable n'échappe pas à cette difficulté.

Ce qu'en pensent les psychologues.

Les psychologues la connaissent aussi et commencent à leur tour à privilégier souvent le culturel au détriment du naturel. A ses débuts étude de l'âme, la psychologie ne vit dans la fin de l'enfance qu'une révolution sentimentale. Suivant en cela l'exemple des philosophes de l'Antiquité, des moralistes de la Renaissance et surtout celui de Jean-Jacques Rousseau, elle en fit « une crise brutale », une « orageuse révolution », une « deuxième naissance ». L'éveil des sens, l'éclosion de la sexualité venaient teinter d'une couleur nouvelle toutes les attitudes et toutes les attentes. Le Romantisme en donnant une trop poétique audience à cette conception essentiellement dramatique finit par lui ôter toute réalité objective jusqu'à, comme Chateaubriand, restreindre le temps de la crise juvénile aux méditations d'une seule mais féconde nuit de Combourg.

Pour réagir contre ces déformations littéraires, la psychologie se voulut science exacte en se rattachant étroitement à la biologie et à la physiologie. Tout naturellement la crise psychologique de l'adolescence en arriva à ne plus être considérée que comme le simple aspect caractériel de l'installation pubertaire. Cette théorie paraissait d'autant plus séduisante qu'à l'époque où elle fut avancée il était encore impossible de contrôler et de mesurer les activités hormonales jugées responsables de toutes les manifestations d'agressivité, de violence, de révolte ou de repliement propres aux jeunes.

Les travaux modernes en comparant des groupes d'adolescents de même âge et de même milieu scolaire ou social montrent au contraire que le stade de maturation sexuelle apprécié cliniquement et mesuré exactement par celui des différents taux hormonaux, ne paraît avoir qu'un rapport très inconstant avec la maturation en général. S'il a parfois une influence sur les intérêts hétérosexuels, le comportement extérieur, les jeux ou les lectures, il n'en a aucune par exemple sur le développement intellectuel ou la vision de la société.

Cela n'empêche pas, nous le savons, beaucoup de parents, d'éducateurs ou de responsables politiques de continuer à mettre au compte de « l'influence glandulaire » tout ce qu'ils ne comprennent pas des attitudes juvéniles.

Alors que certains psychologues croyaient trouver ainsi dans la biologie le cadre scientifique qui faisait parfois défaut à leurs simples observations, d'autres à partir de l'interrogatoire systématique de groupes importants d'adolescents, définis tels par leur âge, s'essayaient, en analysant et regroupant leurs aspirations et leurs comportements, à dégager des structures communes. Les matériaux recueillis par cette méthode parurent assez riches et concordants pour leur permettre d'avancer l'hypothèse d'une véritable crise psychologique d' « originalité juvénile », indépendante des stimulations endocriniennes, mais pourtant assez homogène et constante pour paraître elle aussi naturelle. L'adolescence devenait le moment et le reflet de deux révolutions parallèles et non nécessairement liées. L'une somatique et l'autre psychologique, inscrites nécessairement l'une et l'autre dans l'évolution normale des individus. Pour construire cette théorie qui faisait succéder dans un ordre immuable la révolte à l'excentricité, l'introspection à la contestation et l'engagement au repliement sur soi-même, ses auteurs s'étaient malheureusement contentés d'étudier les sujets les plus capables de répondre complètement et intelligemment aux questionnaires proposés, en général des étudiants ou des élèves des écoles normales d'instituteurs. S'agissant de jeunes ayant en commun la même culture, les mêmes connaissances et les mêmes outils intellectuels, il était normal que leurs maturations psychologiques empruntent les mêmes chemins parallèles et reflètent les mêmes préoccupations profondes, comme il est normal que beaucoup d'adultes « cultivés » retrouvent encore aujourd'hui dans ces schémas le souvenir de leur propre jeunesse. Mais une telle conception de la crise d'adolescence impliquait et implique toujours qu'elle demeure le privilège des seuls adolescents capables de la penser. En seraient donc obligatoirement tenus à l'écart tous les sujets privés des matériaux intellectuels nécessaires à son élaboration et à son déroulement normal. C'est d'ailleurs ce qu'ont cru pouvoir affirmer avait ses lois propres et ne pouvait qu'être entravée par la certains auteurs en prétendant « que la formation spirituelle nécessité d'une collaboration précoce avec les adultes pour la conquête du pain quotidien ». Selon eux, et c'était peut-être vrai à l'époque où ils l'écrivaient, les apprentis et les jeunes travailleurs ne connaissant ni inquiétudes ni révoltes, passeraient sans transition de l'enfance à un état adulte dont ils adopteraient spontanément et sans heurt toutes les habitudes et toutes les valeurs. Faisant l'économie d'une crise qui ne pourrait que perturber leur insertion sociale, ils n'en recueilleraient pas non plus les fruits et se trouveraient ainsi condamnés à des maturations incomplètes, tout juste compatibles avec la modestie obligatoire de leurs ambitions socio-professionnelles.

En arriver à de telles conclusions pour ne plus faire de cette crise d'adolescence classique qu'un privilège réservé aux enfants des milieux favorisés, c'était évidemment déjà reconnaître sa dimension culturelle. Les découvertes de la psychanalyse et de l'ethnologie intervenues depuis ne firent d'ailleurs que confirmer cette conclusion. Sans nier l'universalité du complexe d'Œdipe, il apparaît en effet maintenant que sa résolution, très différente selon les types de société, est presque toujours indépendante des autres évolutions psychologiques ou somatiques, et ne sanctionne pas obligatoirement le passage de l'état d'enfant à celui d'adulte. Nous savons aussi, contrairement à beaucoup d'idées reçues, que la plupart des cérémonies d'initiation appelées à marquer symboliquement le même passage dans d'autres civilisations mortes ou encore « sauvages », ne coïncident pas toujours avec les maturations sexuelles et ont un sens surtout économique. Comment se fait-il, compte tenu de toutes ces approches scientifiques, que tant d'observateurs persistent encore aujourd'hui, à vouloir confondre jeunesse et puberté ?

La peur de mettre en cause les responsabilités de la société n'explique pas en effet le caractère passionnel de certaines réactions adultes dans ce domaine. Certaines sont si exagérées qu'il est permis de se demander si plus ou moins consciemment ceux qui acceptaient la primauté du culturel, tant que les manifestations d'originalité juvénile avaient valeur de privilège social, ne commencent pas à la refuser dès lors que les jeunes de tous les milieux en témoignent.

La même jeunesse pour tous.

La plupart de ceux qui aujourd'hui expriment le plus bruyamment leur jugement sur la jeunesse et la société moderne sont issus de classes bourgeoises et donc en leur temps ont fait partie de la minorité de jeunes à qui il était permis de manifester son impatience. Le souvenir de leurs chahuts ou de leurs longues discussions pendant cette période particulièrement riche de leur existence n'a cessé de s'embellir au fil des ans. Il leur répugne aujourd'hui d'être obligés de constater que tous les jeunes, sans distinction de classe ou de mérite, accèdent maintenant à cette liberté et à ce pouvoir de s'affirmer. De tous les nivellements sociaux, c'est celui qui leur paraît le plus insupportable puisqu'il les prive de ce qui faisait le prix de leur passé.

Pour que leur jeunesse ne se confonde pas avec celle de tous les adolescents d'aujourd'hui et conserve, ne serait-ce que dans leurs mémoires, son caractère exceptionnel, il leur faut, contre toute logique, expurger les crises de jeunesse actuelles de ce qui pourrait les faire ressembler à ce qu'elles étaient hier quand elles étaient réservées à une élite culturelle. Le plus simple est alors d'en refaire à nouveau de simples réactions naturelles, presque animales. Le calcul serait puéril ou machiavélique s'il était toujours conscient, mais la susceptibilité maladive dont font preuve en ce domaine tant d'adultes, même ceux qui se veulent par ailleurs les plus libéraux, montre bien que la raison n'a souvent rien à faire dans de tels jugements.

Ces préjugés ne sont d'ailleurs pas l'apanage des anciens élèves d'un enseignement secondaire ou supérieur, réservé de leur temps aux seuls fils de bourgeois. Beaucoup de parents de milieux plus modestes, dont la scolarité s'était limitée à l'enseignement primaire obligatoire, ont beaucoup de mal aussi à admettre que leurs propres enfants, en vivant une jeunesse différente de la leur, sont en fin de compte plus proches de leurs camarades lycéens que de ce qu'ils ont été eux-mêmes en leur temps.

Bercés de l'illusion que tous les hommes naissent et meurent égaux, tout au moins au plan intellectuel ou culturel, ils ne voient pas très bien pourquoi le fait d'interrompre très tôt leurs études avait pu hier interdire à leur adolescence affective ou caractérielle d'être semblable à celles de leurs contemporains plus favorisés. Ils comprennent encore moins pourquoi, à niveau socio-économique à peu près égal, leurs propres enfants, à cause de quelques années supplémentaires passées à l'école, auraient à 16 ans une autre vision du monde que la leur ou un pouvoir de réflexion mieux aiguisé. Auraient-ils même ces meilleures informations ou ces meilleurs instruments intellectuels que cela ne serait pas, pensent-ils, un motif suffisant pour qu'ils adoptent les conduites jusque-là réservées aux seuls étudiants, et donc souvent encore perçues dans les classes laborieuses comme des caprices de « gosses de riches ».

Rien n'est pourtant plus manifeste que cette relation entre le capital de connaissance acquis par les jeunes à 15-16 ans et l'intensité de leurs crises d'originalité juvénile. Dans les centres polyvalents de formation professionnelle, où divers groupes d'apprentis coexistent en poursuivant des scolarités techniques différentes, les attitudes adolescentes s'avèrent très contrastées dans un même établissement et paraissent directement fonction des places respectives faites dans les programmes à la culture générale ou aux activités pratiques.

Plus les heures de classe sont rares et plus les manifestations d'inquiétude ou de contestation demeurent discrètes. Au contraire, plus l'enseignement déborde des simples exercices d'atelier et plus le comportement des élèves s'apparente, quel que soit leur milieu d'origine, à celui des lycéens et des étudiants.

Les futurs techniciens, souvent écartelés entre une formation générale très abstraite (en particulier au plan du raisonnement mathématique) et la monotonie de tâches manuelles déjà trop semblables à celles de la vie active, en arrivent souvent même aujourd'hui à afficher des découragements et des révoltes plus sévères que ceux de leurs camarades du cycle classique, eux-mêmes trop préoccupés de leurs examens ou de leurs concours pour s'autoriser, comme pouvaient le faire leurs aînés, la moindre rêverie. Il en est de même d'ailleurs d'autres jeunes à qui la réforme des méthodes pédagogiques dès le début de l'enseignement primaire a donné le goût et l'habitude des spéculations intellectuelles, mais que la brièveté relative de leur scolarité a malgré tout privés de tous les matériaux nécessaires à des introspections réellement maturantes. Les mass media commencent à leur apporter ces informations que ni eux ni leurs pères n'ont pu trouver à l'école. La connaissance qu'ont du monde les adolescents d'aujourd'hui vient pour moitié de la télévision, du cinéma ou de la presse. Il s'agit là d'une véritable éducation parallèle extra-scolaire, dont tous profitent à peu près également et dont ils sont les premiers dans l'histoire à pouvoir ainsi bénéficier si largement et si unanimement.

Pourquoi dans ces conditions les jeunes des faubourgs, des campagnes ou des quartiers bourgeois, formés et informés pareillement, ne vivraient-ils pas des jeunesses identiques ?

Tout se passe comme si le niveau culturel moyen des sociétés occidentales s'élevant progressivement, chaque couche de population, au sortir de l'enfance, commençait l'une après l'autre à accéder à un seuil constant de connaissances et de potentiels intellectuels, fait d'autant d'ignorances que de savoir et donc générateur obligatoire d'incertitudes et d'instabilités caractérielles.

En deçà de ce seuil, il n'y aurait pas possibilité de développer une véritable crise d'originalité juvénile, au-delà elle deviendrait presque naturelle.

Chaque individu serait ainsi conduit à s'interroger sur le monde et sa propre personne dès qu'il serait à même de maîtriser les jeux de l'esprit et qu'il disposerait d'assez de matériaux pour les alimenter. Il n'est pour se convaincre de la réalité de ce processus de maturation sociale, qu'à observer les jeunesses des pays en voie d'acculturation qui semblent elles aussi se sensibiliser peu à peu aux mêmes stimuli en fonction du degré de développement économique et culturel de leurs pays d'origine respectifs.

Dans cette perspective et compte tenu de la prolongation générale des scolarités et de l'élargissement continu des sources d'information, il n'est pas étonnant que le phénomène jeunesse, qui ne concernait il y a trente ans qu'une petite partie de chaque tranche d'âge juvénile, en intéresse aujourd'hui la grande majorité. Sans attacher d'importance excessive aux cursus scolaires, il n'est pas interdit de penser, comme l'ont d'ailleurs fait les artisans des récentes réformes de l'enseignement en France, que l'entrée en seconde à 15-16 ans à la fin de la puberté sexuelle sanctionne l'acquisition du minimum de connaissances générales et de mécanismes conceptuels élémentaires capables d'autoriser introspection, singularisation du milieu et mise en projet. C'est à ce moment précis d'ailleurs qu'a été située l'étape la plus importante de l'orientation scolaire et professionnelle. Entre 1900 et aujourd'hui, le nombre des adolescents atteignant ce niveau de réflexion et donc d'attentes a été à peu près multiplié par dix, tandis que le volume des informations prodiguées par l'éducation extra-scolaire a crû au moins dans les mêmes proportions.

Comment dans ces conditions continuer à vouloir prétendre que la jeunesse d'aujourd'hui est semblable à celle de ses parents ? Le serait-elle au plan culturel que sa seule importance numérique, imputable aux modifications démographiques de l'après-guerre, suffirait d'ailleurs à elle seule à expliquer ses caractères nouveaux. Par rapport à 1940 le pourcentage des jeunes a en effet augmenté de plus de 50 % dans la population française et le phénomène ne fait que s'amplifier.

Une jeunesse plus longue.

Mais ce serait encore refuser d'apprécier à leur juste valeur l'évolution des phénomènes sociologiques actuels que de se contenter de prétendre que la jeunesse est nouvelle parce que plus cultivée et relativement plus volumineuse. Ce qui tend à la rendre différente de ce qu'elle était hier c'est surtout le fait qu'il devient de plus en plus difficile de lui fixer un terme chronologique, c'est-à-dire de bien préciser le moment à partir duquel on cesse d'être jeune pour devenir adulte. C'était hier relativement facile. L'entrée dans la vie active, le mariage, l'abandon du domicile des parents, le départ au service militaire, témoignaient sans risque de confusion de l'émancipation sociale de ceux qui n'avaient pas d'autres moyens de signifier leur maturation psycho-sociale. Pour la plupart des ouvriers ou des employés, le premier salaire avait valeur initiatique et la découverte du monde du travail à 13-14 ans symbolisait la fin de l'enfance. Quelques mois plus tard les premiers rapports sexuels venaient sanctionner définitivement l'entrée dans l'âge adulte et la fin d'une éphémère jeunesse. Les rares privilégiés à avoir pu s'offrir le luxe d'une crise psychologique commencée elle aussi à 13-14 ans y mettaient fin un ou deux ans plus tard, en cherchant à se débarrasser de son cortège de stériles contradictions, pour s'engager sans plus regarder en arrière vers des futurs destins longuement réfléchis.

Certains ne voulaient pas franchir cette frontière entre le rêve et le concret, entre les plaisirs de la dialectique intime et les rigueurs de la certitude et se voyaient condamnés à un état de non-achèvement d'adolescence sans fin. Tel était par exemple le sort enviable ou méprisable des poètes, des chercheurs, des philosophes, ou des aventuriers et des ratés. D'autres ne le pouvaient pas, faute de modèles d'achèvement satisfaisants et faute de fonctions à la mesure de leurs impatiences. C'était le cas par exemple des sujets trop longtemps confinés par leur père dans une totale subordination éducative ou professionnelle, parce qu'ils ne pouvaient s'affranchir d'une autorité trop pesante, ou parce qu'ils demeuraient de trop longues années le collaborateur irresponsable de l'entreprise familiale.

Souvent décrites par les romanciers, ces situations n'en restaient pas moins exceptionnelles. D'inspiration sexuelle et instinctuelle, socio-économique ou purement psychologique, la jeunesse de la grande majorité des individus se résumait en général à un ou deux ans d'efforts plus ou moins maladroits pour s'adapter à une société toute prête à les accueillir.

Aujourd'hui au contraire, les phénomènes qui marquent le passage de l'état d'enfant à celui d'adulte, non seulement commencent tous à se conformer au même modèle psycho-sociologique, c'est-à-dire au modèle culturel le plus riche en désordres et en inquiétudes, mais en même temps tendent à déborder du cadre chronologique antérieur. La crise d'originalité ne dure plus une vingtaine de mois, elle intéresse maintenant une période toujours plus longue de la vie.

L'exagération de ses contradictions.

Ce qui était hier l'exception tend en effet maintenant à devenir la règle. Ce sont tous les jeunes qui souffrent des contradictions qui s'aggravent entre d'une part un développement physique et intellectuel qui s'accélère et d'autre part une maturation sociale qui au contraire se complique et se ralentit faute de valeurs exemplaires et faute de rôle à leur mesure.

La médecine, l'hygiène, la prolongation de la scolarité assurent aux adolescents une taille plus grande, une force musculaire supérieure, une puberté plus précoce et une connaissance du monde plus large et elle aussi plus précoce.

Plus tôt qu'hier en possession de la plénitude de leurs virtualités d'adulte, ils sont aussi plus pressés de les mettre à l'épreuve pour obéir aux incitations d'une publicité qui ne cesse de donner en exemple les réussites sociales ou sexuelles des hommes et des femmes « arrivés ».

Mais en même temps l'autonomie de ces aspirants « jeunes cadres » ou « séducteurs » se trouve de plus en plus retardée. Du fait de l'allongement de tous les apprentissages, la période de jeunesse peut maintenant dépasser sept ou huit ans. C'est le délai qui sépare le baccalauréat de la fin des études supérieures, la fin de la scolarité obligatoire de l'insertion dans un poste de travail qualifié, la puberté sexuelle de l'âge du mariage, la découverte de la politique de l'âge électoral, la naissance de l'intérêt pour l'automobile de l'acquisition du premier véhicule personnel, etc. Le temps de la jeunesse se met à ressembler à un parcours de course jalonné d'obstacles toujours plus nombreux et plus sélectifs. Il est des films qu'on ne peut voir qu'à 14-16 ans ou 18 ans, et des « deux roues » à moteur qui ne peuvent être maniés selon leur cylindrée qu'à différents âges. L'étape du permis de conduire ne coïncide pas avec celle du service militaire, et celle de la minorité pénale ne se confond pas avec celle de la minorité civile, pas plus que celle de l'émancipation avec celle de la représentation syndicale. La vie scolaire n'est qu'une succession de sélections, d'orientations, d'examens et de concours, tandis que la vie professionnelle elle-même est marquée d'une cascade de réglementations, autorisant chaque année de nouvelles responsabilités, de nouveaux efforts ou de nouveaux horaires de travail.

Plus les professions se spécialisent et plus aussi s'allongent les durées de leurs préparations. Les anciens CAP qui exigeaient deux ou trois ans d'apprentissage après le CEP sont remplacés par des brevets de techniciens qui réclament quatre à cinq ans de formation professionnelle après le BEPC. Les entreprises toujours plus exigeantes commencent à leur adjoindre des stages préalables et des compléments de « formation maison » avant d'utiliser à la production leurs titulaires. La recherche d'une « spécialisation » médicale allonge le temps des études de médecine de trois à quatre ans en moyenne, et il en est de même pour toutes les disciplines universitaires qui ne peuvent plus déboucher sur un emploi qu'à condition de s'assortir d'un nombre toujours plus grand de phases préparatoires.

Si être adulte c'est être indépendant et exercer une profession, qu'en est-il de ces étudiants qui à 23-25 ans continuent à faire provision de parchemins ou demeurent astreints à des périodes probatoires toujours plus longues ?

Le phénomène s'aggrave par ailleurs de l'allongement du temps d'activité des aînés qui, vivant plus vieux et moins souvent diminués par la maladie, encombrent les carrières et continuent d'occuper des postes que la mort ou la décrépitude leur auraient fait abandonner plus tôt il y a quelques décennies. Quand la mobilité sociale se fait à l'ancienneté, ce sont les plus jeunes qui sont les plus sensibles à ce ralentissement et souvent même à ce blocage des carrières.

Cette évolution démographique a un autre aspect plus subjectif. Qu'il soit d'essence biologique ou culturelle, le concept de jeunesse est aussi essentiellement relatif. Etre jeune c'est être et se juger moins âgé que d'autres. Cesser de l'être c'est accéder à la moyenne d'âge de la majorité de la population à laquelle on appartient. Il était facile de se sentir adulte à 20 ans, et d'être perçu comme tel quand la vieillesse débutait à 45 ans et que la mort frappait la plupart des contemporains avant 50 ans. Cela ne l'est plus quand les parents d'enfants de 20 ans sont eux-mêmes restés jeunes, se perçoivent à tort ou à raison comme tels, et sont capables de rivaliser avec leurs filles et leurs garçons, dans presque tous les domaines et en particulier dans ceux, sportifs, amoureux et culturels, où jeunes et moins jeunes sont les plus jaloux de leurs performances et de leurs succès. Quand les pères et les mères croient et affirment avoir encore toute la vie devant eux, comment leurs enfants ne verraient-ils pas leur propre avenir bouché ? Comment ne se sentiraient-ils pas rejetés par une communauté d'aînés qui leur refusent le statut d'adulte, par peur d'être poussés eux-mêmes *ipso facto* vers celui de vieillard, puisque nos habitudes de pensée n'admettent pas encore la coexistence de plusieurs groupes adultes d'âges différents ? C'est une situation bien inconfortable que d'être sorti de l'enfance, d'avoir toutes les assurances physiques et intellectuelles de ce nouvel état, et de se voir obligé pourtant d'attendre toujours plus longtemps le moment d'être enfin admis parmi ses pairs. La plupart des affrontements raciaux opposant une minorité dominée à une majorité trop sûre de sa supériorité et trop enfermée dans ses préjugés n'ont pas d'autre origine.

Qu'il existe ou qu'il n'existe pas dans nos sociétés modernes, au sens sociologique des termes, « un sous-groupe jeune » homogène ou une « sub-culture jeune spécifique », il n'en est pas moins certain qu'il commence à s'y dessiner toutes les conditions nécessaires et suffisantes à l'apparition de conflits d'intérêts et de pensées, analogues à ceux qui depuis toujours et partout opposent les groupes ethniques ou culturels isolés aux collectivités dont ils se sentent ségrégés. Les jeunes commencent à y être sensibles et on ne peut nier que ce qu'ils appellent le « racisme anti-jeunes » commence à donner une nouvelle coloration à beaucoup de leurs révoltes ou de leurs revendications.

Plus on parle d'eux et plus on risque parfois d'alimenter leur contestation en s'interdisant d'abonder dans leur sens. Mais ne pas en parler suffisamment risque presque aussi sûrement de les asseoir dans l'opinion qu'ils ont d'être négligés ou méprisés. Peut-être faut-il simplement leur laisser la parole, les écouter et chercher à les comprendre.

Quoi qu'il en soit, cette longue adolescence aux contours mal définis implique une grande diversité de situations successives et oblige les jeunes à affronter des systèmes normatifs différents, souvent contradictoires, qu'il leur faut expérimenter l'un après l'autre ou même simultanément pour pouvoir se construire une pensée et une éthique autonomes. L'incertitude qui en résulte se traduit par un étirement insécurisant du pouvoir de rêver le monde avec une pensée déréelle.

Incapables d'affronter des représentations du monde trop diverses, les jeunes préfèrent se réfugier dans l'utopie ou choisir du réel le plus simple et le plus évident. Perdus entre trop d'orientations brutales, trop d'ambitions ignorées ou frustrées, trop d'images contradictoires du monde du travail, ils ne peuvent se mettre à l'abri de nouvelles surprises qu'en faisant table rase des expériences du passé et des promesses de l'avenir, et en optant pour des métiers de rêve ou pour de modestes projets à très court terme. Le déraisonnable et le raisonnable se conjuguent alors pour repousser sans cesse des engagements définitifs jugés trop dangereux pour l'instant. Ce qui était hier au plan éthique une fugitive confusion de valeur devient aujourd'hui un interminable conflit qui ne peut lui aussi être vécu qu'en se réfugiant dans les choix extrêmes. C'est dans l'excessif ou dans l'abstention qu'en arrive alors à résider la sécurité, puisqu'une longue et trop stérile expérience a déjà montré qu'en ce domaine tout ce qui est objet de réflexion devient à la longue source d'inquiétudes. Incapables de décider entre tous les sens apparemment donnés à l'activité de travail par les divers écrivains qu'ils ont lus, les divers éducateurs qu'ils ont écoutés, les nombreux exemples qui leur en ont été donnés dans la vie courante, au cinéma ou à la télévision, il leur paraît plus simple et moins dangereux de n'en retenir que les plus opposés sans chercher à les concilier.

Ou le travail n'est qu'un impôt payé en temps à la société et donc indigne d'engagement personnel, ou il est au contraire l'unique facteur d'accomplissement humain. Entre ces deux jugements pas de position intermédiaire : ou on le traite par l'indifférence et le mépris, ou on le magnifie en refusant par exemple toute perspective carriériste.

Comment devenir aujourd'hui adulte.

Toute adaptation étant à base de compromis et d'oubli des premières motivations, celle des jeunes d'aujourd'hui se complique à mesure que s'élargit l'éventail de leurs options et qu'il leur devient plus difficile de rompre avec leur passé de sujétion.

Quand leurs aînés, sans bien y réfléchir, pouvaient croire possible la conciliation de plusieurs formes de réussite, eux, confrontés plus longtemps avec la mise en projet de leur avenir, et donc plus à même d'observer avant de décider, adhèrent finalement aux modèles les plus évidents et les plus faciles, c'est-à-dire maintenant à ceux qui hypervalorisent l'argent et la sécurité. L'*absence actuelle de fonction sociale* de la jeunesse va dans le même sens. Faute d'un rôle bien précis dans la société, les jeunes ne peuvent que se perdre entre tous ceux qu'il leur faut assumer provisoirement et cette confusion débouche presque obligatoirement elle aussi sur une relativité des valeurs liées à toute fonction et à toute responsabilité.

Confinés trop longtemps dans une vie marginale où ils s'habituent à n'avoir que des droits, en participant à la redistribution du profit général, il leur devient de plus en plus difficile d'affronter l'épreuve des devoirs et de l'efficacité.

Ce qui devrait être lente insertion devient peu à peu répugnance à engager la totalité de son être. Dans cette perspective prudente et résignée il n'y a plus place pour l'enthousiasme, et l'ambition se limite aux objectifs immédiats et tangibles. La vie se construit au jour le jour, s'interdisant tout projet à long terme, toute attente excessive et si possible tout regret. Ce n'est plus le rêve qui inspire la vision de l'avenir, mais l'expérience du quotidien. C'est elle aussi qui, faute de références éthiques, vérifie le bien-fondé des engagements et sanctionne l'échec ou la réussite.

A changer trop souvent, les rapports de l'individu avec la société finissent ainsi par perdre beaucoup de leur importance. Pour ne plus être exposé à se disperser entre trop de responsabilités successives ou d'images de soi différentes, chacun se replie sur le petit domaine personnel familial ou ludique où il est certain de trouver continuité et permanence et donc paix et équilibre.

Ce besoin de repliement est probablement une manière comme une autre de contester les mécanismes de socialisation actuelle, et l'importance nouvelle attachée aux joies et aux satisfactions d'ordre intime compense sans doute le désintérêt grandissant pour la vie active extérieure. Dans l'échelle générale des valeurs, la valeur familiale profiterait ainsi en partie de ce que perd la valeur travail.

N'est-ce pas ce qui commence déjà à apparaître au plan des conduites de leurs aînés, quand les adultes cherchent à se regrouper en famille et à s'isoler de leur environnement habituel socio-professionnel ?

Tout se passe comme si les jeunes commençaient à traduire en projets réfléchis les réactions spontanées et plus ou moins conscientes de leurs aînés.

Loin de n'être qu'une stérile contestation, leur nouvelle vision du travail pourrait alors être comprise comme un effort parfois excessif ou maladroit d'adaptation aux nouvelles conditions de vie imposées par la révolution technologique et l'urbanisation. Qu'ils puissent déjà en tirer plus ou moins confusément des conclusions éthiques et morales devrait alors faire réfléchir. Peut-être leurs discours ont-ils valeur de message ou tout au moins d'avertissement ?

Cette harmonisation de leurs attentes avec certaines des conduites de leurs aînés peut aussi témoigner de l'impossibilité générale qu'éprouve l'ensemble de nos contemporains à se sentir mature et à atteindre un achèvement qu'un progrès mal maîtrisé rend de plus en plus improbable.

Allons-nous vers des sociétés tout entières adolescentes puisque les adultes incapables de faire face à l'évolution du monde moderne ne savent plus offrir à leurs enfants que l'exemple de leur propre désarroi ?

5

Le progrès lui aussi responsable

Le fait que, de toutes les anciennes valeurs, celles attachées au travail soient aujourd'hui les plus menacées ne s'explique pas seulement par l'apparition de nouveaux besoins de consommation ou par la généralisation des inquiétudes juvéniles.

Si tant de jeunes et même d'adultes n'hésitent pas à témoigner dans leurs propos ou leurs conduites d'une indifférence surprenante à une forme d'activité humaine pourtant considérée jadis comme essentielle, c'est que de son côté aussi le progrès technologique commence parfois à la vider de beaucoup de sa signification.

Chaque fois que la famille ou la propriété sont attaquées, elles trouvent d'ardents défenseurs pour affirmer que rien dans la nature des relations éducatives ou économiques n'a changé au point de justifier de telles remises en question. C'est ce qui fait l'acuité des conflits idéologiques où sont débattus avec passion de ces problèmes. Quand il s'agit du travail, les positions ne sont jamais aussi tranchées.

Le travail parcellaire dans l'industrie.

Comme il est de plus en plus évident qu'à côté d'activités laborieuses restées dignes d'engagement personnel et donc de légitimations morales, se développent sans cesse de nouvelles tâches incapables d'aider à tout épanouissement personnel, force est de tempérer de part et d'autre les jugements trop abrupts. Un consensus en arrive même à se dégager pour affirmer qu'au seul plan éthique il peut même exister plusieurs formes différentes de travail. Restées dignes de respect, les plus nombreuses garderaient ainsi leur ancienne signification et continueraient à justifier les mêmes attentes. Quant aux autres, rien n'interdirait plus de les traiter avec mépris sous réserve que considérées comme les bavures regrettables et passagères des modes actuels de production, elles devraient à ce titre être corrigées et enrichies pour retrouver leur nécessaire noblesse originelle. Dans cette perspective, elles ne seraient pour beaucoup que l'exception qui confirme la règle. La thèse est évidemment séduisante puisqu'elle a le mérite de rassurer et de proposer des solutions à une interrogation morale, ravalée pour les besoins de la cause aux dimensions d'un simple problème de « management ».

Depuis le film de Charlie Chaplin *les Temps modernes* personne n'ignore plus rien des aspects tristement grotesques du travail à la chaîne dans les grandes entreprises modernes. Les travaux de Georges Friedman, *le Travail en miettes, Où va le travail humain ?,* etc. sont venus apporter une caution scientifique à ce jugement et syndicats et pouvoirs publics commencent enfin à prêter attention à ce qu'il est convenu d'appeler pudiquement « le travail parcellaire », ou « le travail éclaté » des O.S. Il a fallu longtemps pour prendre conscience de ce que pouvait avoir d'étranger à la nature humaine la mécanisation de certaines tâches industrielles, réservées en général aux travailleurs les moins qualifiés.

Au début de l'ère industrielle le remplacement par la machine, de l'outil et du bras qui le maniait, avait été considéré comme une promesse de libération de l'humanité qui, pour la première fois dans son histoire, pouvait espérer triompher de la nature autrement qu'en s'épuisant dans un combat sans fin. La vapeur, puis l'électricité semblaient venir au secours de la fatigue des hommes, en même temps que la production de masse qu'elles commençaient à autoriser paraissait rapprocher le moment où tous les besoins essentiels pourraient enfin être satisfaits au prix du moindre effort.

Cette espérance est restée intacte pendant près d'un siècle. Ceux-là même qui, comme Marx et ses disciples, ont dès les origines vu dans l'avènement du machinisme un nouveau facteur d'exploitation de l'homme par l'homme, ne s'insurgeaient pas contre l'élargissement de la force de travail ainsi obtenue, mais contre son détournement au profit du seul capital. En créant toujours plus de richesses, la machine, à condition d'être mise au service des travailleurs, leur paraissait au contraire le meilleur outil possible de construction des futures sociétés socialistes. Tout en préparant cette échéance à long terme, le rôle des syndicalistes était de se battre contre la part faite au profit et pour une amélioration immédiate des salaires, des horaires, des cadences et des conditions de travail et de vie.

Dans un premier temps l'accent fut mis sur la protection des travailleurs les plus sensibles à la fatigue, et ce furent les « problèmes jeunes » qui suscitèrent les premières prises de conscience, les premières protestations et les premières tentatives d'aménagement. Il est vrai qu'il s'agissait alors de protéger des enfants et non comme aujourd'hui des sujets adolescents. Le parallélisme mérite pourtant d'être souligné entre la susceptibilité physique spécifique des très jeunes travailleurs de l'époque et la susceptibilité psycho-caractérielle des jeunes de la nôtre, comme si chaque période de l'histoire avait ses secteurs critiques particuliers dont témoigne chaque fois en premier sa population juvénile.

Si l'on compare le sort de la plupart des travailleurs d'aujourd'hui à celui des employés des mines et des manufactures du XIXe siècle, nul ne peut nier qu'il se soit très amélioré. L'augmentation de la productivité, le progrès économique, l'évolution des mentalités et les lois sociales se sont conjugués pour tout changer ou presque de ce qu'étaient du temps de Zola les conditions de vie et de travail de la plupart des ouvriers.

Ce long effort pour conquérir plus de bien-être et plus de repos, plus de sécurité et plus d'égalité apparente, a longtemps masqué l'appauvrissement parallèle des tâches et des fonctions confiées à un nombre toujours plus grand de travailleurs.

Mais c'est surtout pour répondre aux impératifs de la production de masse, sous l'influence des théories de Taylor et grâce aux progrès de la technologie, que beaucoup d'emplois industriels ont vraiment commencé dès 1920 à se vider de toute responsabilité et de toute initiative pour s'atomiser en une succession sans fin de gestes monotones. Les premières expériences de travail à la chaîne ont commencé vers 1910 aux abattoirs de Chicago, et ce sont les usines Ford qui les ont généralisées à grande échelle en 1913. Depuis, chaque fois que la mécanisation des tâches parcellaires n'a pu être confiée à des machines automatiques, on a eu recours dans les entreprises à ces « travaux fluents », à ce que les Russes appellent le « torrent continu » de production. Cette manière de faire a beaucoup d'avantages. Elle exige moins de place, simplifie les « routes de travail », accroît la sécurité et surtout n'exige qu'une main-d'œuvre peu qualifiée, mise au courant en quelques jours, qui vient remplacer avec profit pour les employeurs une main-d'œuvre plus qualifiée et plus chèrement payée. Elle a aussi beaucoup d'inconvénients, mais il a fallu longtemps pour s'en apercevoir.

Pourquoi ce décalage entre l'apparition d'un nouveau mode de travail et la prise de conscience subite et générale des dangers auxquels il expose les individus qui y sont astreints ? Ce n'est pas en effet de mai 1968 que datent les publications de Georges Friedman et les psychologues, les sociologues ou les médecins n'ont pas attendu les premières revendications portant sur ces problèmes pour mettre en garde contre les fâcheux effets sur la santé mentale de la répétition des tâches trop monotones.

S'il est vrai que certains auteurs, de préférence allemands et américains, ont pu parfois affirmer que l'automatisme et l'inconscience des gestes exigés des travailleurs à la chaîne les libéraient en fait de leur assujettissement en leur permettant de rêver, la grande majorité des autres spécialistes ont très tôt insisté sur la plus grande fréquence des fatigues, des épuisements et même des troubles psycho-caractériels chez ceux à qui n'était plus offerte aucune chance de s'épanouir dans l'exercice de leur profession.

Rien ne vient jamais en effet compenser l'ennui. Qu'il s'agisse d'une vocation métaphysique, d'un conditionnement culturel ou d'un héritage génétique, l'homme au travail a besoin d'inventer des gestes ou des situations pour se sentir vraiment maître de la nature, ou des matériaux qu'il façonne, et donc pour se sentir libre.

Tant que la machine continue à lui obéir et qu'il peut en contrôler les interventions au gré de sa volonté et des exigences du programme, le travailleur se sent agir, même s'il n'a que quelques opérations simples à faire. Sans aller jusqu'à affirmer, selon le cliché habituel, qu'en continuant ainsi à « agir » il ne cesse de se « faire » et prouve son existence par l'action, il se trouve être quand même en situation permanente d'intérêt et d'éveil intellectuel. Il n'en est plus ainsi dès qu'il doit au contraire obéir à la machine, et même la servir sans possibilité de modifier le rythme et le sens de sa collaboration. Son rôle n'est plus alors que celui d'un médiateur irresponsable entre la chaîne d'approvisionnement qui le fournit en matériaux à une vitesse constante, et une chaîne de production qui fait défiler devant lui, à une vitesse elle-même constante, les objets qu'il lui faut façonner ou les pièces qu'il lui faut compléter. Il n'est plus qu'un maillon anonyme parmi d'autres, dont l'efficacité est fonction de l'obéissance et de la promptitude. Non seulement il s'aliène en tant qu'individu en devenant partie d'une immense machine qui l'absorbe, mais il se retrouve aussi infirme pendant ses heures de travail puisque ne participe de lui à l'action, et donc au monde extérieur, qu'un seul appareil anatomique ou neuro-sensoriel de son corps, et parfois même qu'un seul groupe musculaire. Quand il lui faut quatre à cinq mille fois par jour abaisser du bras droit le même levier ou appuyer du pied gauche la même pédale, sans jamais rien faire d'autre pour agir, sa personne physique se restreint à n'être plus qu'un bras droit ou qu'un pied gauche.

Bien entendu, en n'engageant ainsi dans l'activité de travail qu'une petite partie de lui-même, et en général qu'une fonction isolée purement motrice et spontanément automatisable, il lui devient possible de penser et de rêver tout son soûl à longueur de journée. Mais qu'est-ce que cela veut dire ? Que faire exactement de cette prétendue libération de l'esprit ? Aucun individu, quelle que soit la richesse de ses virtualités oniriques, n'est en fait capable de poursuivre très longtemps ces rêveries intimes obligatoires et à heures fixes sans y substituer très vite le remâchage de ses préoccupations ou de ses espérances. Ce que certains analystes du travail présentent comme une occasion précieuse d'enrichissement spirituel devient inévitablement prétexte à ratiocinations sans fin. Comment pourrait-il en être autrement quand ceux-là même à qui est ainsi offert le temps de se penser sont aussi ceux qui trouvent en eux et autour d'eux le plus de raisons pour se plaindre de la dureté de leurs conditions de vie ? Il est agréable de se laisser aller à rêver. Encore faut-il que les songes soient souriants. Ils ne le sont pas quand à son poste de travail à la chaîne l'ouvrière occupe ses pensées à chercher comment équilibrer un budget familial toujours en déficit, et quand son compagnon masculin, une fois évoqués les souvenirs de son dernier repos hebdomadaire, se trouve lui aussi confronté avec le souvenir des traites à payer ou l'appréhension des fatigues qui l'attendent le soir pour regagner son lointain domicile.

D'ailleurs quel penseur professionnel, écrivain ou chercheur, serait capable de consacrer de longues périodes de sa vie à de fécondes rêveries, si elles lui étaient imposées chaque jour à heure fixe, sans qu'elles puissent jamais déboucher sur une quelconque création ? Une telle expérience n'aurait-elle pas un avant-goût d'enfer et ne suffirait-elle pas à dégoûter à tout jamais des exercices de l'esprit ? Seule la foi ou ce qui en tient lieu permet aux moines contemplatifs et aux gourous indiens de s'essayer sans risque à de tels exercices.

Quant à ceux, la grande majorité, qui ne peuvent ou ne veulent pas penser sans but, comme leur suggèrent ces psychologues industriels si bien baptisés par l'un d'entre eux « psychopitres », il ne leur reste le choix qu'entre l'abrutissement ou la mise volontaire en hibernation mentale. Ce sont probablement ces deux formes de mise en parenthèses momentanées qui expliquent pourquoi et comment tant d'O.S. continuent à supporter leur travail avec une indifférence si surprenante. Il est probable aussi que la manière dont sont ressenties au plan psychologique intime, d'une part les frustrations inhérentes au manque d'intérêt, et d'autre part les rêveries ou l'ennui, est liée au niveau des aspirations individuelles et surtout aux possibilités personnelles que chacun a d'analyser lucidement son propre sort.

Plus reste vivace le souvenir des ambitions juvéniles et plus il est insupportable de les voir bafouées, surtout quand les habitudes culturelles ont trop insisté sur la valeur travail et quand l'éducation a développé en même temps l'intolérance à l'ennui. Le dégoût du travail parcellaire ne se généralise probablement ainsi de façon si subite que parce que ceux qui y sont astreints atteignent ensemble à un même seuil d'attentes personnelles plus élevées et plus exigeantes. Ce n'est pas le travail qui a changé, ce sont les travailleurs qui ne sont plus les mêmes, et les plus jeunes d'entre eux se trouvent tout naturellement les premiers à témoigner de ce changement de mentalité.

De même que l'évolution des normes socio-culturelles tend à allonger la phase d'adolescence des individus et donc leur temps d'adaptation à la société, de même elle tend aussi à rendre inacceptables des conditions de vie et de travail qui, hier encore, paraissaient presque normales.

L'accroissement des besoins des plus humbles.

Notre société contemporaine, en développant l'instruction et l'information, n'a pas seulement élevé le niveau moyen des aspirations, elle a aussi amplifié sans commune mesure les appétits de consommation. C'est vrai pour tous. L'O.S. a appris lui aussi à transformer en nécessité ce qui était hier encore luxe ou superflu, et l'existence matérielle des jeunes travailleurs, comme l'a fait remarquer Fourastié, est maintenant plus confortable que celle des petits et moyens bourgeois de la génération précédente.

Quand Blanqui et Raspail faisaient scandale en 1848 en cherchant à imposer pour la première fois de l'histoire « le droit pour tous au travail », leur « communisme » si suspect à Lamartine se limitait à réclamer pour chacun le droit de s'assurer par son métier, une nourriture suffisante et un logement qui ne fût pas comme cela était la règle, un taudis. Il ne leur serait pas venu à l'idée d'exiger pour les travailleurs des Ateliers nationaux des conditions de vie comparables à celles des boutiquiers ou fonctionnaires de l'époque. Si certains prônaient déjà une telle égalité des besoins, elle restait encore du domaine de la lointaine utopie.

Pour assurer l'écoulement des fruits de la production de masse, et donc préserver les profits du capital, il a fallu depuis la fin de la dernière guerre, ouvrir à tous les marchés de l'abondance et, pour ce faire, créer et entretenir de nouveaux besoins.

C'était faire œuvre apparemment sociale et démocratique que rentabiliser les fabrications de série en élargissant sans cesse leurs marchés, et la publicité s'y est employée avec un soin évident. Le matraquage de l'opinion auquel elle se livre imprime chaque jour dans les mentalités des désirs nouveaux, de plus en plus artificiels et de plus en plus éloignés des véritables préoccupations de ceux qui cèdent à ce conditionnement. Comme il est difficile, à travers la presse ou la télévision, de n'en faire miroiter les tentations qu'aux seuls consommateurs en mesure des satisfaire, toute la population se trouve concernée par cette sollicitation permanente. Les moins bien nantis y apprennent le péché d'envie. Quand les chefs de famille savent résister à ce véritable chant moderne des sirènes, il est rare que leurs familles, leurs femmes ou leurs jeunes enfants fassent preuve de la même résignation. Aux déceptions et aux fatigues nées de l'ingratitude des responsabilités professionnelles, s'ajoutent alors les frustrations qu'entraîne la modicité des rémunérations, puisqu'en général ce sont les métiers les moins payés qui sont aussi les plus ennuyeux et les plus exténuants. Quel beau sujet de réflexion pour ces travailleurs à qui la machine laisse à volonté le temps de penser leur destin ! Comment toutes ces amertumes ne se confondraient-elles pas, et comment la révolte contre les tâches parcellaires ne se nourrirait-elle pas de surplus de la rancune de les voir si mal récompensées au plan financier ?

Non contents de se sentir enfermés dans un monde du travail sans joie et sans avenir, manœuvres et O.S. se sentent du même coup rejetés de la société de consommation, c'est-à-dire de tout ce qui, extérieur au travail, permet de l'oublier ou permet de s'en consoler. A quoi sert de perdre son temps à l'usine ou au magasin dans des tâches sans gloire et sans intérêt, si la modicité du niveau de vie interdit de profiter de toutes les occasions proposées par le monde extérieur pour se distraire ou se retrouver soi-même ? Rester cloué les jours de repos devant la télévision, faute de pouvoir s'offrir d'autres évasions, n'est-ce pas se condamner à assister honteux à la vie tellement plus riche de tous ceux qui encombrent les écrans ? N'est-ce pas aussi, à travers la publicité qui les envahit, se trouver de nouveau exposé à voir vanter les mérites de produits présentés comme indispensables et pourtant inaccessibles ?

Doublement parias, ces laissés-pour-compte de la technologie et de l'expansion économique s'insurgent un jour contre leurs conditions de travail et le lendemain contre la modicité de leurs salaires, sans très bien chercher à comprendre ce qui, de l'économique ou du psychologique, est le plus pénible à supporter. C'est ce qui les fait hésiter entre les thèses souvent apparemment contradictoires de ceux qui cherchent à les défendre à court terme au plan syndical et celles de ceux qui voudraient voir le problème de la condition salariale traité à long terme dans un cadre politique plus large. C'est aussi ce qui les fait rejeter parfois avec le même dédain *a priori* incompréhensible les mesures parcellaires mais concrètes et les discours plus ambitieux qui ont ensemble le même défaut de ne s'intéresser qu'à une seule dimension d'une situation qu'ils vivent dans sa globalité.

A quoi servirait d'enrichir leurs tâches, si leurs salaires restaient identiques et *a contrario,* quelle augmentation de leurs revenus serait capable de les aider à supporter l'inhumanité quotidienne de leur emploi ? Toute amélioration limitée de leur sort dans l'un ou l'autre domaine leur paraît tentative suspecte pour différer la solution complète de leurs revendications. Ont-ils tellement tort ?

Leurs enfants savent mieux en général expliquer la détresse de ces situations sans espoir quand leur avenir propre se dessine : « tout plutôt que cela », « ce n'est pas vivre », « plutôt ne rien faire que vivre ainsi comme des bêtes ».

Pour ceux qui passent leurs jours entre les frustrations du métier et celles du foyer, le travail ne peut qu'être encore une malédiction et malgré les apparences, malgré les progrès de l'économie et de la technique, cette malédiction est peut-être encore plus insupportable qu'hier.

Pour beaucoup, une telle assertion semble scandaleuse. Ces salariés si prompts à se lamenter ont des vacances, se reposent deux jours par semaine, travaillent moins qu'hier, et moins péniblement. De quoi peuvent-ils se plaindre ? Leurs récriminations ne sont-elles pas clameurs d'enfants trop gâtés ou manifestations irresponsables de sujets manipulés par des meneurs attachés à ruiner notre société et ses valeurs ?

En quoi leur sort est-il si misérable, quand tant d'entre eux roulent en voiture, mangent viande et fruits chaque jour, et envahissent chaque mois d'août les plages du littoral ?

Evidemment il peut paraître ennuyeux qu'ils s'ennuient, mais qu'y faire, puisqu'ils ont appris à penser assez pour être sensibles à cet ennui, mais pas assez pour le dépasser ?

Qu'ils se cultivent, qu'ils lisent et demain en commentant Mozart ou Molière ils oublieront d'autant plus facilement l'ingratitude de leurs conditions de travail que celles-ci se trouveront améliorées et enrichies grâce aux initiatives de tous les patrons assez clairvoyants pour faire coïncider l'intérêt de leurs entreprises et l'hygiène mentale de leurs employés.

Plus par ailleurs s'élargira la production et plus augmentera la masse des biens à partager entre tous. Il suffit donc d'attendre et demain le paradis de l'abondance fera disparaître ces petites bavures du progrès technologique. Ce sont là discours habituels.

L'appauvrissement général des tâches.

Et s'il n'en était rien, si la lèpre du travail parcellaire et le choléra des insatisfactions économiques ne faisaient au contraire que contaminer chaque jour plus le monde du travail et la mentalité des consommateurs ?

L'intérêt subit porté aux problèmes humains de la production en série dans l'industrie ne s'explique-t-il pas aussi par la volonté plus ou moins consciente des pouvoirs publics et des milieux dirigeants d'établir au plus tôt un contre-feu devant la dégradation progressive de beaucoup d'autres activités de travail ?

Privilégier la peine des O.S. de l'automobile ou du textile en insistant sur ce qu'elle a d'exceptionnellement inhumain, c'est du même coup en effet valoriser, ou tout au moins maintenir intacte, l'image du labeur imposé à tous les autres travailleurs. Plus l'accent est mis sur la monotonie du travail à la chaîne et plus, par contraste, paraissent nobles les tâches habituelles des ouvriers qualifiés, des vendeurs de magasins ou des employés de l'administration.

Qui pourrait encore se plaindre de la pauvreté de ses propres responsabilités professionnelles ou de la pénibilité de ses efforts, après avoir eu les oreilles rebattues des méfaits du travail en miettes imposé à une minorité de manœuvres illettrés ou de travailleurs étrangers ?

Chaque civilisation a ses ilotes et il n'est pas certain qu'à Sparte leur exhibition ait eu pour seul but d'inculquer aux futurs citoyens de louables habitudes de tempérance. A les voir tituber et se donner en spectacle, chacun devait aussi en tirer pour lui-même un grand sentiment de supériorité. Quel meilleur ciment pour une communauté menacée qu'un orgueil collectif soigneusement entretenu ?

N'en est-il pas un peu de même aujourd'hui à l'égard de ces Algériens ou de ces Noirs qui, dans les entreprises, occupent sur les chaînes les emplois que refusent les ouvriers métropolitains ? Leur misérable statut sert d'épouvantail aux écoliers paresseux, en même temps qu'il rassure la majorité des adultes sur leur propre réussite sociale.

On n'a jamais complètement raté sa vie tant qu'il est permis de découvrir plus pauvre ou plus opprimé que soi. Se déclarer par une grève ou dans un manifeste solidaire de ce nouveau Lumpenprolétariat c'est se donner facilement bonne conscience. C'est aussi espérer que l'amélioration du sort des plus humbles s'amplifiera tout au long de l'échelle des salaires et des qualifications.

En fait, tout le monde ou presque a intérêt à ainsi faire du sort des O.S. quelque chose d'exceptionnel. Il faut toujours des victimes expiatoires, hier pour apaiser la colère des dieux, aujourd'hui pour payer la rançon du progrès industriel et de la société de consommation.

Mais si cette publicité faite au travail à la chaîne n'était qu'un leurre, un mythe entretenu par les responsables de nos sociétés pour détourner l'attention des vrais problèmes posés par l'évolution du travail dans le monde moderne ?

Le travail parcellaire industriel est le dernier stade d'un processus de division du travail qui a débuté en même temps que les premières communautés humaines, à partir du moment où de chasseurs nos ancêtres devinrent agriculteurs et inventèrent les premiers outils.

L'évolution dont nous mesurons aujourd'hui peut-être l'aboutissement ne date donc pas d'hier. Dès l'aube des civilisations, elle a intéressé tous les secteurs de l'activité de l'*homo faber*, et très vite chaque collectivité a vu se spécialiser en son sein différentes fonctions socio-économiques, guerrières, rurales, artisanales, commerciales, politiques, administratives, etc. Pendant plusieurs millénaires, rien n'a beaucoup changé d'une répartition initiale des rôles et des tâches, dont il y a seulement cinquante ans l'organisation d'un gros bourg de la province française pouvait donner une assez fidèle image avec son boulanger, son forgeron, son épicier, ses exploitants agricoles, ses notables et même sa gendarmerie. Au fil des ans, et au gré de l'apparition de nouveaux besoins, certains métiers éclatèrent peu à peu. A côté, par exemple, du menuisier apparurent le charpentier ou l'ébéniste, et à côté du tisserand le tailleur ou la couturière. Avant même l'apparition du machinisme, ce phénomène de diversification des tâches s'est accéléré au fur et à mesure de l'accroissement des agglomérations et de l'installation d'un mode de vie urbain, de plus en plus éloigné des habitudes rurales anciennes. A partir du moment où cohabitèrent dans la même cité plusieurs artisans de la même branche, ils commencèrent tout naturellement à rivaliser sur le plan de la qualité et de la quantité. Inventant de nouveaux produits, ils se spécialisèrent. Se faisant aider, ils apprirent à exploiter la force de travail de collaborateurs moins qualifiés et cantonnés peu à peu dans des tâches de plus en plus subalternes.

Comme en même temps les relations entre individus se compliquaient dans des sociétés de plus en plus hiérarchisées et structurées, et il en fut vite ainsi de presque toutes les professions. Les hommes de loi s'entourèrent de clercs, les commerçants de vendeurs, les aubergistes de servantes et de marmitons, les dirigeants d'employés. Aux uns, les moins nombreux, furent réservés les privilèges de la responsabilité, des initiatives, de la créativité ; aux autres l'obéissance et déjà la monotonie des tâches répétitives. Il est probable que le travail alors imposé aux apprentis forgerons qui sans cesse actionnaient le soufflet, et aux copistes notariaux, penchés du matin au soir sur la rédaction des mêmes grimoires, n'offrait déjà pas beaucoup plus de motifs d'intérêt et d'orgueil que celui des O.S. et des employés de bureau non qualifiés d'aujourd'hui.

Et pourtant il est habituel de faire du machinisme le seul responsable des tâches parcellaires, et donc de faire coïncider son développement avec celui du travail en miettes.

C'est là, semble-t-il, confondre l'effet avec la cause. Les transformations industrielles, celles d'hier comme celles d'aujourd'hui, ne sont en effet que l'inéluctable conséquence au plan technologique d'une évolution générale des sciences et des structures socio-économiques dont les effets se font sentir dans la plupart des domaines de l'activité humaine, par un même éclatement et un même appauvrissement des initiatives et des responsabilités individuelles. Le travail manuel n'en a été que la première victime.

Rien n'interdit d'espérer qu'un jour le progrès technologique ou les pressions de l'opinion publique amèneront les employeurs à faire preuve d'imagination et à substituer à des mains irresponsables des mécanismes aussi habiles, qui eux ne seraient pas sensibles à l'ennui ou à la fatigue. Cela n'empêchera pourtant pas que jamais plus dans l'atelier de leur propriété de banlieue des frères Renault ne concevront seuls et ne construiront de leurs mains un prototype automobile. Pour aboutir à une telle création, pour donner naissance à cet équivalent moderne des chefs-d'œuvre artisanaux du passé, force est aujourd'hui de faire appel au concours d'une foule d'ingénieurs, de dessinateurs et de techniciens. Il ne suffit plus d'un éventail de spécialistes, il faut maintenant un éventail toujours plus large d' « équipes spécialisées ». L'imagination créatrice se dilue jusqu'à n'être plus que la somme d'infimes améliorations technologiques suggérées bien souvent par des ordinateurs. A n'importe quel niveau de la conception ou de la réalisation, le professionnel le plus qualifié n'a à connaître qu'une part toujours plus étroite du produit fini. Seuls gardent une vision d'ensemble quelques rares ingénieurs en chef qui ne peuvent finalement bien remplir leurs fonctions de maître d'œuvre qu'à condition de prendre toujours plus de recul. Les grandes décisions ne sont presque jamais plus prises par un seul individu responsable. Elles sont le fait de commissions, de groupes de travail, de réunions au sommet où s'élaborent surtout des compromis impersonnels. Quand quelques artisans de génie s'essaient encore à inventer, il leur faut, pour rendre compétitif au plan économique le fruit de leur découverte, se soumettre très vite eux aussi aux impératifs de la production en série.

Ce qui est déjà vrai depuis cinquante ans pour la production automobile tend à le devenir pour la plupart des autres secteurs de l'industrie, qu'il s'agisse de la chimie, des textiles, de la mécanique et même de l'alimentation.

Une minorité de travailleurs continue à consacrer une partie de son temps de travail à des tâches qui réclament encore de véritables qualités professionnelles. Les autres au contraire, une fois leur machine « réglée », peuvent fort bien pendant des mois continuer à usiner la même pièce, ou à fabriquer le même produit sans qu'il ne soit jamais plus fait appel à leurs compétences théoriques.

Est-ce vraiment exercer une fonction qualifiée qu'y appliquer son intelligence, ou son tour de main une ou deux heures par mois ?

Presque tous commencent à en pâtir.

C'est d'ailleurs ce dont souffrent le plus les jeunes diplômés de l'enseignement professionnel, à qui on a inculqué pendant des années des connaissances souvent ardues, et qui se voient condamnés à ne plus les utiliser qu'exceptionnellement, à l'occasion d'une mutation ou d'un changement de fabrication. Comment s'étonner que certains en arrivent à ne plus même savoir à quoi sert la pièce que selon les cadences, là aussi imposées, ils usinent à longueur de journée ? 50 % des anciens apprentis d'une grande entreprise mécanique de la région parisienne, malgré de très bons salaires, quittent la profession dans les trois ans qui suivent leur affectation aux ateliers de production.

Il n'est en effet dans les possibilités d'aucun de leurs cadres ou de leurs médecins du travail de leur faire admettre que tant d'années passées au centre d'apprentissage aboutissent à n'être différents de ceux qui n'ont appris aucun métier qu'un quart d'heure au maximum par jour.

Les mêmes désillusions attendent la grande majorité de tous les jeunes qui s'échinent à décrocher des diplômes de techniciens. Seuls y échappent peut-être encore, les futurs artisans ou les rares privilégiés appelés à travailler, soit dans des secteurs de pointe, encore impropres à l'automatisation des tâches, soit dans des secteurs en régression, qui ne peuvent s'offrir le luxe de mécaniser leurs opérations.

Ingénieurs et cadres commencent à ressentir à leur niveau les effets de cet appauvrissement général des initiatives et des responsabilités. Les plus âgés n'en prennent pas toujours conscience, préoccupés qu'ils sont par leur carrière ou leur vie extérieure, mais c'est une surprise désagréable pour bien des anciens élèves des grandes écoles. Quand ils ne sont pas affectés à des postes d'encadrement ou de maîtrise, ils se trouvent regroupés dans des bureaux d'étude ou des laboratoires, et confrontés eux aussi à des tâches éclatées et des méthodes de travail en groupe qui n'autorisent plus que des réflexions ou des décisions collectives. Leur amertume est à ce point celle des techniciens et des ouvriers qualifiés qui travaillent à côté d'eux dans de semblables conditions, que leurs revendications commencent à être les mêmes et que dans beaucoup d'entreprises, ils luttent côte à côte depuis quelques années pour réclamer plus de participation aux décisions.

Beaucoup aussi préfèrent abandonner l'industrie au bout de quelques années. Cette fuite qui s'amplifie amène à s'interroger sur la rentabilité économique au plan national de certains enseignements techniques supérieurs.

En réalité, à mesurer le fossé qui se creuse entre l'ampleur des connaissances exigées de n'importe quel futur travailleur plus ou moins spécialisé et le rétrécissement progressif de leur champ d'application dans la vie active, c'est tout le problème des formations professionnelles qui mériterait d'être repensé. L'ouvrier qualifié qui fuit la monotonie de l'usine de mécanique a bien peu de chances de se reconvertir dans un métier plus enrichissant. Beaucoup d'anciens apprentis de la métallurgie semblent tentés aujourd'hui par les secteurs commerciaux. La découverte de techniques nouvelles les satisfait quelques mois, mais la plupart abandonnent à nouveau dès qu'ils y retrouvent les mêmes parcellisations et les mêmes monotonies. La moitié des anciens apprentis du technique commercial se disent d'ailleurs déçus eux aussi de leur emploi et du peu d'intérêt de leurs responsabilités dans les six mois qui suivent leur mise au travail, et cherchent comme leurs camarades de l'industrie à s'en évader vers n'importe quel autre horizon. Il n'est pas rare d'assister à de véritables chassés-croisés entre ces deux secteurs d'activité, de la fin de la période d'apprentissage au départ au service militaire.

Le travail intellectuel lui aussi menacé.

A mesure que s'élargit le champ des connaissances humaines, il devient de plus en plus difficile à l'individu le plus intelligent ou le plus cultivé d'en appréhender la totalité. Le temps n'est plus où « l'honnête homme » pouvait se flatter de presque tout connaître des sciences exactes, de la médecine, de l'histoire et de la littérature. Pour se tenir au courant de l'avancement des idées, force est aujourd'hui de limiter son ambition à un secteur de plus en plus étroit d'une seule discipline. Les plus grands savants, faute de temps pour regarder au-delà de leur propre sphère, succombent si souvent à la tentation de ne plus être que d'éminents spécialistes que certains d'entre eux s'en inquiètent et cherchent à réagir. Les récents ouvrages de réflexion philosophique ou politique de quelques biologistes, médecins ou physiciens, tenus pour les premiers de leurs professions respectives, semblent bien représenter d'ultimes et presque désespérées tentatives pour échapper à un mécanisme qui, à plus ou moins long terme, risque de les transformer en simples techniciens hautement qualifiés. Chaque progrès de la pensée scientifique éloigne en effet d'autant plus celui qui en est l'auteur de la vision globale et synthétique qui devrait rester la sienne que dans notre culture occidentale ces découvertes n'ont de prix que si elles sont mesurables et surtout immédiatement applicables ; ce qui implique le recours de plus en plus fréquent à la technologie, à ses instruments comme à ses méthodes. La mode s'en mêle parfois pour aggraver cette sujétion.

Pour imiter la physique ou la chimie, la médecine et même les sciences humaines se croient ainsi obligées de se soumettre poings et pieds liés aux diktats des statistiques et des ordinateurs. Leurs chercheurs se sentiraient déshonorés d'écrire ou de communiquer sans étayer leurs thèses de savants calculs et s'ils ne le faisaient pas, personne ne leur accorderait crédit. Le fétichisme de la corrélation mathématique vient remplacer la place occupée hier par l'imagination ou l'intuition. Inventer ce n'est plus obéir à la curiosité, mais trop souvent chercher à enfermer l'inconnu dans un cadre étroit de lois et d'équations jusqu'à substituer, à l'onirisme créateur des grands ancêtres de la découverte, l'exploitation plus ou moins aveugle des lois du hasard.

La spécialisation amène là aussi, inévitablement, à développer le travail en équipe. De même que la fabrication d'un moteur automobile exige la collaboration de nombreux et divers ouvriers qualifiés, la solution de n'importe quel problème scientifique demande maintenant la collaboration d'un nombre grandissant de spécialistes formés à des disciplines différentes. Approfondir la connaissance de la glande thyroïde exige par exemple qu'y travaillent en commun des cliniciens, des chimistes, des psychologues, des physiciens, etc., de même que tout progrès dans la criminologie suppose l'intervention de policiers, de magistrats, de psychiatres et d'experts en presque tous les domaines.

Inventer c'est aussi aujourd'hui chercher à expliquer la nature des choses et des phénomènes pour mieux les maîtriser et aussitôt les convertir en applications pratiques. La division classique entre recherche fondamentale et recherche appliquée tend en effet à s'estomper à mesure que se créent de nouveaux besoins et qu'ils deviennent plus exigeants. Parce qu'ils n'ont plus le temps ou l'habitude d'imaginer, ou parce qu'ils ne peuvent s'insérer dans les trop rares équipes multidisciplinaires, qui seules autorisent maintenant le véritable progrès scientifique, beaucoup d'hommes de science qui, hier, auraient créé, ou tout au moins cherché, se contentent aujourd'hui d'améliorer.

D'immenses moyens en hommes et en argent sont ainsi utilisés à augmenter la fiabilité de tel ou tel appareil ménager, ou à parfaire l'efficacité de tel ou tel produit blanchissant. Ces progrès se font généralement à coup d'expériences répétées, elles aussi de plus en plus mécanisées, qui n'exigent finalement de la part des ingénieurs très qualifiés qui les dirigent que peu d'initiatives. C'est encore pire pour les innombrables techniciens qui les aident. Est-il exagéré de parler à cette occasion de prostitution de vocations scientifiques ?

Il serait évidemment faux de conclure de ce tableau pessimiste que le progrès scientifique pâtit de toutes ces perversions de sa véritable finalité. En une génération, la nôtre, l'humanité a en effet plus inventé et découvert que depuis son éveil à l'intelligence il y a des milliers d'années ! Mais à quel prix et probablement avec quel gâchis de bonnes volontés et de compétences !

Il est difficile de décider aussi si le capital immense de nouvelles connaissances ainsi acquises en si peu de temps est malgré tout en rapport avec l'augmentation elle-même considérable du personnel affecté à des activités de recherche depuis cinquante ans. On peut par contre souligner la véritable révolution logistique qui, pendant la même période, a bouleversé la distribution des tâches de recherche. Le parallélisme est frappant avec ce qui s'est passé dans les armées modernes.

A Verdun en 1916, le rapport entre combattants de première ligne et soldats chargés de les approvisionner, de les transporter, de les armer ou de les soigner à l'arrière était à peu près de un pour un. Il était de un pour douze pendant l'intervention américaine au Vietnam et dépasse un pour cent dans les porte-avions les plus récents.

Plus la science militaire se soumet à la technologie et plus diminue ainsi la proportion des individus en contact direct avec l'adversaire et assurant donc la plénitude des fonctions de guerrier. Pour les mêmes raisons l'armée de la recherche s'est insensiblement restructurée de la même manière. Chaque chercheur de pointe encore en contact direct avec un domaine neuf à explorer, confronté presque en permanence avec l'inconnu et assumant donc pleinement encore son statut de savant, a besoin maintenant lui aussi d'un soutien logistique toujours plus lourd de collaborateurs eux-mêmes très spécialisés, mais condamnés à demeurer en arrière du plan de la découverte.

Les soldats de l'An II étaient tous égaux devant le risque et la gloire, et les hommes de science du temps de Pasteur gardaient encore presque tous le droit d'espérer un jour l'imiter. Ces temps sont finis. L'orgueil de se mesurer homme à homme dans les combats, et celui plus noble de contribuer seul à un progrès de l'humanité ne sont plus aujourd'hui réservés qu'à quelques rares individus. Les autres, engagés pourtant sur les mêmes voies, avec des compétences parfois semblables et des ambitions initiales comparables, doivent vite abandonner l'espoir de s'y réaliser pleinement. Et pourtant certaines armées modernes très sophistiquées ne sont-elles pas souvent tenues en échec par des groupes de partisans qui ont appris à compenser leur infériorité technologique en s'impliquant chacun tout entier dans la lutte et en redécouvrant le prix des initiatives individuelles et parfois même du bricolage ?

Ce qui est vrai pour l'industrie et pour la recherche l'est aussi évidemment de beaucoup d'autres domaines où la spécialisation trop poussée des professions tend à les vider aujourd'hui de ce qui faisait hier encore leur intérêt.

De larges secteurs de la distribution, de l'agriculture et du tertiaire administratif, pour obéir aux impératifs de l'économie ou du rendement, commencent à offrir un nombre toujours plus grand de travaux parcellaires. Quelle différence existe-t-il en effet, sinon de nomenclature, entre les tâches répétitives d'un O.S. de la métallurgie et celles tout aussi monotones d'une caissière de « grande surface », d'un ouvrier agricole chargé à longueur de journée de la traite ou de l'alimentation dans les entreprises d'élevage industriel ou d'un employé des postes affecté au tri des lettres ou à leur compostage ? Les métiers considérés jusqu'ici comme les plus nobles, les plus indépendants et les plus épanouissants sont aussi peu à peu menacés.

Que reste-t-il par exemple de la vocation médicale dans la répétition sans fin des mêmes examens de prévention par les praticiens de l'hygiène scolaire ou de la médecine du travail, des mêmes interventions complémentaires des spécialistes d'un seul organe ou d'une seule technique, des mêmes analyses en série des spécialistes de laboratoire ?

Est-il encore un juge, ce magistrat qui, à raison de soixante ou cent affaires par audience, a à connaître des années durant les mêmes infractions et les mêmes délits de stationnement illicite ou de franchissement de feu rouge ?

Il n'est qu'à regarder autour de soi, dans son propre milieu de vie, pour trouver mille autres exemples d'automatisation de professions jugées pourtant rebelles à cet appauvrissement, du seul fait du haut niveau de qualification exigé de ceux qui les exercent. L'amour-propre seul empêche ceux qui commencent à en souffrir d'assimiler leur vie de travail à celle des O.S. dont ils se croient si différents.

Ces réflexions ne doivent pourtant pas amener à conclure trop vite qu'il est devenu impossible dans nos sociétés contemporaines de s'intéresser à son travail.

Dans l'industrie et le commerce, 60 % environ des emplois proposés le sont encore par des petites ou moyennes entreprises, économiquement ou techniquement incapables de se soumettre aux impératifs d'une véritable production de série, et donc encore plus ou moins ignorantes des effets du travail en miettes.

Même si beaucoup de petites usines ou de petits commerces

disparaissaient ou se regroupaient, il y a tout lieu de penser que pourraient encore persister longtemps de nombreuses tâches artisanales, faisant appel à des qualités manuelles, artistiques et créatrices, non négligeables, et peut-être même susceptibles d'être à l'avenir mieux appréciées et plus protégées.

Dans d'autres branches d'activité encore considérées comme nobles et épanouissantes, il subsistera probablement toujours des emplois et des tâches propres à satisfaire les vocations les plus exigeantes des étudiants de l'enseignement supérieur universitaire et technologique. Encore faut-il que ces futurs privilégiés continuent à y croire. Encore faut-il aussi que, pour être corrigés quand cela est encore possible, les effets actuels du progrès scientifique sur le contenu des tâches habituelles soient dès maintenant analysés sans préjugés et dans leur totalité.

6

Rétrécissement et élargissement des horizons

Les transformations, en réalité encore limitées de l'activité de travail, ne se traduiraient pas aujourd'hui par de tels changements à son égard des mentalités, si la perception qu'en ont jeunes et vieux ne se trouvait par ailleurs de plus en plus déformée par d'autres évolutions socio-culturelles et par le soudain élargissement des sources d'information.

Les horizons qui se rétrécissent.

Après avoir longtemps donné la vedette à l'agressivité et à la révolte, la plupart des enquêtes consacrées à la jeunesse, et elles sont nombreuses, s'intéressent depuis peu à ce qu'il est convenu d'appeler ses tentatives de marginalisme. Nous y avions déjà fait allusion en soulignant que le refus manifesté par certains jeunes de s'insérer dans la vie active, aussitôt leur formation professionnelle achevée, constituait une preuve, parmi d'autres, d'une vision nouvelle du travail et de sa place dans la hiérarchie des valeurs et des attentes. Se contenter des années durant de petits travaux à peine capables d'assurer au jour le jour la subsistance matérielle, sans faire l'effort de chercher un emploi plus sûr et mieux payé, c'est évidemment étonner tous ceux pour qui priment la sécurité et le niveau du salaire. C'est même les scandaliser que refuser le carriérisme pour s'essayer à construire un avenir à l'abri des tentations de la compétition et de la consommation.

Quand des milliers de jeunes et de moins jeunes renoncent ainsi à obéir aux modèles de réussite encore respectés par la grande majorité de leurs contemporains, obéissent-ils pour autant à des motivations si nouvelles qu'elles puissent légitimer un tel intérêt et susciter de telles réactions ? Il ne le semble pas, car toute l'originalité de leurs conduites se limite à celle de la définition *(dropping out)* inventée par les sociologues pour rajeunir des attitudes et des comportements qui furent de tout temps ceux des individus qui cherchaient à fuir le cadre trop étroit où les avaient appelés à vivre les hasards de leur naissance ou de leur condition.

Bien avant qu'il fût question de production en série, beaucoup d'insatisfaits cherchèrent déjà dans le passé à fuir la monotonie ou la pauvreté de leur vie et de leur condition laborieuse pour trouver ailleurs d'autres moyens d'œuvrer à ce qu'ils croyaient leur vocation. Pour changer d'existence et de métier il suffisait alors de partir. Aux plus aventureux l'armée, la marine, les colonies se proposaient pour concilier facilement au plan symbolique le besoin d'évasion, et au plan professionnel la quête d'autres responsabilités et d'autres gestes. Les USA se sont peuplés d'émigrants qui préféraient retrouver les peines et les dangers des terres vierges plutôt que supporter le chômage ou les conditions de travail d'une Europe qui commençait à s'industrialiser.

La plupart des expéditions coloniales, des grands voyages de découvertes, ou des guerres qui ont précédé les récents conflits mondiaux, ont été menés par des commis drapiers, des agriculteurs ou des étudiants qui n'avaient pas pu supporter plus longtemps l'ennui de leurs boutiques, de leurs champs ou de leurs écoles.

Les uns avaient le courage de tout remettre ainsi en jeu, de leur vie ou de leur formation professionnelle. Les autres se contentaient d'y rêver, se consolant du présent en imaginant qu'un jour ils oseraient enfin se décider. Cela seul suffisait à apaiser leurs révoltes.

Il n'était d'ailleurs même pas nécessaire de s'engager ou de s'expatrier pour trouver remède à son insatisfaction et son ennui. S'éloigner de quelques lieues, aller du bourg à la ville, de la province à la capitale, franchir une frontière, c'était se promettre à coup sûr un bouleversement complet de ses habitudes et la certitude de trouver un nouvel emploi, d'autant plus attrayant que son existence même avait pu jusque-là rester complètement ignorée.

Chaque région s'était souvent spécialisée dans telle ou telle production, inconnue de ses plus proches voisines, et qui exigeait des techniques très particulières. Quitter le Mâconnais pour les Flandres, c'était presque toujours pour un travailleur manuel abandonner les hauts fourneaux pour le textile, comme aller de La Rochelle à Lyon c'était échanger le travail dans la construction navale pour le travail de la soie.

Dans un même métier, les tours de main, les savoir-faire, les matériaux et les outils étaient souvent aussi différents d'une région à une autre. Le tour de France imposé aux compagnons des corporations offrait aux futurs artisans l'occasion de mieux les connaître et d'ainsi parfaire leur formation tout en satisfaisant les curiosités propres à leur âge. Il apportait remède à l'instabilité naturelle de ces jeunes qui avaient peu à peu découvert avec le goût de créer celui de se comparer et d'enrichir leur apprentissage d'une vision plus large du monde. La plupart des fils de commerçants, d'entrepreneurs et de bourgeois, faisaient de même avant de succéder à leurs pères et leurs stages dans d'autres villes ou à l'étranger apaisaient ainsi paisiblement leur soif de changement en même temps qu'ils développaient efficacement leurs connaissances et leur maîtrise du futur métier.

Certains d'entre eux aussi ne revenaient jamais à leur point de départ et préféraient s'établir là où ils pensaient pouvoir le mieux satisfaire leurs ambitions professionnelles ou autres, là où les retenaient l'attrait d'une technique nouvelle ou la promesse d'une vie meilleure. La gloire et la richesse de Paris, comme celles de Londres ou de Vienne, doivent presque tout de leur éclat aux appétits de réussite et de nouveauté qui, des générations durant, y ont attiré les plus ambitieux ou les plus instables des jeunes gens des campagnes et des provinces lointaines. Le progrès, qu'il soit scientifique ou artistique, n'est-il pas d'ailleurs toujours le fruit des efforts de ceux qui, à un moment quelconque de leur existence, ont refusé les normes intellectuelles, esthétiques ou socio-économiques de leurs milieux d'origine et sont partis à la découverte d'autres horizons ?

C'est vraiment faire un procès d'intention aux jeunes d'aujourd'hui que de se refuser à admettre combien la réticence manifeste de certains d'entre eux à s'insérer « normalement » dans la vie active ressemble souvent étrangement à celle dont ont toujours témoigné ceux qui, dans le passé, cherchaient déjà à s'évader de leurs conditionnements familiaux et sociaux.

Malgré les facilités nouvelles de déplacement offertes à nos contemporains, il est même probable que le nombre de ceux qui vont ainsi de ville en ville en quête d'un meilleur avenir professionnel ou à la découverte d'un nouveau style de vie, est aujourd'hui proportionnellement beaucoup plus faible qu'il y a un ou deux siècles quand il fallait voyager à pied ou en diligence.

A quoi servirait-il d'ailleurs à notre époque de s'expatrier ou de quitter sa province d'origine aux seules fins de changer son orientation professionnelle initiale ou son mode de vie ? Le moment est venu où nous devons prendre conscience de ce que « notre monde est fini » et doit apprendre à vivre entre des bornes de plus en plus étroites.

Il n'existe plus de terres vierges pour s'y faire pionnier ou créateur d'empire, et les voies maritimes ou aériennes sont parcourues à heures fixes par des marins ou des pilotes dont l'existence professionnelle est presque aussi dépourvue de surprises que celle d'un conducteur d'autobus parisien. Quant aux guerres, elles se dépouillent de tout panache et surtout de toute dimension encore humaine à mesure qu'elles aussi se mécanisent. Notre monde, comme le fait remarquer MacLuhan, tend à ne plus constituer qu'une seule et même immense agglomération. Passer d'un pays industriel à un autre, c'est retrouver les mêmes structures, les mêmes habitudes et surtout les mêmes techniques. Déjà les capitales ou les centres urbains des pays les plus sous-développés commencent à adhérer à ce modèle unique de civilisation. Programmé par sa formation à être ajusteur, électricien, ingénieur spécialisé ou éleveur, le jeune Français avide de gestes originaux et de responsabilités plus larges est condamné, s'il quitte aujourd'hui sa ville natale, à retrouver à Paris, à Francfort ou même au Zaïre, les mêmes garages, les mêmes installations, les mêmes bureaux d'études et probablement les mêmes races de taureaux, de génisses ou de poules pondeuses. Son dépaysement risque fort de n'être plus fait que de difficultés à comprendre la langue du pays, ou à supporter un climat et une nourriture auxquels il n'est pas préparé, puisque partout aussi ou presque, il retrouve le même cadre d'existence et les mêmes habitudes de consommation. Les jeunes sont évidemment plus sensibles que leurs aînés à cette impression contraignante de devoir vivre dans un monde de plus en plus uniforme, où il n'est plus possible de simplement partir pour être certain de changer de destin.

Cela se vérifie en particulier par les difficultés qu'éprouvent les employeurs ou les services publics à mobiliser géographiquement la main-d'œuvre juvénile. On pourrait penser que les jeunes sans travail seraient les plus prompts à saisir une chance d'échapper au chômage en quittant les régions de faible expansion où rien ne les retient, pour celles qui continuent à offrir plus de possibilités d'embauche. Il n'en est rien. Rares sont les demandeurs d'emploi qui acceptent de quitter le Nord ou la Bretagne pour venir travailler dans la région parisienne. Quand une grande entreprise automobile parisienne prospecte la région lilloise pour y recruter de futurs ouvriers qualifiés parmi les milliers de jeunes chômeurs qui y vivent, moins de cinquante s'offrent à occuper les centaines de postes proposés. Il en est de même des anciens élèves des ENP ou des facultés de lettres et de médecine qui en majorité cherchent à exercer leur profession dans la province où ils ont fait leurs études.

Convaincus de ne pas trouver ailleurs beaucoup mieux que dans leur province d'origine, ils préfèrent conserver leurs habitudes plutôt que s'exposer à ajouter à l'ennui du travail celui du dépaysement. Il faut bien dire aussi que presque rien n'est fait au plan de l'accueil ou du logement pour encourager dans les grands centres urbains et industriels, l'adaptation des « immigrés de l'intérieur », jeunes ou moins jeunes.

Ce rétrécissement de tous les horizons, géographiques ou socio-professionnels, si contraire à la curiosité et au besoin de mouvement des jeunes, amène les plus exigeants ou les plus frustrés d'entre eux à chercher là même où ils sont ce qu'ils cherchaient auparavant ailleurs. Faute d'espaces neufs ou d'ambitions vraiment nouvelles, l'aventure n'est plus possible qu'*hors des normes*. S'évader ce n'est plus partir, c'est devenir autre et, puisque les chemins ne mènent jamais bien loin, c'est parfois les essayer tous plutôt qu'aller longtemps sur un seul.

Au plan socio-économique, et c'est celui qui compte le plus aujourd'hui, il est probablement aussi périlleux de refuser la sécurité d'un avenir tout tracé qu'il l'était hier de partir pour les Isles. Et pourquoi l'expérience vécue des groupes de travail marginaux ou communautaires ne se révélerait-elle pas pour les adolescents aussi riche d'enseignement que celles des tribus noires ou indiennes des débuts de l'ère coloniale ?

Il n'empêche que ce sont là des solutions de remplacement, acceptées faute de mieux et plus propres à favoriser l'instabilité qu'à satisfaire pleinement les appétits de changement et d'épanouissement. Rares sont ceux en effet qui, après les avoir choisies, persévèrent. La plupart cherchent à se réinsérer plus normalement dans le monde du travail dès qu'ils ont épuisé les pauvres joies de ces ersatz d'aventure ou dès qu'il leur faut assumer la subsistance d'une famille. Les autres glissent insensiblement du marginalisme professionnel au marginalisme social en oubliant peu à peu dans la drogue, la délinquance, l'oisiveté et le parasitisme, leurs préoccupations premières. Des milliers de jeunes qui chaque année croient partir à la conquête d'un avenir moins monotone en s'éloignant des filières d'insertion classiques, une infime minorité seule est en mesure d'offrir quelques années plus tard le spectacle d'une véritable réussite conciliant leur statut socio-professionnel du moment avec leurs ambitions passées.

C'est peu pour encourager dans cette voie les sujets plus jeunes qui sont encore au stade de l'orientation ou pour faire rêver ceux qui n'ont pas eu le même courage ou la même inconscience au moment de décider de leur futur. L'exemple beaucoup plus fréquent des échecs de tous ordres ne fait que renforcer toute une jeunesse dans l'idée qu'il n'existe en fait aucune chance raisonnable pour la plupart des travailleurs d'échapper aujourd'hui à la médiocrité de leur condition et de leur déterminisme socio-culturel. Il en a probablement toujours été ainsi, et le nombre de ceux qui, hier, avaient assez de chance et d'énergie pour mener à bien leurs tentatives d'évasion dans un autre pays ou dans un autre univers professionnel devait être aussi faible que l'est maintenant celui des marginaux équilibrés et satisfaits. Mais s'il y avait autant de ratés, leur déchéance plus discrète n'avait pas la même influence sur le devenir de leurs jeunes contemporains. Minés par les fièvres, invalides ou ruinés, les héros fatigués des entreprises coloniales ou des guerres du passé rentraient rarement chez eux pour afficher leurs déceptions. Ils avaient en général le bon goût de disparaître sur place, laissant seulement le souvenir de leur glorieux départ. Les laissés-pour-compte d'aujourd'hui, ceux qui, faute d'horizons libres, échouent sans jamais sortir de leur ville ou de leur chambre, sont au contraire obligés de donner leur faillite en exemple à tous.

C'est ainsi qu'au moment de décider de leur avenir, les futurs travailleurs, ou ceux qui voudraient refaire leur vie, apprennent qu'il leur faut vivre là où ils sont nés, parce que ailleurs n'existe plus aucune réelle chance d'évasion. En même temps ils découvrent qu'il leur faut se contenter d'être ce qu'ils sont, puisque s'essayer à être différent c'est presque à coup sûr se condamner à devenir une de ces épaves qu'ils rencontrent de plus en plus nombreuses dans les rues ou même à leur travail. Il y a de quoi se sentir étouffé.

La société figée.

Parents et éducateurs, plus ou moins conscients de ce que cette perspective étroite peut avoir de décourageant pour des esprits juvéniles épris de changement et de mouvement, s'essaient souvent à la corriger en affirmant que notre monde moderne compense ce rétrécissement de tous les horizons en offrant de plus grandes chances de mobilité à l'intérieur du cadre de vie imposé. S'il est devenu inutile ou impossible d'espérer trouver de la nouveauté hors du chemin tout tracé où nous placent les hasards de la naissance, il serait par contre, à les croire, beaucoup plus facile de retrouver les charmes de la découverte en le parcourant tout entier, sans être arrêté par les obstacles économiques et culturels qui, hier encore, maintenaient chacun pour toujours à sa place et à son rang. La mobilité professionnelle remplacerait ainsi la mobilité géographique et les promotions de carrière viendraient se substituer avantageusement aux changements de profession ou de paysage du passé, pour rompre la monotonie de l'emploi et élargir le champ d'action et de vision de chacun.

Pourquoi redouter l'ennui quand il suffit de passer d'une entreprise à l'autre et surtout de gravir un échelon pour voir aujourd'hui ses responsabilités changer immédiatement du tout au tout, et avec elles, des gestes ou des décors devenus trop habituels ?

Cette reconquête d'une indépendance si chère au cœur des hommes serait le fruit des progrès réalisés en matière d'égalisation des chances au départ de la vie scolaire et de la diversification toujours plus grande des rôles et des fonctions imposées par la spécialisation des tâches et le progrès technique.

Il ne s'agit là malheureusement encore bien souvent que de promesses plus ou moins en cours de réalisation, et de ce fait d'autant plus génératrices elles aussi de déceptions qu'une trop grande ou trop précoce publicité leur est accordée.

Inutile de revenir à nouveau sur ce que peut encore avoir d'illusoire dans notre système éducatif actuel la notion même d'égalité des chances. Les déterminismes socio-culturels et socio-économiques y continuent à peser de tout leur poids sur des orientations scolaires ou professionnelles apparemment inspirées de la seule appréciation des aptitudes individuelles. Circonstance aggravante, l'évolution des exigences du marché du travail, loin d'en alléger l'influence, ne fait paradoxalement que la renforcer en réduisant à néant les effets de la démocratisation de l'enseignement au fur et à mesure qu'ils sont péniblement réalisés.

Les chances pour n'importe quel fils d'ouvrier d'accéder à un emploi de cadre sont restées à peu près les mêmes qu'il y a trente ans. De cela les jeunes sont très conscients au moment d'entrer dans la vie active.

La plupart des adolescents à la recherche d'un premier emploi, s'ils ne sont titulaires que d'un certificat d'études ou d'un certificat d'aptitude professionnelle, le savent si bien qu'ils ajustent d'eux-mêmes leurs ambitions à la modestie de leur bagage scolaire. La vision qu'ils ont de leurs propres chances de réussite future est déjà si pessimiste qu'en général même leurs prétentions se situent à un niveau inférieur à celui auquel ils pourraient légitimement prétendre. C'est là un sujet perpétuellement renouvelé d'étonnement pour ceux qui à ce moment de leur vie ont à les conseiller ou à les placer au travail.

Leurs parents, eux aussi, cèdent au même découragement puisque l'expérience des orienteurs montre qu'ils sont plus nombreux à sous-estimer leurs enfants qu'à les surestimer au moment de les aider à se choisir un avenir professionnel. Comment dans ces conditions et avec de tels préjugés, attendre de ces jeunes enthousiasme et dynamisme ? Qu'il s'agisse d'une perception exacte des choses ou au contraire d'une vision juvénile déformée, il est permis d'affirmer, à partir des milliers d'interviews pratiquées chez des jeunes demandeurs d'emploi, que plus de la moitié d'entre eux considèrent que tout est joué de leur futur, dès l'instant où ils quittent l'école, et qu'il faudrait un miracle pour qu'ils puissent échapper à cette prédestination qui prend souvent figure de malédiction sociale.

La rancœur de ces adolescents est d'ailleurs telle qu'interrogés quelques mois après leur mise au travail, après donc la période initiale de découverte et d'adaptation, plus de 80 % d'entre eux accusent leurs parents d'avoir été trop faibles à leur égard, ou trop mal informés en ne les obligeant pas à continuer leurs études ou à mieux les réussir.

Cette impression que les dés sont définitivement jetés dès la fin des études et qu'il ne sert à rien d'attendre de l'avenir une autre occasion de construire mieux son destin, n'est pas le fait des seuls enfants des classes sociales les plus défavorisées. Presque tous les jeunes la ressentent au moment de commencer à travailler et parfois bien avant.

Les réformes du système d'enseignement qui se sont succédé depuis des années, si elles ne corrigent que très lentement les inégalités sociales initiales, semblent en effet avoir surtout pour effet de rendre irréversibles leurs conséquences scolaires et donc socio-professionnelles.

Il était encore permis à nos pères de mal débuter leurs études, par paresse ou faute d'encouragement, et de combler, malgré tout, ce handicap initial par des méthodes de rattrapage qui savaient concilier la souplesse de certaines structures scolaires avec le soudain épanouissement des ambitions et des curiosités intellectuelles au moment de l'adolescence. Beaucoup des savants, des ingénieurs ou des écrivains qui ont compté au début du siècle avaient été de mauvais élèves pendant leur enfance et n'avaient compris la nécessité de réussir leurs études que très tardivement. Plus mûrs ou mieux motivés que leurs condisciples qui, sans histoires, poursuivaient leur scolarité dans les délais normaux, il leur avait été facile, en utilisant les facilités offertes pour « sauter des classes » sans trop d'obstacles formels, de finalement les rejoindre et souvent même de les dépasser. Certaines hypothèques socio-culturelles ou socio-économiques pouvaient aussi être surmontées avec la même souplesse quand l'appui d'un instituteur, d'un curé de paroisse, d'un homme politique local, venait compenser à coup de conseils et de bourses l'ignorance ou l'impuissance du milieu parental.

Il n'en est plus ainsi aujourd'hui, et il n'y a pas de salut pour les sujets brillants et hyperdoués quand l'éveil de leurs aptitudes ou de leur volonté de réussir ne coïncide pas avec le cadre chronologique sévère des diverses filières scolaires. Cette rigidité du système joue le même rôle sur les conséquences immédiates ou lointaines des erreurs d'orientation, qu'elles soient le fait des orienteurs ou des sujets.

Pour respecter les normes imposées, chaque élève devrait avoir au moins une idée de l'avenir qu'il se souhaite dès l'entrée en 6e, et la concrétiser en option irréversible au plus tard au moment d'entrer en seconde ou au moment de choisir une formation spécialisée en CET. L'horizon professionnel commence à se rétrécir à partir de 11 ans pour ne plus être qu'une voie étroite à partir de 15 ans. Est-il pourtant inconcevable qu'un sujet exprime subitement à 16 ou 17 ans une ambition dont il ignorait tout auparavant ? N'est-ce pas là au contraire une des conséquences presque obligatoires de l'élargissement des sources d'information dont la jeune génération bénéficie ? Quand c'est le cas, il est presque toujours trop tard pour espérer changer de cap, et l'adolescent qui se découvre une vocation d'électricien ou de médecin à partir d'observations réfléchies à un moment de la vie où il commence seulement à pouvoir en apprécier le véritable contenu est ainsi obligé de continuer à se préparer à une carrière de tourneur ou d'enseignant parce que dix-huit mois plus tôt, presque par hasard, il a choisi une section d'apprentissage de la métallurgie ou une seconde classique de type littéraire. Il risque de traîner longtemps le regret d'un choix devenu impossible et il est facile de comprendre son état d'esprit quand, au moment de s'insérer dans une profession peu ou mal aimée, il la regarde sans enthousiasme quand ce n'est pas avec dégoût.

En se diversifiant, la plupart des métiers obligent aussi ceux qui les ont choisis à s'en contenter leur vie durant, sous peine de perdre avec le bénéfice d'une formation toujours plus longue, celui de l'expérience et des avantages acquis de carrière ou d'ancienneté.

Même facilitées par les recyclages, les réorientations deviennent de plus en plus hasardeuses et des enseignements considérés jadis comme assez neutres et polyvalents pour ouvrir beaucoup de portes et n'en fermer aucune — tels le droit, les lettres ou les apprentissages du bois et des métaux — perdent peu à peu ce caractère à mesure que se confondent les concepts d'éducation générale et de préparation professionnelle. Quand tout diplôme est censé donner droit à un emploi et que les tâches sont de plus en plus spécialisées, l'avenir se dessine tout entier bien avant l'entrée dans la vie professionnelle, et d'autant plus tôt dans le cours des études que celles-ci destinent à une technicité précise.

En même temps l'éventail des options proposées aux futurs travailleurs s'élargit à mesure que naissent chaque jour de nouveaux métiers et même de nouveaux secteurs d'activité. Mais il faut toujours plus d'informations et donc plus de temps pour les connaître tous, les comparer et être capable de réellement se décider autrement que par hasard ou sur un coup de tête. Plus il faut choisir tôt et moins il est en fait possible de le faire. Cette distorsion entre le souhaitable et le possible n'a pas échappé aux responsables qui ont cru y remédier en multipliant les passerelles ou les mécanismes de formation permanente. Jusqu'ici ces solutions paraissent n'avoir porté que peu de fruits. Encore heureux quand elles ne font pas renaître d'autres espérances illusoires, elles aussi vite déçues.

Cette rigidité des structures qui en arrive dès le plus jeune âge à tout programmer du futur des enfants, en renforçant les déterminismes des milieux d'appartenance de ceux des filières d'enseignement, n'est malheureusement pas propre au système scolaire, elle est aussi le fait du monde du travail.

Malgré les apparences, la plupart des travailleurs, une fois insérés dans la vie active, n'ont que peu de chances en effet de voir se modifier la nature de leurs tâches et de leurs responsabilités, et donc de trouver de nouvelles raisons d'intérêt et de satisfaction quand la découverte du premier emploi s'est révélée immédiatement ou au fil des ans décevante. Il leur faut en général supporter jusqu'à leur retraite ou la mort les conséquences de leur juvéniles erreurs d'orientation et bien des postes de travail qui avaient été acceptés, faute de mieux et pour une courte période intérimaire, sont conservés la vie entière.

Le propre d'une économie libérale est d'autoriser la mobilité professionnelle au nom de la liberté et de l'encourager au nom de l'économie. Quand la force de travail n'est qu'une marchandise, celui qui la produit doit pouvoir la proposer où il le désire, et celui qui l'utilise doit pouvoir se l'approprier selon la loi de l'offre et de la demande.

Cette synthèse d'intérêts apparemment complémentaires devrait en principe favoriser les reconversions et les migrations en conciliant la volonté de changement de certains avec les variations inévitables du marché du travail et il appartiendrait aux progrès récents de la formation professionnelle de faire que cette mobilité se traduise surtout par des améliorations de statuts et des promotions.

L'examen superficiel des statistiques de l'emploi pourrait laisser penser qu'il en est bien ainsi et que l'action conjuguée de l'évolution technologique et des mutations économiques est maintenant de nature à satisfaire toutes les instabilités ou tous les appétits de renouveau et de réussite.

Quoique la tendance se ralentisse depuis peu, les enquêtes récentes montrent en effet que les salariés français changent de région, d'entreprise et d'emploi, plus souvent qu'il n'est coutume de le dire, mais moins qu'il ne le serait souhaitable pour l'économie.

D'après l'INSEE, 30 % des travailleurs de tous âges avaient changé de situation professionnelle pendant la dernière période de cinq ans prise comme période de référence et si ce pourcentage n'avait été que de 20 % pour les sujets les plus âgés, il atteignait 50 % pour les sujets de moins de 30 ans.

Ce sont là des chiffres qui cadrent mal apparemment avec l'accusation de sédentarisme généralement portée contre eux, et qui pourraient même donner de notre société française l'image d'une collectivité en plein bouillonnement.

Si l'on examine de plus près la nature exacte des changements intervenus, il apparaît pourtant vite qu'ils intéressent presque toujours une même frange de la population et qu'ils doivent plus à des nécessités purement économiques qu'à de réelles aspirations individuelles.

Quand tant d'agriculteurs, par exemple, quittent leur région d'origine et abandonnent le travail de la terre, ils le font souvent contraints et forcés par la soudaine non-rentabilité d'exploitations qui jusque-là avaient permis à leurs parents de subsister tant bien que mal. Les deux tiers d'entre eux se retrouvent quelques années plus tard à la ville, manœuvres ou ouvriers non spécialisés de la métallurgie ou du bâtiment. Peut-on, dans ces conditions, faire état chez eux de la satisfaction d'ambitions nouvelles ou plus exigeantes ? Ils changent pour survivre et non pas pour donner un sens plus riche à leur vie. C'est d'ailleurs l'explication de la plupart des mobilités géographiques puisque d'autres études menées sur des populations de migrants d'origine non agricole montrent que les individus qui, malgré les réticences soulignées précédemment, quittent la région où ils sont nés, le font surtout pour échapper au chômage, et faute d'emploi en rapport avec leur formation ou leur expérience.

Quand ils retrouvent du travail, c'est généralement aussi dans le même métier, et si 15 % environ changent à cette occasion de statut, le nombre de ceux qui font l'objet d'une promotion ne dépasse pas celui de ceux qui sont obligés d'accepter un déclassement ou une déqualification.

Il en est à peu près de même de ceux qui, sans changer de domicile, changent simplement d'entreprise et d'employeur. Les fermetures d'établissements ou les licenciements collectifs sont à l'origine de la plupart de ces mouvements de main-d'œuvre locaux qui entraînent la grande majorité des changements de situation, et seule ou à peu près la recherche de meilleures conditions de travail ou de rémunérations plus élevées amène certains travailleurs à quitter spontanément leur emploi pour un autre. L'attrait de la nouveauté, ou le désir de fuir une monotonie devenue insupportable y sont rarement pour quelque chose, et il est rare que cette mobilité plus imposée que désirée se traduise par une réelle modification des tâches ou des responsabilités. Le passage d'un secteur d'activité à un autre très différent, de la métallurgie par exemple à la mécanique ou à la chimie, n'implique pas souvent une métamorphose de l'horizon professionnel ou du mode de vie quotidien. Ce sont en effet les travailleurs les moins qualifiés qui se révèlent les plus mobiles, car ils sont les plus sensibles aussi bien à la conjoncture économique qu'aux attraits d'une légère amélioration de salaire. Ce n'est pas se promettre beaucoup d'imprévu et de nouveauté que quitter un poste d'O.S. dans la fabrication automobile pour un poste aussi anonyme et répétitif dans le conditionnement pharmaceutique ou le montage électrique.

Cette fausse mobilité, d'une masse indifférenciée d'individus ballottés entre des emplois de même nature et toujours aussi ingrats, au gré de la concurrence économique, ne trompe pas longtemps ceux qui s'apprêtent à travailler, ou ceux qui déjà insérés souhaitent corriger ce qui leur paraît une erreur d'orientation. Elle ne fait que renforcer la mauvaise image qu'ils ont trop tendance à se faire en général du monde du travail.

A quoi peuvent-ils se raccrocher alors pour ne pas céder au découragement ? Dans la mesure où le secteur tertiaire, celui des services et des administrations (publiques ou non) croît au détriment des autres, dans l'industrie comme dans l'agriculture, il serait tentant, pour ceux qui ont le niveau scolaire suffisant, de s'essayer à abandonner le travail manuel pour celui de bureau. Les responsabilités ont malheureusement tendance à s'y parcelliser de même manière, et la « mobilité » y diminue encore plus vite qu'ailleurs, puisque environ 90 % de ceux qui y sont embauchés sont condamnés à ne voir leur emploi réellement changer et s'enrichir qu'à l'occasion de promotions de plus en plus rares (si l'on excepte les avancements à l'ancienneté, ou les améliorations indiciaires de salaire, sans modification des tâches ou des horizons professionnels). Cet espoir de promotion est d'ailleurs d'autant plus faible que le métier est peu qualifié. Une fois de plus l'avenir se trouve joué avant même l'entrée dans la vie active, puisqu'il reste à tous les moments de la vie de travail essentiellement lié au bagage scolaire et à l'orientation initiale. Hormis ce passage d'un secteur d'activité à un autre, à niveau de rémunération et de qualification égal, les possibilités de changement complet de profession et de statut, celles en particulier de s'installer à son compte ou de recommencer complètement une nouvelle carrière sont en fait très faibles. Dans la majorité des cas elles impliquent de surplus l'abandon des avantages acquis et même bien souvent un déclassement et une diminution importante des revenus financiers. Seuls peuvent y prétendre avec de réelles chances de succès ceux qui disposent d'assez de fortune pour pouvoir attendre le moment voulu ou l'occasion espérée, et ceux dont la richesse en diplômes et en titres divers est telle que, n'importe quand et dans n'importe quelle circonstance, elle leur autoriserait un très large éventail d'options. C'est là encore l'apanage exclusif d'une minorité de privilégiés de l'argent ou de la culture, et ceux-là en général ont déjà une profession qui les satisfait.

Ainsi, ceux qui voudraient changer ne le peuvent que rarement et ceux qui le pourraient ne le désirent qu'exceptionnellement. La chance peut pourtant parfois aussi jouer. C'est surtout d'elle en tout cas que la plupart des jeunes travailleurs semblent en général espérer une éventuelle amélioration de leur condition. Si avant d'avoir un emploi les apprentis et les lycéens font de la réussite scolaire, du sérieux et de l'ambition les principaux facteurs de réussite sociale, les enquêtes du CERCETJ et du CEE [1] montrent en effet que six mois après, ils font confiance surtout au hasard, aux relations personnelles et à l'entregent. Quel désappointement traduit un si rapide changement d'opinion et comment ne pourrait-il pas laisser mal augurer de l'avenir professionnel ? Il n'est pas fait non plus pour rendre attrayante l'image du travail. Ont-ils tort, ont-ils raison ? S'agit-il d'une déception passagère, du reflet du pessimisme propre à tant de jeunes d'aujourd'hui ? En a-t-il toujours été ainsi ? S'agit-il au contraire d'une vision à peine déformée de la réalité et leur scepticisme commence-t-il à prendre valeur de message ? Il est difficile de répondre à ces questions. De toute façon, mettre tous ses espoirs ou presque dans

1. CERCETJ : Centre d'études et de recherches sur les conditions d'emploi et de travail des jeunes. — CEE : Centre d'études de l'emploi.

le hasard, c'est déjà avoir perdu toute espérance ou plutôt avoir perdu beaucoup de l'énergie nécessaire à sa réalisation. Et cela seul devrait compter pour ceux qui ont en charge l'avenir de tous ces jeunes qui n'ont pas tort de croire entrer dans une société figée quand ils savent que deux fils d'ouvriers sur trois deviennent ouvriers, que seul un sur trente de ces enfants de milieu populaire peut espérer devenir aujourd'hui cadre supérieur et que de la même manière à tous les niveaux de la société les jeunes ont 70 à 80 % de chances de reproduire fidèlement pour leur propre compte la vie socio-professionnelle de leurs pères.

La société de comparaison.

Notre temps n'a pas le triste privilège des travaux sans gloire et des vies sans surprises. Pourquoi alors cette si soudaine flambée de contestation et ces tentatives maladroites pour donner un sens nouveau à des frustrations que les générations précédentes avaient supportées avec apparemment beaucoup plus de patience ? Pourquoi coïncident-elles aussi avec une indéniable amélioration du niveau de vie de tous les travailleurs, liée de toute évidence aux retombées économiques et sociales de ce progrès mis en accusation ?

C'est qu'en fait cette impression de devoir vivre son existence entière dans un monde du travail terne et figé, sans jamais pouvoir échapper à ses déterminismes familiaux et à sa programmation scolaire et professionnelle, est d'autant plus insupportable qu'autour de soi, comme par contraste, tout semble en perpétuel mouvement et brille de mille feux. On dit de notre société qu'elle est une société de consommation et que toute son énergie se consume à toujours produire plus pour pouvoir acquérir plus. C'est évidemment ce qui la caractérise le plus fidèlement et la condamne aussi le plus sévèrement. Mais en serait-il de même si chacun restait libre de régler ses dépenses sur ses seuls besoins et si avant d'être de « consommation » cette société n'était pas surtout de « comparaison » ?

La publicité n'aurait en effet qu'une action limitée sur les appétits et leur développement si elle se contentait de faire miroiter ses promesses, sans en même temps imposer en exemple la satisfaction supposée de ceux qui y ont les premiers succombé. Pour reculer les limites de la satiété, force lui est de faire intervenir d'autres motivations que la simple convoitise. Si c'est la recherche du plaisir qui amène à consommer plus et nouveau, c'est en fait la volonté de ne pas se singulariser des autres, de ne pas être dépassé, qui finit par transformer en habitude de consommation ce qui n'était initialement que désir spontané. La joie de découvrir et de posséder se change peu à peu en crainte d'apparaître différent de la majorité des membres de son groupe. Ne pas avoir ou ne pas connaître ce qu'ont, ou connaissent ses semblables, c'est s'exposer à ne plus être reconnu comme leur égal et donc assumer le risque d'être méprisé et donc rejeté de la collectivité. Inconsciemment « avoir » se confond peu à peu avec « être ».

Cette propension à se comparer aux autres est d'ailleurs inhérente à la nature humaine et de tout temps, rares ont été les hommes assez sages ou assez imaginatifs pour pouvoir apprécier leur propre bonheur sans faire référence à l'idée qu'ils se faisaient de celui de leurs voisins.

Il est plus facile aussi, pour se juger soi-même, de s'aider de comparaisons avec autrui que de faire appel à des critères purement moraux. Quand il s'agit par exemple de mesurer sa propre réussite, comment ne pas être tenté de lui donner une dimension exclusivement sociale en la confrontant à celle de ses éventuels rivaux, plutôt que de s'évertuer à conserver à cette notion un sens personnel ou éthique de plus en plus difficile à définir ? Ce qu'il est convenu d'appeler le progrès rend maintenant presque obligatoire cette tentation, non seulement en appauvrissant toute perspective morale, mais aussi en sacrifiant toujours plus l'individu au collectif et surtout en multipliant soudainement les moyens et les occasions de se comparer.

Quand chacun ne connaissait du monde extérieur que sa famille, son village, son quartier ou son petit univers professionnel, les possibilités de rencontrer d'autres modes de vie que ceux auxquels on était habitué depuis la naissance étaient rares. Beaucoup d'interdits culturels savamment entretenus interdisaient d'ailleurs de regarder au-delà de son propre horizon. La plupart des différences sociales et économiques étaient perçues plus comme des différences de nature que comme de simples distances. S'il pouvait arriver à certains d'envier tout naturellement la fortune, le confort ou le rang d'individus plus privilégiés dont ils croisaient la route, il ne leur serait pas venu à l'idée de mettre en parallèle leur propre existence avec des destinées *a priori* si dissemblables et même si étrangères. Quelle commune mesure pouvait-il y avoir par exemple entre la masure de l'ouvrier ou du paysan et la maison bourgeoise du notable ou le château de l'industriel ? Même quand il y avait voisinage, il n'y avait jamais mélange ou interpénétration et des mondes totalement différents pouvaient ainsi coexister durant des générations entières sans jamais vraiment se connaître. Il a fallu une suite de hasards pour que Proust — ou son personnage — puisse pénétrer un jour à l'intérieur de l'hôtel de Guermantes dont pourtant il avait pu longtemps contempler la cour d'honneur des fenêtres de sa chambre. Il en fut tout aussi étonné et bouleversé qu'avaient pu l'être avant lui Julien Sorel admis dans l'intimité de Mme de Raynal ou Balzac dans celle de la comtesse Hanska.

Les classes sociales sont probablement encore aussi éloignées les unes des autres qu'elles l'étaient il y a un siècle, mais l'ignorance qui protégeait le secret de leurs vies privées s'est dissipée presque d'un coup. La presse, le cinéma et la télévision, comme le malin génie d'Ibsen ont fait s'effondrer les écrans et les murs. Personne n'ignore plus rien de la manière dont sont logés, se nourrissent ou se distraient les grands et les petits, les riches et les pauvres, et chacun peut tout voir de l'envers de tous les décors. Tolérer ou flatter cet étalage c'est inévitablement encourager l'inclination à comparer d'abord et à se comparer ensuite. Cela devient parfois d'autant plus facile ou tentant que beaucoup de différences paraissent aussi moins radicales et que certains parallèles hier encore inconcevables le deviennent un peu moins aujourd'hui.

Il en est ainsi en particulier de beaucoup de biens de consommation courante que la production de série met maintenant de façon identique à la disposition d'individus ou de familles que rien de comparable ne rapprochait jusqu'ici. C'est déjà être un peu l'égal des possesseurs de grosses voitures que se retrouver conduisant soi-même une automobile sur les mêmes routes de vacances, à la découverte des mêmes paysages. C'est un peu participer aux plaisirs du Tout-Paris que de contempler à la télévision les spectacles auxquels il assiste, lui, dans la salle même où ils sont donnés. Mais plus les distances sociales semblent s'abolir, plus ce qu'il en persiste devient insupportable. Que ne ferait-on pour changer son modeste véhicule ou pour être au nombre des élus que les foules envient ? Le désir est d'autant plus vif que son objet semble à portée de la main, et s'il paraît encore du domaine du rêve d'espérer atteindre au sort de ceux qui sont au sommet de la pyramide sociale ou économique, il paraît tout naturel d'ajuster sans cesse ses ambitions et ses appétits aux richesses étalées par ceux qui se situent juste au rang supérieur. A toujours regarder au-dessus de soi, il est inévitable que les déceptions et les frustrations finissent dans cette escalade sans fin par l'emporter sur les satisfactions.

Ce qui se passe au plan de la consommation des simples biens matériels se retrouve à celui du statut social et du travail : chacun peut mieux comparer sa situation ou les joies qu'il tire de son métier à celles plus enthousiasmantes qui lui sont présentées du matin au soir dans les journaux à sensation ou sur les écrans des salles de cinéma ou des récepteurs de télévision.

Que pouvaient bien connaître hier des autres professions la plupart des travailleurs manuels et même tous ceux que leur activité économique ou les hasards de leurs lieux de naissance maintenaient de l'enfance à la mort dans le même cadre étroit et clos de vie et de travail ?

L'univers social des mineurs de *Germinal* se limitait à quelques personnages — ingénieur, cabaretier, instituteur, etc. — dont le statut était si singulier qu'il finissait par les caractériser mieux que leurs propres patronymes. Il en est d'ailleurs encore ainsi dans quelques bourgs de province où l'on est encore l'Epicier, le Notaire ou le Docteur, avant d'être un tel ou un tel, et ces habitudes de langage pour familières qu'elles paraissent, distancient toujours un peu quand la fonction ainsi évoquée sous-entend un quelconque privilège de fortune ou de culture. L'horizon des paysans était encore plus limité. Celui des artisans du faubourg Saint-Antoine, du personnel des premières usines Renault, des employés de ministère ou des vendeuses du Bonheur des Dames ou du Bon Marché, ne devait pas être beaucoup plus large si l'on se réfère aux écrits du temps. Il n'est qu'à lire les mémoires des bourgeois du siècle dernier ou même du début de ce siècle pour mesurer combien était étroit aussi, malgré leur niveau culturel plus élevé, celui des enseignants, des membres des professions libérales ou des commerçants confinés dans leur quartier ou leur petite ville. Pour tous ou presque, paysans, ouvriers et notables, l'éventail des métiers connus se divisait toujours en trois groupes de taille fort inégale, correspondant à trois types différents de relations sociales et donc d'informations.

Le premier était fait des emplois que chacun connaissait bien pour les voir quotidiennement exercés à côté du sien, dans le même atelier, le même bureau ou la même rue. Les échanges y étaient facilités par la proximité ou la communauté d'intérêts immédiats, mais s'y révélaient en général assez pauvres en stimuli sociaux, parce que insérés dans le même contexte économique ou culturel et nourris des mêmes informations. Dans ces petites communautés l'accent était tout naturellement mis sur l'aspect affectif des relations, et quand il y avait comparaison, c'était plus au plan des individus qu'à celui des métiers. Quelles informations nouvelles et réciproques pouvaient se proposer en matière d'avenir professionnel des individus que le sort avait placés sur des chemins semblables et parallèles ?

Le deuxième comprenait au contraire toutes les professions dont les hasards ou les nécessités de la vie courante amenaient à rencontrer plus ou moins épisodiquement des représentants : médecins et hommes de loi, par exemple, que leur charge appelait à pénétrer dans tous les milieux, ou commerçants et employés de l'administration qui voyaient venir à eux dans leurs magasins ou leurs services des membres de toutes les autres classes de la société. Nés de rencontres essentiellement fonctionnelles et brèves, les relations et les échanges y débordaient d'autant moins du cadre strictement professionnel que, comme sur la scène d'un théâtre, chacun des partenaires s'y trouvait « en situation » obligé d'assumer le rôle social qui lui était imparti. De son avocat, le plaideur occasionnel ne voyait que les codes étalés sur son bureau sévère ou sa robe noire au tribunal et ne connaissait de sa vie intime que l'antichambre de son cabinet ou les marches de son escalier. Tout le reste n'était que mystère soigneusement dissimulé, puisque aucune conversation autre que professionnelle n'était même possible avec un personnage que ses diplômes, son rang ou son vocabulaire ésotérique rendaient si lointain. Presque toutes les professions ne laissaient ainsi voir d'elles-mêmes que leur façade de représentation et quand le médecin se confondait presque inévitablement avec sa blouse ou sa trousse, le commerçant faisait de même avec son comptoir, l'employé avec son guichet, et le menuisier avec son échoppe ou son établi. Comment discuter avec ces attributs et derrière eux atteindre à la réalité des existences individuelles et à la vérité des tâches et des responsabilités ? De telles difficultés ne tenaient pas toujours à des différences de classe ou de culture. Jusqu'à la dernière guerre, beaucoup de particularismes professionnels, hérités du souvenir des anciennes corporations, perpétuaient en effet jusque dans le monde ouvrier un véritable système de castes peu fait lui aussi pour faciliter les confrontations et les échanges d'informations. Certains professionnels très qualifiés, comme par exemple ceux du livre, se seraient ainsi crus aussi déshonorés de discuter de leur travail avec un simple ouvrier métallurgiste ou maçon que de lui donner leur fille en mariage, et ces préjugés restaient vivaces dans bien d'autres branches d'activité.

Restait enfin le dernier groupe, de beaucoup le plus large, fait des innombrables métiers dont l'exercice échappait à toute possibilité d'observation directe. Leur nom ne pouvait au mieux qu'évoquer quelques images confuses plus ou moins déformées par le rêve ou l'imagination. Que pouvait savoir, par exemple, de la profession de vigneron un mineur du Nord, ou de celle de capitaine au long cours un clerc de notaire de Nancy ? Même quand les hasards d'une lecture ou d'un voyage semblaient fournir quelques embryons de connaissances en la matière, il était bien difficile de faire la part exacte entre ce qui tenait à la réalité et ce qui était dénaturé par le talent de l'écrivain ou la mémoire du voyageur. L'information ressortissait trop du mythe pour permettre une éventuelle comparaison avec son propre statut, et ne pouvait donc jouer dans les auto-estimations de réussite ou d'échec au plan professionnel qu'un rôle aussi négligeable que celui joué dans le premier groupe par des visions trop entachées de familiarité et dans le second par des relations trop soumises au symbolisme des situations.

Si toutes ces ouvertures sur le monde du travail et la société étaient déjà suffisantes pour alimenter des revendications générales, économiques ou politiques, elles ne l'étaient pas assez pour faire naître des ambitions socio-professionnelles trop en contradiction avec les vécus personnels ou les conditionnements socio-culturels.

Quand la plupart des travailleurs, quel que soit leur rang dans l'échelle sociale, semblaient être à peu près satisfaits de leur statut professionnel — même s'ils ne l'étaient déjà pas de leurs salaires ou de leurs conditions matérielles de vie — c'est probablement qu'ils n'étaient pas encore en mesure d'en concevoir un autre.

Il n'en est plus ainsi aujourd'hui, et c'est parce que les effets du progrès en matière d'information s'ajoutent à ses conséquences purement technologiques que ce qui était hier encore tolérable dans la plupart des modes de travail commence subitement à ne plus l'être.

Pour la première fois, depuis le temps où dans les sociétés primitives chacun connaissait tout de l'existence professionnelle et privée de ses semblables, il est en effet permis à tous de tout connaître de la vie ou des travaux de l'ensemble de ses contemporains. C'est là une révolution dont il est encore impossible d'apprécier pleinement les conséquences sur l'équilibre futur de nos sociétés, mais qui dès maintenant commence à bouleverser radicalement les rapports des individus à leur situation sociale et surtout à leur travail.

Ce soudain élargissement de l'horizon socio-professionnel est évidemment en partie dû à la généralisation de la prolongation des scolarités, puisque c'est la vocation essentielle de l'enseignement que de donner aux élèves l'image la plus large et la plus riche possible du monde extérieur où ils se préparent à entrer. Dans ce sens, il est évident que les méthodes pédagogiques modernes assorties des préoccupations récentes d'orientation font découvrir aux jeunes d'aujourd'hui une masse de métiers et de débouchés que leurs aînés ne pouvaient qu'ignorer puisque, faute de temps ou d'imagination, leurs maîtres étaient plus préoccupés de leur inculquer un nombre limité de connaissances de base que d'encourager leur curiosité des choses et des gens.

Comme ce n'était pas au programme, Freinet faisait scandale en demandant à ses élèves d'observer le travail des artisans du village ou en les initiant à diverses activités pré-professionnelles pendant les heures de classe.

Maintenant qu'au contraire de telles initiatives se généralisent et s'inscrivent dans une politique d'orientation continue, elles ne suffisent pourtant pas à tout expliquer de cette propension nouvelle à mettre en parallèle sa propre situation professionnelle avec d'autres, et cela parfois bien après les incertitudes naturelles de la jeunesse. Elles ne font qu'en développer le goût et en donner l'habitude, ce qui n'est pas négligeable. Mais leur influence passagère est sans commune mesure avec celle plus continue des mass media, surtout quand ils font appel comme la télévision et le cinéma aux moyens audiovisuels. Rien ne remplace en effet l'observation directe et seule l'image est capable de donner de la réalité une représentation exacte à tous ceux dont les mécanismes conceptuels ne sont pas assez développés (ce qui est encore le cas du plus grand nombre). S'il peut être irritant d'apprendre par la lecture ou le récit que certains ont une vie professionnelle plus exaltante que d'autres, il est parfois presque impossible de continuer à tolérer d'un cœur léger la monotonie ou l'ingratitude de son propre travail, quand chaque soir la télévision vous fait rentrer de plain-pied dans l'existence autrement passionnante de quelques privilégiés.

Dans la première hypothèse l'information, lue ou entendue, se dilue vite en effet dans le flot des différents messages recueillis en vrac au cours de la journée, si un effort particulier n'est pas fait pour en apprécier le contenu exact et en fixer un souvenir élaboré. Elle n'est vraiment comprise et assimilée que par ceux qui l'attendaient et étaient déjà prêts à la méditer.

Dans la seconde au contraire, aucun effort particulier d'attention n'est nécessaire. L'image se fixe dans la mémoire et devient élément permanent de réflexion et de référence, quels que soient l'état de réceptivité et l'intérêt préalable du spectateur et cela d'autant plus qu'elle est répétée.

Souvent désarmés vis-à-vis de ce qui peut paraître dans certains cas un véritable viol des personnalités et une agression dirigée contre le libre arbitre des plus faibles, beaucoup en arrivent ainsi à confondre peu à peu l'existence qu'ils vivent dans la journée et celle qu'ils voient vivre le soir devant leurs écrans. Cela pourrait être l'occasion de s'évader et de se reposer si notre civilisation audio-visuelle avait la sagesse et la prudence de mieux contrôler son véritable pouvoir de conditionnement des esprits, et si elle s'essayait à divertir ou à informer sans en même temps alimenter trop de parallélismes frustrants ou de rêves utopiques. Peut-être est-ce impossible et faut-il dès maintenant tirer toutes les conclusions du phénomène moderne que constitue la soudaine primauté de l'image sur l'écriture, en s'essayant à mieux y adapter les mentalités par un bouleversement radical de méthodes éducatives encore aujourd'hui incapables de développer un sens critique pourtant de plus en plus nécessaire. Il ne semble pas qu'une telle révolution soit pour demain, car elle risquerait probablement d'enlever beaucoup de crédibilité et donc d'efficacité à des techniques qui, telle la télévision, constituent pour certains pouvoirs un incomparable instrument de conditionnement et de manipulation de l'opinion publique.

Serait-il malgré tout si déraisonnable d'attendre dès maintenant de ces mass media un peu plus d'objectivité et un peu moins de maladresse chaque fois que leur audience peut avoir une influence sur la représentation que jeunes et vieux se font de la société, et des chances qu'ils conservent d'y voir satisfaire leurs attentes personnelles ? Peut-être leur suffirait-il simplement de s'interdire de trop céder à la tentation de mélanger fiction et réalité sous prétexte de faire plus vrai ou de mieux retenir l'attention ?

Il est certain que l'exceptionnel a toujours plus d'attrait que le banal et le quotidien, mais ce n'est pas une raison pour systématiquement négliger la susceptibilité particulière des jeunes trop inquiets de leur avenir ou de leurs aînés trop las de leur présent. Beaucoup d'émissions qui se voudraient enrichissantes ou divertissantes ne sont en effet pas toujours perçues comme telles par ces deux catégories de spectateurs, particulièrement attentifs à tout ce qui touche aux professions et au travail.

C'est le cas par exemple de toutes celles qui, au hasard d'une intrigue romanesque ou d'un reportage, font découvrir des métiers et des modes de vie jusque-là inconnus et qui sans elles le seraient probablement toujours restés. Il est certain qu'elles aident parfois à la maturation et à l'orientation professionnelle des adolescents en leur donnant une meilleure connaissance de la vie active et en élargissant l'éventail de leurs futures options. Il peut leur arriver aussi de corriger chez ces futurs travailleurs et même chez leurs aînés une vision trop pessimiste de la société industrielle moderne, en leur montrant qu'il est encore souvent possible de trouver dans l'activité de travail plus qu'un simple moyen de réussir en gagnant de l'argent. La comparaison qui ne manque pas alors de s'établir à cette occasion, entre le statut personnel des spectateurs les plus intéressés et ceux, étrangers, qui leur sont présentés sur les écrans, ne peut qu'être féconde et sécurisante chaque fois qu'elle éveille une curiosité, rassure ou donne espoir, c'est-à-dire en fait chaque fois qu'elle se fait entre des situations comparables.

Elle ne l'est plus et risque au contraire d'être frustrante chaque fois que l'écart est trop grand entre ce qui est vu en images et ce qui est vécu personnellement, et qu'en même temps il ne l'est pas assez pour interdire tout parallèle raisonnable.

N'est-ce pas ce qui arrive le plus souvent quand les réalisateurs, plus soucieux d'originalité que de vérité, font pénétrer dans l'intimité de destins rares ou enviables, en n'en montrant que les aspects les plus attrayants et en laissant soigneusement dans l'ombre ce qui pourrait en ternir le brillant ?

Peu à peu se forge ainsi une connaissance encore plus fausse et mythique que celle qu'élaboraient à travers leurs seules lectures les générations précédentes. Alors qu'il était facile hier, avec un peu de sens critique, de faire la part exacte entre le réel et l'imaginaire, cela ne l'est plus, même pour des adultes avertis, et chacun de nous se surprend aujourd'hui à rêver au sujet de professions qu'il connaît pourtant fort bien.

Quant aux adolescents, plongés trop tôt dans ce bain de représentations dénaturées et incapables de les analyser avec assez de recul et de sagesse, comment pourraient-ils ne pas confondre à tout coup l'illusion et la réalité ?

Dans l'appréciation du travail et des responsabilités professionnelles d'autrui, cette confusion menace d'ailleurs aussi tous ceux qu'une insuffisance de culture ou d'intelligence laisse de la même manière sans défense, c'est-à-dire tous ceux qui, justement ont le plus de chances d'être insatisfaits de leurs propres conditions de travail. C'est assumer déjà une lourde responsabilité que tout faire découvrir du monde à des millions d'individus, dont certains sont parfois mal préparés à cet élargissement subit de leur horizon personnel, ne serait-ce que parce que le sentiment lancinant qu'ils ont de l'insécurité ou de la médiocrité de leur propre situation les pousse à tout y rapporter.

Mais c'est sûrement la trahir qu'obliger, sous prétexte de vouloir les divertir à n'importe quel prix, ces jeunes incertains de leur future orientation ou ces travailleurs plus âgés conscients de la pauvreté de leur sort et de leurs chances de réussite, à ne trouver dans ce savoir nouveau qu'occasion de découragement.

Serait-il si difficile de ne pas obliger la grande majorité des spectateurs à toujours se comparer à des modèles inaccessibles ou à des stéréotypes sociaux dont l'invraisemblance n'apparaît qu'à ceux qui, n'ayant rien à apprendre des milieux évoqués, restent insensibles à la fiction et n'y conforment pas leurs attentes ou leurs rancœurs ?

On ne peut attendre évidemment du cinéma ou de la télévision qu'ils sacrifient systématiquement le romanesque à l'information objective et qu'ils se privent ainsi du pouvoir de mieux retenir l'attention en étonnant ou en caricaturant. Il est peut-être bon aussi, comme le pensent certains responsables, que ces moyens audio-visuels modernes s'attachent plus à distraire et à réjouir qu'à instruire ou à donner de la société une image trop sombre, ne serait-ce que pour changer les idées et apaiser ainsi les éventuelles conséquences d'un excès de morosité ou même de lucidité.

Encore ne faudrait-il pas oublier qu'à trop exagérer dans cette voie, le risque n'est pas négligeable de voir subitement s'inverser les effets de cette politique euphorisante. Arrive toujours un moment, quels que soient la mise en condition des mentalités et l'aveuglement du sens critique, où il devient d'autant plus insupportable de se contenter d'une existence trop grise qu'une représentation trop rose du monde environnant est imposée. Le réveil est alors brutal.

Sans vouloir tout changer de ses habitudes, pourquoi la télévision par exemple ne s'essaierait-elle donc pas plus souvent à montrer la vie telle qu'elle est, et telle qu'elle est vécue par le plus grand nombre ?

Il n'est pas indispensable d'appartenir à une petite minorité d'aventuriers ou de privilégiés pour trouver encore dans son existence quotidienne, familiale ou professionnelle, matière à beaucoup de joies et de satisfactions. Chaque fois que des feuilletons aux USA ou en France ont cherché à faire participer sur les écrans à l'intimité d'Américains ou de Français « moyens » sans céder à la facilité du populisme ou du mélo, ils ont eu plus de succès que n'importe quelle autre émission. A condition d'être encore plus scrupuleux que dans d'autres réalisations et de ne pas vouloir à nouveau, à tout prix, rassurer ou rendre optimiste, ce n'est pas forcément prendre le risque d'ennuyer que faire de milieux modestes le cadre d'une intrigue ou d'un reportage.

Puisque notre civilisation de l'image entraîne à toujours plus se comparer, il n'est pas mauvais que soit parfois offerte l'occasion de regarder juste au niveau de son propre champ d'attente et de réalisations plutôt que d'être toujours obligé, pour se situer exactement, de se référer à des critères hors de portée.

L'intérêt pour des tâches personnelles devenues peu à peu lassantes peut renaître quand le talent d'un réalisateur redonne du sel à la représentation romanesque ou non de travaux comparables. On ne se voit bien parfois qu'en étant en mesure de s'observer du dehors. Il peut être réconfortant ainsi, même quand son propre destin professionnel paraît figé, d'apprendre qu'il serait aisé, le cas échéant, d'en changer pour un autre autant ou plus intéressant, car c'est se sentir libre que savoir qu'il existe une possibilité de s'évader. Les jeunes sont particulièrement sensibles au sentiment d'être enfermés pour toute leur vie dans un même cadre étroit. Ne serait-ce pas aider à leur orientation et en même temps les sécuriser que leur présenter mieux et plus souvent la diversité et la qualité de tous les avenirs qui continueraient à leur rester offerts si leurs choix initiaux se révélaient mauvais ? Aussi regrettable que cela puisse paraître au plan de la morale, il est certain par ailleurs qu'il est parfois salutaire au plan de la simple hygiène mentale de se consoler de ses propres insatisfactions en les mettant en parallèle avec les échecs ou les malheurs de plus infortunés que soi. Puisque comparaison il y a, qu'elle s'établisse au moins dans les deux sens, vers le bas comme vers le haut, et qu'un sentiment fugitif de supériorité vienne parfois compenser celui trop habituel d'infériorité.

Tout concourt en effet à persuader la majorité de nos contemporains de leur échec social et de leur impuissance à y remédier, puisqu'en même temps que leur sont sans cesse imposés l'image et l'exemple de réussites aussi enviables qu'exceptionnelles, il leur est de plus en plus souvent affirmé que de tels destins sont à la portée de chacun au prix de minimes efforts ou d'un heureux concours de circonstances.

Pour corriger ou dissimuler l'inégalité des chances et éventuellement pour lutter contre les difficultés du marché de l'emploi, un tel effort d'information et surtout de propagande est fait en matière d'orientation professionnelle ou de formation permanente que seuls les plus stupides ou les plus maladroits paraissent aujourd'hui voués à des métiers sans gloire et des statuts sociaux déshérités.

A en croire la plupart des émissions politiques ou dites « d'information professionnelle », chacun pourrait prétendre dès sa naissance aux carrières les plus nobles, et chaque travailleur, grâce à des recyclages et des cours du soir, aurait dans sa musette un brevet d'ingénieur et pourquoi pas un mandat de président-directeur général. Il y a loin de la coupe aux lèvres, mais cet autre matraquage n'est pas fait non plus pour valoriser l'image que se font d'eux-mêmes tous ceux, et ils sont la masse, qui ne pouvant échapper à leurs déterminismes, sont condamnés à jamais à leur condition du moment.

Quels que soient les efforts faits pour favoriser la mobilité sociale, il est certain que les structures du marché du travail ne permettront jamais de toute façon qu'à une minorité de jeunes et de travailleurs de profiter de réelles chances de promotion dans l'étroite pyramide des postes et des emplois. Par peur de décourager ou pour continuer à ne montrer que la façade souriante de nos sociétés, cet aspect quantitatif de ce qui n'est qu'une compétition est presque toujours passé sous silence. Peu à peu, les victimes de cet état de choses en arrivent ainsi à se croire seules responsables, dans la mesure où l'inégalité dont ils souffrent est présentée comme la conséquence de la seule insuffisance ou de la seule maladresse.

Quand ils hésitent à aller jusque-là dans l'autocritique et l'autoculpabilisation, leurs parents ou leurs épouses ne s'en privent pas, et cette mise en accusation par leurs proches, explicite ou non, n'est pas faite non plus pour les amener à considérer d'un œil indulgent une activité de travail qui les rebute d'autant plus qu'elle commence à leur faire honte et qu'elle est l'occasion de procès familiaux.

Pour échapper à ce sentiment de dévalorisation ou conserver malgré tout un peu d'espoir, force leur est d'accuser la malchance et d'attendre du hasard la solution de leurs problèmes.

Et à nouveau les mass media les encouragent dans cette autre représentation mensongère du monde et de ses réalités. A les croire, le monde actuel serait en effet devenu le terrain d'expériences privilégié de fées, toutes plus bienfaisantes les unes que les autres, occupées à longueur de journée à transformer d'un coup de baguette magique des bataillons de Cendrillon en régiments de princesses.

Des acteurs, des chanteurs, des sportifs professionnels, la veille encore inconnus, se retrouvent ainsi le lendemain vedettes adulées par la grâce d'un seul film, d'une seule chanson ou d'un seul match, ou simplement parce que le hasard a fait braquer sur eux les projecteurs de l'actualité.

Le « show business » n'a d'ailleurs pas le monopole de ces réussites miraculeuses et dans toutes les autres professions, pour une miette de talent, affichée au bon moment et si possible pimentée de scandale, quelques individus, en faisant taire leurs scrupules, peuvent aussi espérer atteindre à la célébrité et à la fortune en quelques heures.

Il arrive que ces succès couronnent un long travail obscur dont ils sont la légitime récompense. C'est rare, et de toute façon cette explication, parce qu'elle paraîtrait trop logique pour mériter attention, est soigneusement passée sous silence.

En fait, toute une presse s'est spécialisée dans la relation de ces miracles des temps modernes, faits de réussites financières exceptionnelles et de promotions ultra-rapides. Pour maintenir ses ventes il lui faut d'ailleurs cultiver systématiquement l'exceptionnel et le cas échéant créer l'événement pour pouvoir le relater.

Ses intérêts financiers rejoignent alors ceux des producteurs, des maisons d'édition ou des « matchmakers » qui ont impérativement besoin eux aussi de créer chaque jour de nouvelles étoiles pour créer de nouveaux marchés, pour faire vendre plus de disques ou pour augmenter la fréquentation de leurs salles de spectacle.

Il est bien rare aussi que cette recherche de profits n'inspire pas la publicité apparemment gratuite faite à des personnages donc l'activité semble *a priori* étrangère à toute préoccupation commerciale. C'est augmenter à coup sûr le tirage des journaux que présenter comme un événement exceptionnel l'apparition d'un nouvel écrivain ou d'un nouveau chercheur au firmament de la littérature ou de la science, mais c'est aussi souvent préparer longtemps à l'avance le lancement d'un livre ou d'une nouvelle gamme de médicaments ou de produits.

Cela, la plupart de ceux dont on flatte ainsi le goût du merveilleux ne le savent pas. Pour le lecteur ou le spectateur moyen, seul compte le fait que du jour au lendemain, n'importe qui ou presque peut prétendre, grâce au hasard, à une réussite exceptionnelle, que le travail, l'intelligence ou le talent ne peuvent jamais procurer à coup sûr. Comment ne pas penser alors « pourquoi eux et pourquoi pas moi ? » et ne pas en conclure qu'il est préférable d'attendre qu'elle passe devant soi pour saisir la chance, plutôt que de se fatiguer à courir après elle ? Cette attitude naïve ou simpliste peut paraître naturelle quand elle est celle d'esprits adolescents trop proches encore de l'enfance pour ne pas continuer à accorder une importance exagérée au merveilleux. Il est facile alors d'en sourire en attendant qu'elle se dissipe au fil des ans. Mais que penser alors de l'intérêt croissant porté par les adultes aux jeux de hasard ou aux promesses de leurs horoscopes quotidiens ?

Il existe aujourd'hui en France plus de devins et de thaumaturges que de médecins, et la vente des talismans et des gris-gris s'y développe encore plus vite que celle des spécialités pharmaceutiques.

Une telle revanche de la pensée magique sur la pensée logique reflète évidemment l'angoisse naturelle de beaucoup de nos contemporains, que commencent à inquiéter les conséquences d'un progrès scientifique mal contrôlé, et que laissent désarmés la faillite des systèmes de croyance traditionnels. Est-il pour autant indispensable de faire si souvent appel au surnaturel pour l'apaiser ? Renan écrivait du XXe siècle qu' « il serait métaphysique ou ne serait pas », il ne pensait sûrement pas que la contribution des mass media à cette inquiétude spirituelle se limiterait à magnifier le hasard et à désacraliser la persévérance et l'effort. Il est vrai que certains auteurs scientifiques modernes, et non des moindres, arrivent à peu près aux mêmes conclusions en mélangeant abusivement la biologie et la philosophie.

Le futur chimérique.

Ce n'est pas seulement en proposant trop de modèles de réussite mensongers et frustrants que les moyens d'information modernes aident à dénaturer la signification accordée jusqu'ici au concept de travail. Leur influence commence en effet à s'exercer dans le même sens chaque fois que la représentation qu'ils suggèrent de nos sociétés futures tend plus ou moins volontairement à y minimiser la place qui sera réservée à l'activité même de travail.

Cinquante ans de conquêtes sociales et de progrès technologiques ont déjà commencé à la restreindre. Même si les Français continuent à être parmi les travailleurs occidentaux ceux qui consacrent le plus de temps à l'exercice de leur métier, il est évident qu'en ce domaine leur sort n'a déjà plus rien de comparable avec celui de leurs parents. Congés payés, semaines de cinq jours, avancements de l'âge de la retraite, et allongement de la scolarité, font que la part de vie laborieuse a considérablement décru au profit de celles consacrées aux activités dites naturelles (repas, sommeil, etc.) et aux loisirs. Dès maintenant la journée est souvent pensée en fonction des heures de détente de la soirée, la semaine en fonction des week-ends, l'année en fonction des vacances, et la profession en fonction de la retraite. A partir du moment où l'existence se partage ainsi entre un temps de travail de plus en plus rétréci et un temps libre de plus en plus large, il est normal qu'une semblable redistribution intervienne au niveau des intérêts et des attentes et que le travail pâtisse de ce que gagne tout le reste.

Plus le métier est perçu comme ingrat et plus il est tentant de s'en détacher affectivement, surtout quand au-delà de la simple perspective de satisfactions étrangères à l'univers professionnel, en sont aussi offertes l'occasion, le temps et les moyens.

Pour beaucoup, le travail n'est déjà plus qu'une simple contribution due à la société qu'il est permis de payer en heures de présence sans rien y ajouter d'autre de soi. Peut-être est-ce un bien, quand les tâches imposées par la nécessité économique sont de toute évidence incapables d'apporter la moindre chance d'enrichissement personnel. Peut-être est-ce parfois un mal, quand le parallélisme maintenant autorisé entre le temps de travail et le temps rendu vacant fait naître un même scepticisme chez ceux qui au contraire pourraient encore trouver dans leur labeur quotidien ce qu'y trouvaient leurs aînés incapables d'une semblable comparaison.

Là aussi les mass media jouent un rôle non négligeable en développant la connaissance et l'appétit d'une foule d'activités, capables de rivaliser avec celle de travail, à partir du moment où il est permis d'y consacrer plus que quelques instants fugitifs.

Autant il est facile de les critiquer quand ils déforment comme à plaisir l'image réelle de la réalité sociale, autant cela l'est moins quand ils donnent aux plus défavorisés le goût de trouver ailleurs les raisons et les moyens de pallier leur infériorité professionnelle.

Mais comment empêcher que leurs messages n'influencent aussi bien ceux qui n'ont aucune véritable raison de se détourner de leur travail que ceux pour qui un tel transfert d'intérêt est presque indispensable ?

Chacun est libre d'écouter ou de regarder ce qui lui plaît et d'en tirer les leçons qu'il veut. C'est bien pourquoi d'ailleurs jeunes et moins jeunes ne réagissent pas toujours de la même manière aux représentations qui leur sont proposées de l'avenir.

Parce qu'ils ont été bercés depuis des années de promesses en tout genre, presque jamais tenues, les adultes ont tendance aujourd'hui à faire preuve de scepticisme chaque fois que leur est donnée du monde de demain une image trop enthousiaste. Ils veulent bien croire à l'avancement des sciences mais il est rare qu'ils en attendent beaucoup plus que quelques satisfactions matérielles, capables au mieux d'en compenser les conséquences les plus inquiétantes, telles que la pollution ou le danger atomique. Quand on leur évoque la perspective de sociétés futures harmonieuses où chacun travaillerait juste ce qu'il faut pour s'assurer un mode de vie enviable, ils sourient ou s'empressent d'affirmer qu'ils sont trop vieux pour espérer en profiter un jour et que ce sont là prophéties pour leurs lointains descendants. Leurs ambitions se limitent à la conquête de quelques avantages immédiats, tels l'avancement de l'âge de la retraite, ou la semaine de quatre jours, et, plus réformistes que révolutionnaires, ils préfèrent, quelles que soient leurs options politiques, obtenir un peu aujourd'hui plutôt qu'attendre beaucoup de demain. C'est peut-être un peu égoïste, mais à tout prendre fort raisonnable.

L'attitude des jeunes est fort différente, parce qu'ils n'ont pas encore eu beaucoup d'occasions de se sentir floués par un progrès que leur éducation et leur information leur présentent comme infaillible, et surtout parce que croyant encore avoir tout l'avenir devant eux, ils ne sentent pas leurs attentes limitées par le temps. Avides de nouveauté, ils en arrivent ainsi à facilement confondre les promesses lointaines de la science avec ses résultats immédiats et, parce qu'ils sont eux-mêmes en projet, ils choisissent tout naturellement pour inscrire leur propre devenir, les plus agréables et les plus utopiques de toutes les perspectives qui leur sont présentées. Le choix en est large, car la presse, le cinéma et la télévision, par goût du sensationnel, font rarement la part exacte en ce domaine entre le probable et le possible, entre la prospective logique et l'extrapolation hasardeuse. Quand les futurologues sérieux hésitent à prédire ce que pourrait être dans trente ans la place du travail dans la société, les mass media ne s'embarrassent pas des mêmes scrupules pour annoncer à brève échéance l'avènement d'une société de loisirs dans laquelle la machine aura partout supplanté les travailleurs.

Le fait que les économistes estiment en général cette éventualité fort improbable, tout au moins à court et à moyen terme, n'empêche pas certains jeunes d'y accorder une confiance excessive et d'y conformer dès maintenant leur orientation professionnelle et leur stratégie sociale. Interrogés par des enquêteurs du Centre d'études de l'emploi sur ce que serait leur vie à 40 ans, plus de la moitié d'un large échantillon de jeunes de 16 ans, choisis comme représentatifs de tous les milieux d'appartenance et de tous les niveaux de formation, ont ainsi répondu récemment qu'ils ne pensaient pas être appelés à consacrer alors plus de vingt heures par semaine à une quelconque activité de travail. Les autres faisaient état d'horaires hebdomadaires d'environ trente heures et aucun ou presque n'envisageait des horaires comparables à ceux d'aujourd'hui.

Comment s'étonner dans ces conditions que la grande majorité de leurs camarades du même âge, victimes des mêmes illusions, se refusent à continuer d'attacher beaucoup de prix et d'importance à une activité qui, compte tenu de la retraite, n'occupera au mieux ou au pire qu'un dixième de leur vie future ?

Il leur faudra bien pourtant prendre un jour conscience de l'invraisemblance de telles attentes. La déception qui en naîtra ne fera alors que s'ajouter à toutes celles qu'entraîne déjà aujourd'hui la découverte effective du monde du travail.

A nouveau convaincus de ne pouvoir satisfaire la plénitude des rêves trop complaisamment proposés à leur imagination, ils risquent d'en tomber encore plus irréversiblement d'un excès d'enthousiasme à un excès de pessimisme.

C'est commencer sa vie sous de fâcheux auspices. Peut-être serait-il bien que ceux qui ont à définir l'orientation et la politique des moyens d'information modernes pensent un peu plus souvent à cet aspect non négligeable de leurs responsabilités, en s'attachant à donner du futur une image un peu moins « science-fiction ». Orson Welles persuadant sur les ondes tous les Américains de l'imminence d'un débarquement sur terre des Martiens avait créé une panique mémorable. Avec beaucoup moins de génie et d'humour, certains de ses disciples semblent aujourd'hui n'avoir rien retenu des leçons de cet incident pourtant si révélateur de la crédulité humaine.

7

Travail, morale et politique

Le progrès, qu'il intéresse le développement des individus, les techniques de travail ou les moyens d'information, n'aurait pas non plus une telle action sur les mentalités et les idéologies s'il ne s'accompagnait pas d'un bouleversement presque total des systèmes traditionnels de valeur. Ne fait-il que seulement l'accompagner ou n'en est-il pas plutôt l'unique responsable ?

Il ne se traduirait pas en particulier par une telle désaffection à l'égard du contenu des métiers si toutes les idées qui hier encore survalorisaient l'activité de travail ne commençaient à perdre beaucoup de leur influence, et si ceux qui sont les plus sensibles à ses effets n'étaient pas en même temps ceux qui du fait de leur âge ou de leur statut culturel se trouvent aujourd'hui les plus désarmés au plan de la réflexion et de la morale.

La plupart des réactions que nous nous sommes efforcé d'analyser dans les chapitres précédents, qu'il s'agisse de généralisations abusives en matière de parcellisation des tâches ou de susceptibilités exagérées devant l'étalage insistant de réussites exceptionnelles, sont évidemment en général le fait d'esprits immatures, simples et candides. C'est d'ailleurs peut-être pourquoi elles semblent si systématiquement ignorées de tous ceux qui se flattent d'avoir une vision moins subjective de notre société, et qui se refusent à admettre que pour la grande majorité de nos contemporains, ce qui est perçu et appris par l'image tend à bénéficier de plus de crédit que ce qui est réellement. Mais à quelle vérité les mal informés et les crédules pourraient-ils se référer pour corriger leurs représentations déformées quand les mass media sont en même temps si maladroits à concilier leur soumission au progrès et leur volonté de respecter certaines ambitions plus nobles ?

L'ambiguïté de leur message ne fait que refléter un désarroi plus général qui, dans tous les domaines et sur tous les plans, commence à priver nos contemporains des certitudes morales nécessaires au dépassement des contradictions toujours plus sévères qui opposent les valeurs vécues à celles enseignées.

A l'exception de quelques rares communautés structurées par une foi sévère ou tenues à l'écart de tout apport extérieur de biens ou d'idées, ce divorce entre la vie de tous les jours et la Loi a toujours plus ou moins existé.

Comment aurait-il pu en être autrement quand l'intérêt supérieur de la collectivité, sur quoi se fondent la plupart des règles et des préceptes, s'oppose si naturellement à celui des personnes ?

Plus les sociétés sont devenues compliquées et donc contraignantes et plus leurs membres ont été obligés, simplement pour survivre en tant qu'individus, d'adapter leurs comportements quotidiens à une dualité d'impératifs contraires. Une telle adaptation n'était possible évidemment qu'à condition de recourir à des compromis et que ces compromis ne remettent pas en cause le principal des intérêts en opposition. C'était là équilibre fragile, sans cesse menacé par une soumission trop aveugle au bien commun ou par l'égoïsme et l'hypocrisie, mais les habitudes culturelles propres à notre civilisation occidentale y aidaient en tempérant l'absolu des options morales fondamentales d'une grande indulgence à l'égard des choix quotidiens.

Au plan individuel, l'Eglise, en particulier, y contribuait fort habilement en opposant les fautes vénielles aux péchés capitaux, en consolant des frustrations terrestres par la promesse de joies célestes, et surtout en offrant le recours catharsique de la confession à ceux qui ne pouvaient supporter, sans risques névrotiques, l'ambivalence de ces situations. Quelques crises d'autorégulation politique, en paraissant empêcher que l'intérêt d'un groupe prédominant ne se substitue trop longtemps à l'intérêt général, concouraient de leur côté à préserver au plan social les structures principales. Pour que se perpétue cette harmonie il suffisait alors que l'héritage s'en transmette de génération en génération par la culture et l'éducation, sans que rien ne vienne déranger le délicat ajustement ainsi réalisé. C'était facile, tant que les attentes personnelles du plus grand nombre restaient à peu près inchangées et tant qu'un consensus se dégageait pour continuer à imposer à tous la même échelle de valeurs.

Cet ordre n'était d'ailleurs pas figé. Sous la pression des changements économiques et à l'initiative de quelques individualités déviantes et novatrices, une véritable relation dialectique ne cessait d'intervenir entre l'évolution des modèles de pensée et de comportement, et celle des opinions et des mœurs. Ce lent processus d'adaptation au possible et au souhaitable n'en menaçait jamais d'ailleurs l'efficacité. En donnant la sanction de l'historicité à certaines valeurs intangibles, au détriment d'autres sujettes à révision, il témoignait en effet de leur pérennité, et les protégeant ainsi de toute contestation pouvait encore plus facilement asseoir sur elles l'ensemble du système.

Ce fut en particulier la situation de choix réservée à la valeur Travail.

Plus nos sociétés semblaient tendre vers l'altruisme, la liberté ou l'égalité, et plus l'obligation de travailler s'inscrivait dans les idéologies jusqu'à paraître consubstantielle à la nature humaine. Plus l'homme, aussi, grâce à son labeur, élargissait son emprise sur la matière et la nature et plus il lui était imposé de ne pas relâcher son effort, comme si ce labeur devenait à la fois son unique raison d'être et le seul principe organisateur de vie sociale.

La pensée chrétienne.

L'évolution de l'enseignement de l'Eglise est à cet égard pleine d'intérêt, car elle traduit bien le long glissement qui a peu à peu transformé le sens initialement spirituel reconnu au travail en une perspective de plus en plus économique, liée aux transformations socio-culturelles des sociétés.

Trois aspects peuvent très schématiquement en être soulignés, qui ont successivement prévalu, sans jamais pourtant se substituer complètement l'un à l'autre. Encore aujourd'hui, beaucoup de l'ambiguïté des pensées catholiques ou protestantes en la matière s'explique par les manières différentes que certains ont d'en apprécier l'importance respective.

Le premier, celui du *christianisme primitif*, peut être résumé par la déclaration sans ambages de Paul de Tarse « que celui qui ne travaille pas, ne mange pas ». Elle s'inscrivait dans le droit fil de l'Ancien Testament, qui avait fait du travail imposé à l'homme la sanction d'une malédiction divine et la condition indispensable au rachat du péché originel.

« C'est avec effort que tu tireras nourriture de la terre. » « C'est à la sueur de ton visage que tu mangeras ton pain » (Genèse, ch. III). Ces commandements avaient été peu à peu négligés par le Deutéronome et les derniers prophètes.

Les rappeler avec force, c'était mettre le droit de son côté dans la lutte à mener contre l'égoïsme économique des pharisiens et la protection abusive qu'accordait au négoce et à l'usure le Grand Sanhédrin.

Mais c'était aussi et surtout pour les compagnons de Jésus et ceux auxquels ils s'adressaient, s'affirmer. Il ne faut pas oublier en effet que les premiers chrétiens se recrutèrent d'abord parmi les artisans et les compagnons qualifiés, c'est-à-dire parmi les habitants des bourgades et des villes qui, ayant déjà l'expérience et le respect du travail libre et créateur, souffraient de n'occuper pourtant dans la hiérarchie sociale qu'une place très inférieure à celle des exploitants agricoles et des commerçants.

Le succès rapide du christianisme, sur tout le pourtour de la Méditerranée, s'explique ainsi par l'accroissement dans les villes qui s'y développaient, d'une population nouvelle de travailleurs impatients de se voir reconnaître le statut que lui refusaient les structures et les coutumes des anciennes sociétés gréco-romaines. Valoriser le travail, c'était pour elle concilier ses aspirations religieuses et sa recherche de dignité. C'était se voir attribuer un rôle social au moins égal à celui des autres classes, puisque la notion d'effort et de souffrance l'emportait sur celle de profession et prestige.

Pour la première fois aussi, les femmes, dans cette perspective, se retrouvaient les égales des hommes, puisque leurs humbles tâches domestiques devenaient aussi respectables que celles de leurs époux. De là probablement la part si grande qu'elles prirent à la propagation de cette nouvelle foi.

Mais il n'est pas interdit de penser qu'en réactualisant le vieux message biblique, le visionnaire du Chemin de Damas qui n'était pas, lui, un travailleur manuel, cherchait peut-être en même temps à compenser, par un rappel de l'égalité des devoirs, les effets économiques que risquait d'avoir l'accession des esclaves à l'égalité des droits. S'il devenait juste de reconnaître avec le Christ la même qualité à tous les hommes, et cela quels que fussent leur naissance ou leur état, il paraissait déjà dangereux que ceux qui avaient jusque-là le monopole des tâches ingrates puissent pour autant se croire autorisés à les abandonner.

Le nouveau sens accordé à l'effort laborieux ne pouvait que les aider à le supporter avec plus de patience.

D'abord facteur d'égalité et de dignité, le travail devenait ainsi instrument de rédemption, et donc de consolation, à mesure que la dimension égalitariste des paroles de Jésus était oubliée et qu'il était fait une différence toujours plus grande entre l'égalité de nature et l'égalité sociale, entre l'égalité spirituelle des âmes et l'égalité temporelle des corps souffrants.

Cette opposition ne devait pas cesser de s'aggraver, mais elle prit toute son importance avec *l'édification des sociétés féodales* et l'apparition en leur sein du premier système moderne de classes.

A partir de ce moment, l'Eglise officielle parut plus soucieuse de légitimer cette structuration, et avec elle les divers statuts et attentes y afférant, que de s'en tenir à l'esprit du message évangélique. Cette rupture avec la pensée chrétienne primitive est intervenue d'autant plus aisément que la tradition orale s'estompait et que la décision d'imposer le latin comme langue rituelle interdisait au plus grand nombre de prendre exactement conscience de la dénaturation des textes invoqués pour la justifier. En fait, chacun d'ailleurs était prêt à accepter une définition chrétienne du travail qui ne fût plus aussi univoque que celle de la Bible. A une époque où les seules références morales étaient religieuses, chaque groupe social attendait en effet de la religion commune qu'elle définisse ou reflète ses motivations propres, mais surtout qu'elle les singularise.

Dans cette habituelle relation dialectique, l'inégalité sociale devenait à la fois cause et effet, à mesure que pour certains le travail cessait d'être une fin pour devenir moyen. Comme l'a souligné Max Weber dans sa sociologie des religions, les différentes classes sociales n'attendent jamais en effet la même chose de la religion. Les classes privilégiées lui demandent de légitimer leur rang, leur statut et leur manière de vivre. Les classes défavorisées y cherchent le salut, c'est-à-dire la promesse d'une compensation future à leur sort misérable dans une « hiérarchie de rang et de mérite, différente de celle qui règne en ce monde ». L'homme heureux, riche ou puissant veut « avoir le droit à son bonheur, c'est-à-dire avoir conscience de l'avoir mérité ». L'homme malheureux, pauvre et faible ne peut supporter son malheur que « s'il sait être un jour délivré de sa souffrance ».

Ce souci de confort moral explique pourquoi la noblesse et le clergé, dès qu'ils virent confirmé par l'usage le rang que leur avaient conquis initialement l'épée ou l'exégèse des textes sacrés, ne purent sous peine de se désavouer eux-mêmes — eux qui ne travaillaient plus — continuer à accorder à la valeur travail sa primauté ancienne. Il leur fallut à la fois ne pas cesser d'en imposer le respect aux autres, pour que subsistassent économiquement les sociétés qu'ils dominaient et en même temps survaloriser les activités où ils étaient les mieux à même de prouver leur propre mérite. A une époque marquée par la violence et par un presque total désintérêt pour les problèmes intellectuels, la défense de l'Ordre et de la Foi en constituait le meilleur cadre. Aux vertus des humbles recommencèrent à s'opposer celles des puissants. L'honneur et la charité l'emportèrent peu à peu sur la soumission et le travail, puisque celui qui protégeait ne pouvait que dominer celui qui était protégé.

A ceux qui n'avaient plus ni dignité ni liberté restait la perspective des consolations célestes. Plus ils travaillaient et souffraient, et plus ils se promettaient pour l'Au-delà un sort enviable.

Mais déjà l'enseignement des cisterciens et des bénédictins d'une part, et d'autre part l'idéologie naissante des corporations, commençaient à donner un nouveau sens à cette souffrance en la transformant en ascèse et en motif de fierté.

Le même souci de rationalisation morale qui obligeait leurs seigneurs ou leurs prêtres à prouver leur supériorité dans les croisades, la chevalerie ou la diversité des rites liturgiques, amena en effet les artisans et les commerçants à refuser leur infériorité de fait, en acceptant et même en recherchant ce qui leur était imposé, et ainsi à transformer les contraintes en vocations.

C'est encore Max Weber qui, dans l'*Ethique protestante et l'esprit du capitalisme,* a montré comment une certaine conception chrétienne du travail, conçue d'abord comme un retour à la pensée primitive, a pu se pervertir peu à peu jusqu'à légitimer après le principe de domination celui de profit.

Au début de son activité de réformateur, Luther avait simplement voulu prendre le contre-pied de ce qui, dans la doctrine catholique de son temps et en particulier dans le thomisme, lui paraissait contraire au dogme ; saint Thomas pour maintenir la valeur morale de la contemplation, et pour justifier les statuts des moines, avait cru pouvoir affirmer que l'obligation de travailler énoncée par saint Paul s'adressait à l'espèce humaine tout entière et non à chaque individu en particulier. Pour Luther au contraire, « l'unique moyen de vivre d'une manière agréable à Dieu n'était pas de dépasser la morale de la vie séculière par l'ascèse monastique, mais exclusivement d'accomplir dans le monde les devoirs correspondant à la place que l'existence a assignée à l'individu dans la société, devoirs qui deviennent ainsi sa vocation *(Beruf)* ».

A nouveau chacun devait travailler, mais cette fois c'était l'exercice même de la profession à laquelle on avait été appelé qui devenait important, et non plus l'activité de travail en soi. La nuance peut paraître minime, c'est elle pourtant qui explique que peu à peu la pensée protestante, puis la pensée chrétienne presque tout entière, se soient mises à cautionner l'exploitation du travail du plus grand nombre par une minorité qui apprenait à substituer au pouvoir de la violence ou des idées celui de l'argent. Puisque réussir dans sa profession devenait un devoir, et même une nouvelle forme de prière, force était à partir de ce moment, pour les Puritains, d'accumuler les preuves concrètes de cette réussite.

Pour ceux qui n'avaient que leurs bras pour témoigner par leur labeur de leur foi, c'était réussir dans un métier ingrat qu'y travailler de toutes ses forces et en accepter avec joie les peines et les souffrances.

Pour ceux dont le métier était au contraire de créer, de diriger ou de vendre, c'était réussir qu'élargir ses entreprises, mener avec autorité ses subordonnés, accumuler le profit, et finalement faire travailler son capital à l'augmentation de sa propre fortune, et donc à l'augmentation de son potentiel d'activité.

A ceux qu'une telle inégalité aurait pu choquer, il était rappelé d'une part que cette notion de vocation impliquait l'acceptation aveugle de sa destinée professionnelle, et que d'autre part le respect de la notion d'altruisme impliquait que toute accumulation de richesses au profit immédiat d'un seul individu se justifiait comme devant profiter tôt ou tard à tous.

C'était, par exemple, faire œuvre de charité que de créer des entreprises et donc des emplois, d'économiser sur les salaires distribués pour protéger ces mêmes emplois, d'embaucher à vil prix des femmes et des enfants pour les protéger de l'oisiveté, etc. Est-il interdit de penser que cette idéologie imprègne encore aujourd'hui bien des mentalités qui seraient fort surprises de s'en voir démontrer les sophismes ?

Rares d'ailleurs ont été les voix chrétiennes qui, avant Lamennais, se sont élevées au cours des siècles pour rappeler la vérité, en ce domaine, des messages évangéliques. Comment d'ailleurs auraient-elles pu le faire avec une réelle chance d'être écoutées, quand les systèmes de pensée qui se sont successivement posés en antagonistes du christianisme ont toujours adhéré spontanément ou non à des thèses qui, elles aussi, faisaient du travail une obligation liée à l'essence même de la nature humaine ?

La pensée libérale.

En substituant à l'obéissance aux commandements divins la sujétion aux lois de la nature, les écrivains et les hommes politiques qui tentèrent avec plus ou moins de succès de libérer leur pensée de toute influence religieuse, ne firent en effet que rendre l'obligation du travail encore plus pressante. Sur ce point précis la contribution des plus rationalistes ou des plus révolutionnaires d'entre eux à l'élaboration de l'idéologie actuelle semble même s'être limitée à apporter la caution de la science ou de l'égalitarisme aux plus sévères conceptions puritaines.

Dans un premier temps, l'ambition des esprits éclairés fut de proposer pour les sociétés humaines un *modèle d'explication et d'organisation,* aussi rigoureux que celui auquel obéissaient les lois physiques et astronomiques, qui venaient d'être découvertes. Cela pour maintenir l'ordre et favoriser le progrès beaucoup plus que pour satisfaire une simple curiosité. La raison n'y pouvait seule suffire. Il était nécessaire, pour qu'il y ait avancement des sciences et des techniques, de s'aider d'une force, d'une énergie toujours plus grandes. Le travail humain était seul à même de la fournir à profusion. Il fallait donc, pour qu'il y eût développement harmonieux et continu, que rien ne fût remis en question des règles qui avaient jusque-là présidé aux partages des responsabilités et des tâches entre les diverses classes sociales. C'est parce que beaucoup de progrès avaient été réalisés dans un passé récent grâce à une certaine conception du travail, qu'il devenait possible d'en attendre d'autres encore plus grands pour l'avenir. Il eût paru d'ailleurs d'autant plus déraisonnable d'y changer quoi que ce fût que ceux-là même qui se faisaient les théoriciens des sociétés mieux équilibrées à construire, appartenaient en majorité aux couches de la population qui tiraient justement leur originalité et leur nouveau pouvoir, du sens récemment donné à l'activité laborieuse et à la profession par les doctrines religieuses du moment. La bourgeoisie naissante qui voyait dans le progrès des idées un moyen de substituer aux privilèges du sang ceux de l'intelligence, voyait en effet aussi dans le progrès des techniques l'occasion de substituer à l'autorité déclinante de la noblesse celle de la fortune. Son libéralisme soucieux surtout de liberté d'entreprise et de liberté d'échanges, donc de profit et déjà de productivité, ne pouvait espérer s'imposer qu'à condition de transformer en impératif naturel, en loi économique, ce qui jusque-là n'était qu'obligation spirituelle un peu trop sujette à interprétations contradictoires. C'était se mettre à la mode du jour que d'attendre de la science la légitimation d'un statut de plus en plus privilégié, et c'était en même temps protéger ses intérêts que de se débarrasser par la même occasion de tous les dangereux aspects égalitaristes du message chrétien.

Ainsi, pour Montesquieu, « c'était tout un que le devoir soit fixé aux hommes par la Nature ou par Dieu » et quand Adam Smith faisait du travail, « la source de tout progrès », Locke en faisait aussi tout naturellement « la source de toute propriété ». Est-ce vraiment caricaturer la pensée libérale que la résumer par la mise bout à bout de ces trois citations des auteurs qui en assument classiquement la paternité, puisque des encyclopédistes aux défenseurs modernes de l'économie libérale, tous les libéraux se sont toujours plus ou moins référés dans leurs écrits ou leurs politiques à ces trois axiomes ?

L'influence de la raison n'était cependant pas telle qu'elle puisse se substituer aux principes religieux du passé, pour inspirer toutes les conduites et toutes les mentalités. Les beaux esprits s'y soumettaient d'autant plus volontiers que son respect ne changeait pas grand-chose à leur existence de tous les jours. Il était au contraire à craindre que les individus les moins évolués intellectuellement y restassent d'autant plus insensibles que ses édits se traduisaient en général pour eux par un surcroît de labeur que ne venait plus compenser la perspective de récompenses spirituelles. La stricte observance des lois de la nature ne pouvait en effet rivaliser en matière de promesses *post mortem* avec celle des lois divines. Faute de pouvoir continuer à sacraliser le travail, en en faisant un passeport pour les béatitudes du paradis terrestre, force fut donc, pour retrouver le concours des habituelles références spirituelles, de stigmatiser l'oisiveté au nom de l'harmonie universelle ou de la dignité humaine. Les auteurs classiques ne s'en étaient déjà pas privés — de Racine affirmant dans *Athalie* « qu'au travail le peuple est condamné », à Boileau évoquant « le pénible fardeau de l'oisiveté ». Ceux de la fin du XVIIIe siècle furent obligés de renchérir sur ces jugements plus ou moins suspects de jansénisme, au nom des nouvelles idées philosophiques. De Rétif de La Bretonne critiquant « l'oisiveté infâme » à Voltaire plaignant dans *Candide*, « l'homme accablé du poids de son loisir », tous s'attachèrent ainsi à redonner une nouvelle valeur éthique à l'obligation de travailler sous prétexte de condamner une oisiveté contraire aux lois de la nature.

Cette substitution plus ou moins sincère d'un interdit naturel à un impératif métaphysique perdit d'ailleurs peu à peu de son sens, à mesure que l'idéologie bourgeoise retournait aux sources religieuses dont l'avaient un moment éloignée le scepticisme des encyclopédistes et l'athéisme de la Terreur. Si Saint-Just se contentait d'exiger de la Convention que « tous les individus soient obligés d'exercer une profession utile à la liberté », Napoléon dès 1807 n'hésitait plus à écrire « plus mes peuples travailleront, moins il y aura de vices. Je serais disposé à ordonner que le dimanche, passée l'heure des offices, les boutiques fussent ouvertes et les ouvriers rendus à leur travail ».

« L'oisiveté mère de tous les vices » devait venir compléter et aussi rendre possible le « enrichissez-vous » de la monarchie de Louis-Philippe, avant de légitimer les excès de la révolution industrielle.

C'était sous le prétexte de les empêcher de succomber aux tentations de la paresse que les enfants furent alors contraints de travailler dès l'âge de 6 ans, comme c'était sous prétexte de les protéger de la débauche, que les femmes furent entraînées à partager le même sort, les mêmes horaires et les mêmes conditions de travail, dans les ateliers de textile ou sur le carreau des mines. Il n'est qu'à relire le compte rendu des débats de la Chambre, lorsqu'en 1867 Jules Simon s'éleva à peu près seul contre l'exploitation éhontée du travail des enfants, pour mesurer à quel point les mentalités de l'époque étaient imprégnées de cet état d'esprit. Il est vrai que les orateurs qui s'en faisaient l'écho appartenaient tous aux groupes sociaux privilégiés dont la fortune, qui grandissait avec la mise en chantier des chemins de fer et des grandes entreprises modernes, exigeait la mise au travail d'une main-d'œuvre toujours plus abondante.

Puisque seule une vie d'effort et de fatigue paraissait digne d'être proposée à la jeunesse, Jules Ferry, quelques années plus tard, à l'aube de la IIIe République, tirait ainsi la vraie morale de la politique du moment, et de celle apparemment généreuse de ses projets d'éducation, lorsque inaugurant en 1884 le Collège professionnel de Vierzon, il concluait son discours par cette déclaration sans détour : « L'école nationale dans une démocratie de travailleurs comme la nôtre doit être l'Ecole du Travail. »

Rien ne devait plus beaucoup changer au fil des ans de ces mentalités soi-disant modernes, nées avec l'ère industrielle. Les guerres, les révolutions, le progrès des techniques et des connaissances qui bouleversaient tout des mœurs, ne firent au contraire que les renforcer, comme si nos sociétés, en rendant l'obligation de travail plus pesante et son image plus contraignante, cherchaient à se rassurer sur leur équilibre et leur avenir. C'était évidemment l'intérêt des classes dominantes qui, par des approches diverses, y trouvaient la légitimation commune de leurs pouvoirs spirituels, économiques et politiques, respectifs. Dans ce domaine, en effet, rien ne séparait le puritanisme de la haute banque protestante et le conservatisme catholique de la grande bourgeoisie et du clergé, de l'idéologie hébraïque de certains milieux d'affaires, du néo-christianisme du Sillon, du rationalisme du corps enseignant ou même du rituel des francs-maçons qui se voulaient les héritiers spirituels des ouvriers du Temple de Salomon ou des compagnons du Moyen Age.

La plupart des familles croyaient réussir l'éducation de leurs enfants en se contentant de leur inculquer le respect aveugle du labeur quotidien et la crainte superstitieuse de l'oisiveté, tandis que notre système officiel d'enseignement était à ce point confondu avec une simple préparation au métier, que la fin de toute scolarité obligatoire devait être sanctionnée par un examen d'orientation professionnelle.

Cela n'était pas propre à la France, et sous des vocables différents, « l'efficience britannique », « l'esprit d'entreprise de la libre Amérique », ou « l'expansionnisme industriel allemand », reflétaient le même respect outrancier du travail et de la compétition économique.

La pensée socialiste, utopique et marxiste.

Comment d'ailleurs pouvait-il en être autrement quand le courant de pensée socialiste qui constitue la troisième source d'inspiration de l'idéologie contemporaine, alors qu'il prenait le contre-pied de la presque totalité des doctrines spirituelles, économiques et politiques traditionnelles, ne faisait au contraire que renchérir sur ce qu'elles enseignaient de l'obligation de travail, en en faisant l'unique moteur du progrès et l'outil indispensable à la construction des sociétés futures, égalitaires, utopiques ou communistes ?

Cette véritable déification laïque de l'effort laborieux, née
en théorie économique.
des premiers rêves des utopistes, prit de l'importance à mesure
que le socialisme, de concept philosophique, se transformait

Dès le XVe siècle, Thomas More, considéré comme le premier des grands utopistes, posait déjà l'obligation de travail pour tous comme principe fondamental, et prônait l'élimination des « frelons oisifs » de la ruche active que devait devenir l'humanité pour être enfin heureuse. Veiras d'Alais, en 1677 et Morelly, en 1755, les premiers à avoir imaginé des collectivités communistes, n'hésitaient pas non plus à imiter leurs contemporains les plus attachés à la propriété privée, en faisant avec la même sévérité de l'oisiveté « la mère des vices » et « la cause des querelles et des rébellions ».

On aurait pu attendre plus d'imagination, ou moins de conformisme, des pères français du socialisme. Il n'en fut rien, et leur ingéniosité à échafauder les systèmes économiques et politiques les plus hardis et les plus utopiques, n'alla jamais jusqu'à esquisser des projets de communauté où le travail, pour une fois, cesserait d'être défini comme le seul témoignage réel de l'activité humaine. Saint-Simon voulait, par exemple, que tous les hommes se considèrent « comme des ouvriers attachés à un atelier, dont les travaux ont pour but de rapprocher l'intelligence humaine de la divine prévoyance », et Victor Considérant voyait, lui, dans le travail la raison même de l'existence, puisque, disait-il, « l'humanité a été créée pour gérer le globe terrestre ». C'est à peu près pour les mêmes raisons que Fourier faisait de son Nouveau Monde industriel un paradis (?) où « chacun serait sur pied dès quatre heures du matin, hiver comme été, pour se livrer avec ardeur aux travaux utiles ». C'était d'ailleurs là revendication bien modeste à côté de celle de l'Italien Monro qui, lui, réclamait en toute simplicité « le travail continuel ». Peut-être parce que, comme Proudhon, il y voyait « une mission perpétuelle de l'esprit » ou « une insurrection permanente » et comme telle un « facteur essentiel de liberté ».

C'est à peine si quelques-uns d'entre eux, plus semble-t-il pour favoriser le rendement que pour réellement libérer l'homme de son fardeau originel, ont parfois discrètement fait allusion à une éventuelle et souhaitable diminution des horaires, ou à l'intérêt qu'il pourrait y avoir à rendre certaines tâches plus agréables.

L'Utopie des « grands ancêtres » ne se parait pas toujours de couleurs riantes et ne ressemblait que rarement à cet Eden avec lequel elle est si souvent confondue aujourd'hui.

Il est vrai que très tôt la prise de conscience des impératifs économiques, propres à n'importe quelle société évoluée, était venue tempérer les perspectives idylliques des disciples attardés de Jean-Jacques Rousseau. Les difficultés de la Convention en matière de ravitaillement et de prix alimentaires en avaient fourni la première occasion tangible, en montrant que l'égalité entre tous ne pouvait se concilier avec une production suffisante des biens de consommation, qu'à condition de dépasser le simple plan des déclarations éloquentes ou des décrets financiers, pour imposer dans les faits l'indispensable redistribution des tâches et des richesses.

Après Robespierre, mais beaucoup moins timidement, Gracchus Babœuf s'y était essayé. A côté d'une loi agraire qui prévoyait un complet remodèlement de la propriété terrienne, son *Manifeste des égaux* introduisait en effet le principe du travail obligatoire et faisait de la complémentarité de ces deux mesures la clef de voûte de tout son système. La guillotine mit très vite fin à cette fugitive tentative d'économie collectiviste, mais le souvenir devait en rester longtemps vivace dans les milieux socialistes du XIXe. Il fallut pourtant attendre que Marx apportât au socialisme traditionnel la caution scientifique et philosophique de ses thèses socio-économiques et historiques, pour que fussent clairement définis les rapports capital-travail et à travers eux la place et la fonction à réserver à l'obligation de travail, dans le long processus qui devait conduire à l'instauration du communisme. Quel que soit le jugement porté par chacun de nous sur son œuvre, nul ne peut nier qu'elle représente une étape importante de l'évolution des idées et que son empreinte marque encore, qu'on le veuille ou non, beaucoup de l'idéologie contemporaine.

Des concepts aussi nouveaux pour leur époque que ceux par exemple de force de travail, d'aliénation ou de matérialisme historique, sont maintenant entrés dans le langage courant et utilisés à tout propos... et même hors de propos.

Chacun pourtant, fervent disciple ou farouche contempteur,

a trop souvent tendance à ne retenir du marxisme que ce qui légitime son acceptation ou son refus des programmes politiques qui s'en réclament.

Alors que les écrits de l'auteur du *Manifeste du Parti communiste* furent aussi ceux d'un philosophe, d'un sociologue, d'un historien et parfois même dans un certain sens, ceux d'un moraliste, rien ne semble en être retenu, quand leur contenu n'a pas valeur immédiatement économique et politique. Et comme il est vrai qu'il existe parfois des contradictions entre les ouvrages de jeunesse et *le Capital*, l'exégèse qui est faite aujourd'hui de sa doctrine globale à des fin de propagande ou de dénigrement, n'en retient que ce qui paraît le plus en accord avec le résultat recherché. Cette simplification outrancière est particulièrement évidente en ce qui concerne ce que Marx est censé avoir pensé de l'obligation de travail, et ce qui est donc présenté aujourd'hui comme l'orthodoxie en la matière.

Parce que son inspirateur Hegel avait écrit avant lui que « par son activité professionnelle l'homme participe dans la durée de sa propre vie et dans celle des générations successives au progrès général » et qu' « il identifie sa vie avec sa profession », il parut normal de ne retenir de sa propre opinion philosophique que les textes où il affirmait, en particulier dans *l'Idéologie allemande,* que « le travail assure la conservation de l'individu et la perpétuation de l'espèce », « qu'il distingue l'homme de l'animal », ou même que « l'homme est créé par le travail humain ».

Parce que la Révolution russe en 1917 fut immédiatement confrontée avec l'obligation de transformer, le plus rapidement possible, un pays arriéré et sous-développé en une nation industrielle moderne, et qu'elle ne put le faire qu'en exigeant de tous un immense et brutal effort, il fallut souligner ce qui, dans ses thèses économiques, faisait de la force de travail et donc de l'énergie humaine consacrée au travail, l'instrument indispensable à tout progrès.

Enfin, parce que le succès de Staline sur Trotsky imposa avec l'idée du « socialisme dans un seul pays », la nécessité pour l'URSS de rivaliser dans la paix ou la guerre avec les pays capitalistes, il fallut, pour sauver la « patrie des travailleurs », lier la notion de communisme à celle de production intensive. C'était combattre que travailler. Le stakhanovisme devint le meilleur moyen pour le citoyen soviétique de prouver en même temps son patriotisme et sa foi politique, en faisant de son labeur un exemple pour tous les autres travailleurs du monde, et en assumant son destin d'homme communiste dans une domination toujours plus grande de la nature.

Curieuse aventure pour l'ouvrier ou le paysan russe, dont le langage faisait pourtant du mot oisif *(prasdny)* l'étymologie du mot fête *(prasdnik).*

Dans la stricte observance du modèle soviétique, ce qui était nécessité impérieuse pour les travailleurs de l'URSS se transforma tout naturellement en dogme pour les communistes étrangers, et puisque l'article 8 du *Manifeste* prévoyait le travail obligatoire pour tous, cette obligation parut toute naturelle, même dans les régimes capitalistes, aux différents leaders du Parti. Un tel respect de l'activité de travail, et en particulier pendant les grèves les plus dures, un tel respect de l'outil de travail par les syndicalistes marxistes, peuvent paraître paradoxaux quand les moyens de production sont encore aux mains du patronat. C'est que pour eux leur appropriation par la classe ouvrière est toujours pour un avenir très proche. Contribuer à l'enrichissement de l'appareil industriel, même s'il est encore aux mains des classes possédantes, c'est encore favoriser l'avènement de la société communiste, qui ne sera viable qu'à condition d'être économiquement puissante, qu'elle construise elle-même sa puissance ou qu'elle en hérite peu ou prou du capitalisme.

Réduit à ces seules perspectives, le marxisme, tel qu'il inspire actuellement la ligne politique des gouvernements et des programmes qui s'en réclament, se trouve donc en fait reconnaître à la valeur travail un sens aussi contraignant que celui que lui accordaient depuis des siècles la tradition chrétienne ou le pragmatisme libéral et bourgeois. La tentation serait même grande de penser qu'en la matière certains régimes socialistes ont parfois dépassé les excès du puritanisme protestant ou du capitalisme naissant, et que pour les imposer ils ont dû faire état à leur tour des mêmes justifications morales et des mêmes rationalisations philosophiques. N'en est-il pas ainsi, par exemple, quand la Chine, faisant de la rééducation par le travail l'unique thérapeutique de toutes les déviations politiques et de toutes les perversions individuelles, espère ainsi construire un homme nouveau ?

8

A la recherche d'un sens nouveau... ou perdu

Comment et jusqu'à ces dernières années, les hommes et les femmes de notre monde occidental, à qui n'était offert aucun autre modèle de pensée que ces trois courants d'idée : chrétien, libéral et marxiste, auraient-ils pu oser ou même penser se révolter contre une conception du travail si unanime ?

Le fait que les idéologies les plus contradictoires tombaient d'accord, à partir d'argumentations très différentes, pour faire de sa nécessité et de sa valeur, l'essence même de la condition humaine, ne pouvait que renforcer au plan culturel les effets du véritable conditionnement auquel, depuis des siècles, ils étaient soumis au plan socio-économique par les difficultés de leur existence matérielle.

Y avait-il, et n'y a-t-il pas encore souvent, pour un gendarme, état plus supect que celui d'un individu « n'exerçant habituellement ni métier ni profession » (selon la définition du vagabondage), et pour un père conduite plus inquiétante que celle d'un fils « bayant aux corneilles à ne rien faire ». Il fallut même promouvoir le mot « loisir » et l'investir de fonctions aussi respectables que le divertissement, le délassement et le développement, pour que le non-travail, au fil des progrès de la législation sociale, ne puisse en aucun cas être confondu avec l'oisiveté.

Pourquoi n'en est-il plus tout à fait ainsi depuis quelques années et pourquoi, soudainement, certains commencent-ils à s'interroger sur le bien-fondé de la place accordée au travail dans n'importe quelle société et par n'importe quel système de pensée ?

Il serait tentant évidemment d'invoquer à nouveau la paresse, et d'affirmer que c'est à vivre trop facilement que la jeunesse par exemple perd le goût de l'effort. Parce que dès la naissance elle trouve maintenant à sa disposition une masse jusque-là inconnue de biens matériels et d'aides technologiques, elle oublierait que ces richesses sont le fruit du long labeur et de l'ingéniosité de ses ancêtres, pour ne plus les considérer comme des bienfaits aussi naturels que l'air ou l'eau. Elle y serait d'autant plus portée qu'en séparant toujours plus, dans les grandes agglomérations, les lieux réservés à l'habitat de ceux réservés à la production, l'urbanisme moderne tend à priver les jeunes du spectacle presque permanent de l'activité de travail qui constituait hier encore le décor de vie habituel de leurs aînés.

A s'éloigner des yeux, le travail en arriverait ainsi à s'éloigner de l'esprit au bénéfice de préoccupations ludiques ou autres, plus immédiatement tangibles.

L'influence de l'information.

Un tel transfert d'intérêt ne pourrait qu'être encouragé par la prolongation des temps de scolarité et de formation qui, retardant sans cesse l'entrée dans la vie active, éloignent d'autant la prise de conscience de sa nécessité.

La nouvelle hiérarchie des modèles de vie et de réussite, proposés aux jeunes par les mœurs actuelles, irait dans le même sens.

Il en serait de même de l'évidente relation existant entre la désaffection pour le travail et l'assujettissement à une certaine qualité d'information. Les sujets les plus esclaves de l'audiovisuel à vocation commerciale et publicitaire, sont en général en effet ceux qui paraissent les moins enclins à accorder une valeur autre qu'utilitaire à l'effort laborieux.

Ces explications, pour certaines qu'elles soient, ne suffisent pourtant pas à tout expliquer du phénomène, et ce serait en sous-estimer la véritable signification que de vouloir mettre au compte d'un changement ou d'un appauvrissement des images proposées en exemple aux plus jeunes ou aux plus suggestibles, ce qui tend à marquer aussi des esprits plus cultivés et mieux équilibrés.

L'élargissement récent de l'information ne se traduit pas seulement en effet, et c'est heureux, par une simple marée de représentations visuelles ou auditives, justes bonnes à divertir ou à conditionner de pauvres comportements de masse. Il lui arrive aussi de développer la curiosité et la réflexion, surtout quand ceux qui en profitent, comme c'est plus souvent le cas aujourd'hui, ont été mis à même d'en tirer le meilleur parti par un plus long apprentissage des instruments de l'intelligence en milieu scolaire.

Cet effort pour mieux connaître peut ne se traduire que par une véritable boulimie de faits, de dates ou de détails, et implique alors le recours à d'autres sources de connaissance que celles qui en ont fait naître l'appétit. La vogue actuelle des ouvrages de vulgarisation, des revues d'histoire ou de sciences naturelles, des récits d'actualité ou de guerres s'explique ainsi par la place accordée par la télévision aux émissions scientifiques ou historiques. Mais trop souvent il s'agit là d'une culture stérile comparable à celle des pâles héros des « jeux culturels », plus propre à étouffer le sens critique qu'à le développer.

Il n'en est pas de même au contraire quand le besoin de connaître davantage se double du désir de mieux comprendre. Il entraîne alors presque inévitablement une remise en question de ce qui est enseigné par les voies traditionnelles et constitue donc la trame de l'idéologie officielle.

Plus nos contemporains sont confrontés à un flot croissant d'idées, de nouvelles et de commentaires, et plus il est naturel en effet que des contradictions apparaissent spontanément entre les opinions qu'elles reflètent. Les uns continuent à conforter leur quiétude morale ou intellectuelle de l'habituel conformisme de la radio, de la télévision ou de la presse d'information. D'autres sont au contraire amenés à s'interroger sur des vérités qu'ils n'auraient jamais pensé discuter, s'ils n'avaient presque par hasard découvert qu'elles n'étaient pas respectées de tous. Tout concourt alors à alimenter leur scepticisme naissant, ou déjà leur contestation. Il n'est pas facile en effet pour un homme de bonne volonté de se faire aujourd'hui sa propre opinion sur les problèmes qui lui tiennent le plus à cœur, sur ceux qui mettent en cause le sens même de son existence.

Hier, il suffisait pour avoir une idée claire de ses droits et de ses devoirs, de se soumettre sans bien réfléchir au système de valeur imposé par son milieu d'origine. Faute d'autres horizons et d'autres références, chrétiens et laïques trouvaient, dans l'enseignement de leurs maîtres à penser respectifs, la réponse à toutes les questions que pouvait faire naître le cours de vies le plus souvent dépourvues d'imprévu.

S'il arrivait que des esprits plus exigeants refusent le déterminisme de leurs éducations premières, ou les normes de la société du moment, ils le faisaient en passant avec armes et bagages d'une famille spirituelle ou politique à une autre, et ne faisaient ainsi qu'échanger la sécurité d'une éthique sans faille contre celle d'une autre aussi efficace. Quant à ceux qui, par indigence intellectuelle, paresse, ou déjà profond scepticisme, n'éprouvaient aucun désir ou aucun besoin d'assortir leur conduite à une quelconque idéologie, cela leur était d'autant plus facile qu'en dehors des enceintes spécialement réservées à cette usage — écoles, églises ou réunions électorales —, il n'était que rarement fait allusion dans la vie de tous les jours à ces problèmes moraux, tant le bien-fondé de la plupart des valeurs paraissait évident.

Rares sont ceux, au contraire, qui maintenant peuvent rester entièrement fidèles à une seule foi et à une seule pensée politique, ou ceux qui peuvent rester complètement étrangers à de telles préoccupations. Comment le pourraient-ils quand les doctrines jusque-là les plus incontestées et les plus solides éclatent sous les coups du progrès des sciences et des idées, en mille chapelles opposées, et que les querelles entre les tenants de tous ces nouveaux courants de pensée, en encombrant les écrans de télévision et les colonnes de journaux, se déroulent au su de tous ? Comment le pourraient-ils aussi quand les mutations brutales de notre monde et l'audience si souvent maladroite qui leur est accordée par les moyens habituels d'information, amènent presque obligatoirement à s'interroger sur le sens d'une évolution plus souvent présentée comme une course à l'abîme que comme un harmonieux accomplissement ? Il devient bien difficile de rester étranger aux grands débats d'idées, quand l'avenir même de chacun paraît dépendre des choix qui s'imposent d'urgence entre les plus contradictoires d'entre elles.

Il l'est tout autant de se déterminer quand semble se vérifier la faillite de vérités traditionnelles tenues pour responsables de l'insécurité des temps présents, et quand celles qui cherchent à s'y substituer se font remarquer surtout par leurs outrances ou leurs ambiguïtés. Les instruments officiels de culture ou de propagande se révèlent en général alors d'un piètre secours, soit qu'ils ignorent délibérément les problèmes qui tiennent aujourd'hui le plus à cœur aux esprits curieux ou inquiets, soit, ce qui est pire, qu'ils se contentent de n'y apporter que des réponses incomplètes et trop évidemment rassurantes. Quant à ceux qui se font les messagers des thèses nouvelles, il est rare qu'ils ne cèdent pas aux mêmes tentations de simplification ou de systématisation arbitraire que les tenants de l'idéologie dominante ou que les spécialistes d'une certaine « culture populaire ». Il en est des valeurs morales qui induisent les motivations personnelles et servent de référence aux jugements individuels, comme il en est des idées les plus banales, et aucune d'entre elles aujourd'hui ne paraît non plus insensible à ce grand désordre.

Plus certaines d'entre elles semblaient ancrées profondément et depuis longtemps dans les mentalités, et plus l'éclairage dont elles bénéficient soudain met en lumière des inquiétudes et des incertitudes difficiles à assumer, que seules jusqu'ici dissimulaient l'habitude et un prudent souci de confort moral et psychologique.

A partir du moment aussi où une seule de ces valeurs paraît faire la preuve de sa fragilité ou de son inadaptation aux conditions de vie modernes, toutes sans exception pâtissent de la même défaveur, comme pour justifier les vues intégristes de ceux qui, dans ce domaine, se refusent à toute concession, ou les entreprises radicales de contestation de leurs adversaires. C'est ce qui explique qu'au moment où nos sociétés en désarroi apprennent à se méfier de tout ce qui leur était jusque-là appris et proposent aux problèmes de notre siècle les solutions les plus contradictoires, il serait vain d'espérer que ce qui touche au travail échappe à la contagion.

Pour être apparemment moins scandaleuses que les initiatives qui s'attaquent aux choses du sexe, de la famille ou de la propriété, il est même probable que celles qui mettent en cause son sens traditionnel, reflètent encore mieux le trouble de ceux qui n'arrivent plus à concilier leur vision du présent avec l'enseignement du passé.

S'interroger ce n'est plus seulement alors centrer son inquiétude sur de simples problèmes de mœurs ou d'économie politique, c'est s'obliger à définir soi-même la véritable finalité d'un progrès que, seul, autorise l'effort laborieux de tous. C'est aussi s'interroger sur la sincérité et l'universalité des doctrines religieuses ou politiques qui, ayant fait de leur propre conception du travail le fondement de leurs philosophies respectives, risquent de voir leur crédibilité globale menacée par la moindre restriction en ce domaine.

La tâche est d'autant plus délicate que s'il existe une foule de thèses pour expliquer à peu près toutes les prises de position possibles à l'égard des problèmes sociaux et éthiques d'actualité, on n'en trouve en fait aucune qui s'applique sur ce point précis à vraiment concilier les impératifs nouveaux de la technique ou de l'économie avec les données intangibles de la nature humaine et les leçons de l'histoire. Est-ce d'ailleurs possible ?

Peut-être est-il pour l'heure simplement permis de dégager de ce grand concert d'informations et de questions sans réponse, les quelques éléments de réflexion, communs à certains esprits sceptiques ou révoltés d'aujourd'hui, qui paraissent légitimer une désaffection grandissante pour le travail. Née d'abord des conditions mêmes dans lesquelles il est trop souvent maintenant effectué, elle commence à déborder de ce cadre initial pour prendre valeur morale et philosophique.

La science en accusation.

La manière toute nouvelle dont commence parfois à être apprécié le progrès des sciences paraît être, dans les groupes socio-culturels les plus sensibles, un des motifs les plus évidents de contestation du concept classique de travail.

Jusqu'à ces dernières années, seuls quelques passéistes invétérés, poètes ou amoureux de l'histoire, osaient se singulariser de la grande foule de leurs contemporains, en n'applaudissant pas aveuglément à la longue succession des triomphes de l'humanité sur l'ignorance et la nature. Leurs critiques et leurs mises en garde n'étaient que rarement prises au sérieux. Elles suscitaient d'autant plus d'indifférence ou de sourires, qu'étant en général le fait des personnes âgées, elles étaient plus considérées comme l'expression des regrets maladroits d'une jeunesse depuis longtemps évanouie, que comme le fruit d'inquiétudes sincères. Quel poids aurait d'ailleurs pu avoir le pessimisme de ces Cassandre ou de ces inconsolables des lampes à huile et des calèches, face à l'incontestable amélioration des conditions de vie matérielle, dont chacun se sentait redevable aux savants et aux ingénieurs de son temps ? L'existence avait peut-être été parfois plus douce à quelques privilégiés des générations précédentes, mais grâce aux découvertes modernes elle était devenue incontestablement plus facile pour la grande masse des travailleurs qui voyaient enfin, et pour la première fois, reculer le spectre de l'usure physique trop précoce ou de la famine. C'était faire preuve d'un conservatisme social criminel que nier cette amélioration évidente ou la regretter. Et comment ne pas se scandaliser de l'aveuglement des rares individus, assez rétrogrades pour ne pas se féliciter de l'avancement des sciences médicales ou pour ne pas tirer orgueil de la conquête enfin entreprise de l'univers extra-terrestre ?

On aurait pu penser que cette satisfaction presque unanime n'aurait fait que croître avec l'évidente accélération du progrès, et surtout avec l'extraordinaire publicité qui lui est faite par des moyens d'information, plus enclins à en présenter les heureuses applications ou les prestigieux résultats, qu'à en souligner les éventuels risques.

Il n'en a rien été et l'explosion d'Hiroshima, en donnant naissance à ce qui devait devenir la « peur atomique », semble avoir été le signal d'un complet renversement de la tendance. A partir du moment où la science est apparue comme aussi capable d'anéantir notre monde que de le rendre plus agréable, certains ont commencé à s'interroger sur son bon usage, ses limites, et parfois même sur sa véritable finalité. L'opinion publique, devenue de plus en plus sceptique et critique à son égard, et à celui des apprentis sorciers qui s'en montraient plus souvent les esclaves que les maîtres, a cessé peu à peu d'applaudir aveuglément n'importe laquelle de ses conquêtes. Elle a appris aussi à se demander si nous ne payons pas d'un prix exagéré les bienfaits dont elle paraît nous combler. Il est difficile de bien mesurer dans ce phénomène, la part exacte de l'angoisse sincère et celle des effets superficiels d'une psychose collective, alimentée par les sombres prédications des prophètes d'une Apocalypse toujours annoncée pour le lendemain.

Cette peur diffuse existe pourtant dans beaucoup de milieux apparemment protégés de ces excès, et elle se rencontre en particulier plus souvent qu'il n'est habituel de l'affirmer, lors d'entretiens individuels ou d'interviews semi-directives portant sur leurs projets d'avenir, chez beaucoup de jeunes aux comportements par ailleurs normaux. Elle est alors toujours associée à un plus ou moins grand désintérêt à l'égard des futures activités socio-professionnelles. La liaison entre ces deux attitudes apparaît pourtant en général comme moins évidente aux sujets qui les manifestent qu'aux psychologues qui les mettent objectivement en corrélation aux plans individuels ou statistiques. Il serait donc faux de prétendre que la hantise d'un proche conflit atomique est la trop commode excuse mise aujourd'hui en avant par des paresseux ou des indifférents qui, de toute manière, auraient trouvé en d'autres temps d'aussi faciles prétextes pour expliquer leur passivité et leur manque d'ambition. Les tests qui s'intéressent aux zones profondes de la personnalité montrent bien d'ailleurs que cette crainte d'une éventuelle destruction de l'humanité hante en fait beaucoup de nos contemporains et est probablement chez les plus fragiles d'entre eux à l'origine de conduites de désinsertion sociale que rien d'autre ne saurait expliquer. Seuls la peur du ridicule ou le refus du dialogue empêchent souvent les plus inquiets de certains groupes marginaux d'avouer que c'est elle qui les fait si soudainement abandonner familles, études ou professions. Les enquêtes menées au sein de la plupart des communautés d'hippies ou de beatniks et parfois même au sein de groupes délinquants, montrent en effet que cette appréhension contribue certainement à entretenir chez beaucoup de leurs membres, en même temps que leurs méditations ou leur agressivité, une commune conviction de l'inutilité de tout effort poursuivi de travail ou de carriérisme.

Là encore s'agit-il de faciles excuses ou de sincère conviction ? Il est difficile d'en toujours décider. A force d'en parler, certains ne finissent-ils pas par s'en convaincre, alors même que leur exemple devient contagieux et que la publicité qui lui est faite paraît parfois transformer en doctrine réfléchie ce qui n'était initialement souvent que fuite devant les responsabilités ou puérile terreur ?

Si cette appréhension d'un futur rendu sans espoir par le progrès des moyens de destruction, n'empêche malgré tout qu'une minorité d'alarmistes de continuer à croire aux vertus d'un travail dont ils craignent de ne jamais recueillir les fruits, il n'en est pas de même des effets d'autres progrès qui, eux, et sans avoir à faire preuve d'imagination morbide, apparaissent à beaucoup comme immédiatement dangereux.

Beaucoup de nos contemporains commencent ainsi à refuser une image du bonheur trop complaisamment confondue avec celle d'un niveau de consommation élevé ou celle d'un univers de machines et d'ustensiles. Tant que demeuraient vivaces le souvenir des restrictions du temps de guerre et l'attrait des nouveaux gadgets, aucune arrière-pensée ne venait ternir la joie de profiter d'une existence plus facile et plus confortable. Chacun commence maintenant au contraire à y être si habitué, que ce qui paraissait hier enviable paraît aujourd'hui naturel, et que seuls retiennent l'attention les inconvénients des conquêtes matérielles dont pendant quelques années seuls les avantages avaient été soulignés. Rien n'échappe plus à cette vague de critiques dont sont tout particulièrement prodigues ceux qui, du fait de leur âge et de leur aisance économique, n'ont jamais connu d'autres modes de vie et sont donc incapables d'une juste appréciation. Hier encore instrument incomparable d'évasion et de libération, l'automobile prend peu à peu ainsi figure de calamité et d'engin de mort. La télévision et le cinéma n'apparaissent plus que comme des facteurs de conditionnement idéologique et d'abrutissement. Les techniques modernes d'agriculture et d'élevage sont accusées de dénaturer l'alimentation, et l'urbanisation est rendue responsable de l'augmentation du bruit, des névroses et de la délinquance.

Quant aux autres découvertes ou innovations, moins apparemment responsables de conséquences aussi évidemment néfastes, leurs effets n'en commencent pas moins à être tenus en bloc pour responsables d'une pollution, présentée maintenant à tort ou à raison comme aussi redoutable pour l'avenir de notre globe que l'arme atomique.

Il est facile de sourire de certaines exagérations en ce domaine. Mais comment faire la part exacte entre la réalité et la fiction, quand il suffit de regarder autour de soi pour constater le triste état de nos rivières, de nos rivages et de notre ciel, quand l'intérêt général paraît une fois de plus à cette occasion si souvent sacrifié aux intérêts particuliers, et quand aucune voix autorisée ne s'élève pour dresser un bilan objectif des nuisances de notre civilisation industrielle ?

Il serait faux de croire que seuls quelques spécialistes s'intéressent à cette dégradation de notre environnement et de notre nourriture, et que le silence et l'inertie des pouvoirs publics reflètent fidèlement l'indifférence de nos contemporains. Les jeunes en particulier y sont beaucoup plus sensibles que pourraient le laisser penser l'attitude de leurs aînés, puisque, interrogés sur leurs inquiétudes à l'égard du présent et de l'avenir, ils rangent en général la lutte contre la pollution parmi leurs deux ou trois préoccupations principales.

Il n'est d'ailleurs qu'à regarder la manière dont ils se mobilisent en foule, tous milieux d'origine mélangés, chaque fois qu'il leur est demandé de participer à une campagne de sauvegarde d'une forêt, d'un site ou d'un monument, pour apprécier l'ampleur du phénomène et sa sincérité. Tout se passe comme si leur génération se sentait comptable d'un héritage naturel à transmettre intact à ses propres enfants. Cette prise de conscience peu paraître surprenante de la part d'une jeunesse accusée si souvent de ne rien respecter. Qu'elle soit le fruit d'une éducation plus attentive aux problèmes de l'écologie ou qu'elle reflète une réaction biologique de défense contre une agression de plus en plus insupportable, elle débouche elle aussi tout naturellement sur une contestation de la valeur Travail traditionnelle. Comment pourrait-il en effet en être autrement, puisque toutes les idéologies qui ont survalorisé l'activité de travail l'ont toujours fait, au nom d'une commune poursuite de ce progrès aujourd'hui mis en accusation ? Pendant des siècles, il a fallu sans cesse travailler pour arriver un jour à dominer complètement la nature et permettre ainsi à l'humanité tout entière de bénéficier de la richesse et du bonheur. Ce jour semble arrivé et pourtant aucune des promesses qui étaient liées à son avènement ne paraît tenue. Seules témoignent de la maîtrise de la nature, ses souillures, et jamais les hommes n'ont paru si loin de la paix et de l'égalité. Même si ce sont là des visions exagérément sombres, ce sont celles de beaucoup de jeunes et de moins jeunes qui y trouvent prétexte à croire que tous les systèmes de pensée qui ont fait du travail l'instrument privilégié de toute amélioration de la condition humaine se sont grossièrement trompés. Il est difficile d'aller contre ces réactions de méfiance même quand une évidente mauvaise foi généralise aux aspects les plus positifs du progrès le procès fait à quelques-unes de ses bavures. Les plus éclatantes victoires de la médecine en arrivent ainsi à ne plus trouver grâce, quand il leur est reproché d'être trop onéreuses, et surtout quand elles sont accusées d'être responsables d'une inquiétante explosion démographique. La disparition de si nombreuses souffrances qui leur est aussi due est alors vite oubliée.

Les spécialistes de l'information s'étonnent de voir subitement décroître l'intérêt du public pour les plus récentes prouesses de l'aventure spatiale, et ne comprennent pas pourquoi, malgré leurs efforts, le sensationnel ne fait plus recette dès qu'il fait entrer en jeu des techniques de pointe, qu'il s'agisse de records de vitesse ou de greffes cardiaques. Au lieu d'en accuser la satiété ou la pauvreté d'imagination, peut-être devraient-ils se rendre compte que, passée l'heure des premiers enthousiasmes, les mieux informés de leurs lecteurs ou des téléspectateurs ont maintenant pris l'habitude d'estimer le juste prix de ces « miracles » modernes. C'est probablement là un résultat de leurs efforts auquel ils ne s'attendaient pas.

Il devrait amener à s'interroger sur l'efficacité de n'importe quelle future campagne de propagande, s'il se confirmait que le battage excessif fait autour des triomphes du génie et du travail humain n'arrive ainsi paradoxalement qu'à en faire perdre le goût aux plus sensibles ou aux plus cultivés.

La découverte d'autres civilisations et d'autres modes de pensée.

L'information plus riche et plus diversifiée dont bénéficient aujourd'hui les populations des nations dites « développées » n'a pas pour seul effet de les amener à réfléchir sur ces conséquences inquiétantes du progrès. De même qu'elle incite les individus à mieux et plus souvent se comparer entre eux à l'intérieur de leur propre société, elle les entraîne aussi à comparer ce type particulier de société avec d'autres,. qu'il s'agisse de civilisations maintenant disparues ou au contraire de civilisations contemporaines et pourtant très différentes. Cette confrontation a souvent de quoi surprendre, surtout quand il apparaît à beaucoup, qui jusque-là l'ignoraient, que depuis le début de l'ère historique et encore maintenant, en plein siècle des sciences et de l'industrie, des collectivités ont pu s'organiser et se perpétuer en s'inspirant de principes et d'idéologies en complète contradiction avec ceux qui traditionnellement justifiaient la survie et la prééminence de nos communautés occidentales.

Seuls, hier, quelques historiens ou quelques voyageurs savaient que notre culture d'essence judéo-chrétienne n'avait pas le monopole de l'organisation du savoir et de la réflexion. Il était rare que leurs témoignages, entachés d'exotisme, ou ternis par la poussière du passé, retiennent l'attention de ceux qui continuaient à se croire les seuls héritiers de la sagesse ancienne, et les seuls responsables de l'avancement des idées.

Plus s'étendait géographiquement l'influence de la pensée occidentale, et plus sombraient dans l'oubli, l'indifférence ou le mépris les différentes manifestations de l'universel génie humain qui lui demeuraient volontairement ou non étrangers. Là où s'arrêtait le règne de l'homme blanc commençait celui de la barbarie, de la superstition et de l'ignorance. Cette conception euro-centriste et orgueilleusement manichéenne, après avoir longtemps justifié le racisme, le colonialisme économique, et l'impérialisme religieux ou intellectuel, commence à vaciller sur ses bases à mesure que s'effondrent les empires coloniaux et que la faillite de beaucoup de valeurs classiques amène à chercher ailleurs de nouveaux modèles de vie et de réflexion.

C'est l'occasion alors, entre autres surprises, de découvrir que le respect du travail loin d'être commun à toutes les sociétés humaines, est en réalité ce qui différencie probablement le plus la nôtre de toutes les autres.

Agir, faire, construire ou inventer, sont des mots d'ordre dont des millions d'individus ont su depuis des siècles faire l'économie, en ne faisant pas de l'activité de travail le fondement de leur existence. Cela n'empêche pas, même aujourd'hui, leurs penseurs et leurs écrivains de pouvoir pourtant rivaliser au plan de la pensée abstraite et de la sérénité, avec les plus capables de nos chercheurs, ou les plus sages de nos philosophes. Tant que la poursuite d'une égale sécurité matérielle et spirituelle a représenté, pour les hommes de notre race, ou de nos religions, le seul objectif capable de concilier leurs appétits biologiques et leurs attentes métaphysiques, ces attitudes essentiellement contemplatives ont paru d'autant plus contestables que, niant en général l'hypothèse d'un Au-delà consolateur, elles se refusaient en même temps à rendre plus agréable la simple existence terrestre. C'était là pour nos aînés véritable perversion que ne pouvaient que critiquer ensemble ceux qui voulaient servir Dieu et ceux qui voulaient servir l'Homme.

Dans leur quête souvent maladroite de vérités moins usées, quelques-uns de nos contemporains, surtout les jeunes, commencent au contraire à se sentir attirés par ces philosophies orientales, qui leur paraissent d'autant plus séduisantes qu'ils les découvrent en général à travers des représentations habilement mises à la portée de leur compréhension ou de leurs attentes. C'est le cas en particulier de celles qui, se réclamant de l'hindouisme, ajoutent au refus d'une société de consommation la promesse d'une plus grande maîtrise du corps et de l'esprit, propre à satisfaire ceux qui sentent leur équilibre physique et mental menacé par les nuisances et les stress des sociétés industrielles. Peu tentent sincèrement l'expérience complète de cette philosophie et de cette discipline, en abandonnant définitivement l'Europe pour l'Inde, en s'insérant dans un véritable ashram, ou en obéissant aveuglément à un guru qui ne soit pas qu'un illuminé ou un escroc. Beaucoup par contre croient s'en inspirer fidèlement en se contentant de quelques lectures, de quelques exercices de yoga ou de quelques recettes diététiques. Ce sont pourtant ceux-là qui, se faisant les plus fougueux apôtres de ce qu'ils croient la Vérité, vont partout répétant que Travail et Connaissance sont par essence incompatibles et commencent à ce titre à être beaucoup plus écoutés que ceux qui jusqu'à hier prétendaient le contraire, ou même que les vrais initiés qui dans le secret de leurs communautés brahmaniques redécouvrent une nouvelle signification à l'effort laborieux à travers de modestes tâches de tissage ou de poterie.

Leurs voix viennent alors s'ajouter au concert de toutes celles qui dans l'histoire de l'Antiquité ou dans l'ethnographie trouvent elles aussi matière à dénier au travail l'importance qu'il avait jusqu'ici dans notre civilisation.

Il semble d'ailleurs que, dans ces sciences aussi, les informations qui ont trait à ce problème particulier retiennent souvent presque seules l'attention, comme si beaucoup ne s'y intéressaient subitement que pour trouver la réponse à des inquiétudes précises.

Il devient ainsi à la mode dans certains milieux qui se veulent cultivés d'expliquer le désenchantement des travailleurs à la chaîne d'aujourd'hui par l'idée que se faisaient Platon ou Cicéron du rôle des esclaves dans la cité grecque ou romaine, ou par la nonchalance actuelle des indigènes de la Polynésie. Même s'il s'agit là d'élégants parallèles, c'est malgré tout s'essayer à comparer des époques et des situations non comparables.

Ces références à une sagesse depuis longtemps évanouie ou à un mode de vie tributaire d'une démographie et d'un environnement très particuliers ne peuvent en effet servir d'exemple à notre société moderne.

Les Anciens n'ont d'ailleurs jamais prétendu que c'est parce qu'ils étaient méprisables que le travail et l'artisanat devaient être confiés à des esclaves. Hésiode n'écrivait-il pas lui aussi « ce n'est pas l'ouvrage qui déshonore, mais l'oisiveté ». Avec Aristote, dans *la Politique,* ils jugeaient simplement que la « vie sans nécessaire étant impossible », il fallait des esclaves pour débarrasser les citoyens des tâches serviles et leur permettre ainsi de mieux se consacrer aux choses de l'esprit et de la cité. Si l'esclave, lui, était méprisable, ce n'est pas parce qu'il travaillait, mais parce qu'à un moment quelconque de son existence il avait préféré la servitude au risque de mourir libre. Cette subtile distinction, propre à donner bonne conscience à ceux qui, déjà, supportaient mal la notion d'esclavage, est aujourd'hui complètement négligée quand l'Athènes de Périclès est donnée en modèle à ces cités futures où chacun pourrait enfin vaquer à sa guise aux occupations de son choix sans être astreint à s'avilir dans des besognes laborieuses.

De même, si dans certaines communautés demeurées « sauvages », comme celles décrites par Margaret Mead, les hommes semblent se complaire à ne rien faire sans difficulté apparente, c'est simplement parce que leurs besoins sont restés très modestes et parce que depuis longtemps existait un strict partage des tâches entre les sexes. Tandis qu'aux femmes incombait le travail domestique, celui de la maison ou de la terre, leurs époux avaient la charge de la chasse, de la pêche ou de la guerre. Ce n'est que parce qu'un déséquilibre est apparu entre ces deux types d'activité, à mesure que diminuaient les ressources de gibier et les conflits armés, et qu'au contraire augmentait la part des travaux agricoles et artisanaux, que le sort des adultes mâles est devenu ce qu'il est aujourd'hui, et paraît si enviable aux Occidentaux lassés de leurs métro-boulot-dodo. Là aussi pourtant il ne s'agit en réalité que d'un transfert de responsabilité et de fatigues, qui ne supprime pas la nécessité impérieuse d'une certaine quantité incompressible d'efforts de travail, mais attribue aux femmes de la tribu le fardeau dont les Sages avaient su en leur temps se débarrasser sur le dos de leurs esclaves.

Ce sont là des exemples dont certaines communautés, baignées du soleil de la Méditerranée, semblent encore s'inspirer aujourd'hui, quand elles offrent en spectacle aux touristes le pittoresque contraste entre l'existence digne et paresseuse des chefs de famille ou de tribu et celle humble et ingrate de leurs épouses ou de leurs serviteurs. L'ambition de ceux qui se réclament de leurs lectures ou de leurs voyages pour contester aujourd'hui le travail est évidemment différente, même quand les plus utopiques d'entre eux croient que le moment est venu où, les machines se substituant aux esclaves et aux femmes, les hommes pourraient dès maintenant retrouver la sérénité des disciples de Socrate ou de Gauguin.

Il leur suffit de découvrir que notre culture est en réalité la seule à avoir transformé la nécessité matérielle de l'effort laborieux en obligation morale, pour simplement ne plus accepter sans discuter l'opinion de leurs aînés et les habitudes de vie et de pensée qui en découlent.

Le retour aux sources.

Il arrive aussi qu'un nouvel éclairage des sources de nos idéologies traditionnelles semble parfois donner raison à ceux qui sont accusés d'en être les détracteurs les plus acharnés, quand ils mettent en doute le caractère presque sacré de cette obligation.

Jusqu'il y a peu, rares étaient ceux qui, par exemple, avaient accès à l'ensemble des documents ayant trait au christianisme primitif ou à tous les aspects de la pensée de Marx. C'était le privilège de spécialistes théologiens ou politiques qui n'en laissaient filtrer en général que les éléments propres à légitimer la propagande et l'action de leurs églises ou de leurs mouvements.

Le fait qu'il s'agissait le plus souvent de textes grecs et latins, ou d'ouvrages sévères de philosophie et d'économie, facilitait d'autant plus cette entreprise élitiste que la curiosité du plus grand nombre se contentait aisément des interprétations simplistes qui lui en étaient proposées. Il était hier presque interdit à un catholique pratiquant de lire la Bible comme il était presque impossible à un militant d'assimiler la totalité des œuvres de l'auteur du *Capital.* Chacun devait se satisfaire des exégèses qu'en donnaient ceux dont la fonction finissait par être de dresser un écran entre une connaissance globale jugée dangereuse et un appétit de comprendre toujours sacrifié à une discipline de croyance. Cette conception prudente perd de son efficacité. La vulgarisation des documents fondamentaux et leur publication toujours plus large coïncident en effet avec l'augmentation générale de l'appétit de savoir et du sens critique, en même temps que croît l'intérêt général pour des questions dont les réponses avaient été jusqu'à aujourd'hui plus ou moins escamotées ou tronquées.

Il est évident aussi que ce réexamen de vérités et de messages, longtemps tenus pour univoques et intangibles, doit beaucoup de son âpreté au procès d'intention fait par la jeunesse actuelle à l'ensemble des pouvoirs adultes. Quelle meilleure revanche en effet pour elle que de les battre sur leur propre terrain, en retournant contre eux les armes dont ils avaient l'habitude d'abuser, au nom du passé ou d'une prétendue supériorité intellectuelle ? Quand elle n'en est pas encore capable seule, il lui est d'ailleurs facile maintenant de mener ce combat en se servant des arguments que commencent à lui fournir à profusion des universitaires autant épris de contestation que de rigueur analytique.

Bien entendu, dans cet affrontement nouveau, certaines des positions modernes en arrivent à devenir aussi excessives que les affirmations qu'elles cherchent à infirmer. C'est ce qui agace tant d'adultes, déjà hostiles par nature à tout changement, et les empêche souvent d'apporter une attention suffisante à des informations ou des explications de nature à faire disparaître bien des incompréhensions réciproques. Pourquoi nier que les jeunes d'aujourd'hui sont parfois plus à même que leurs aînés de connaître ou de comprendre, alors que l'orgueil de leurs parents ou de leurs éducateurs est justement de mettre mieux qu'hier à leur disposition les instruments nécessaires à ce progrès ?

Seuls ou à peu près, quelques jeunes prêtres et quelques syndicalistes semblent avoir tiré toutes les conséquences de ce phénomène récent, quand, par exemple, leur vision nouvelle du travail n'hésite pas à s'inspirer d'une meilleure lecture de textes chrétiens ou marxistes jusque-là mal connus ou dénaturés. Leur prosélytisme parfois un peu maladroit est alors en général à la mesure de leur surprise.

Comment n'en serait-il pas ainsi d'un chrétien qui découvre aujourd'hui que dans sa *Règle,* saint Benoît mettait en garde contre un trop grand attachement à son travail, ou que sous l'Ancien Régime cent quarante et une fêtes chômées étaient imposées chaque année par l'Eglise alors toute-puissante, pour soulager la peine des paysans et des artisans et pour leur donner l'occasion de l'oublier le plus souvent possible dans des réjouissances collectives ?

Ce sont là jugements et attitudes qui coïncident mal avec le respect aveugle du travail si longtemps présenté comme fondement de la religion catholique, mais qui apparaissent au contraire très respectueux du véritable enseignement de Jésus tel qu'il commence à se dégager du fatras d'exégèses, de traductions et de censures qui en ont trahi longtemps le véritable sens. Le Sermon sur la Montagne (Matthieu, ch. VI) est l'unique passage des Evangiles où il soit fait plus ou moins directement allusion au travail. Cela seul suffirait à montrer la faible importance attachée à cet aspect particulier de l'activité humaine, si le texte lui-même n'était pas encore plus explicite : « Contemplez la croissance des lis dans les champs, ils ne travaillent ni ne filent et cependant je vous le dis, Salomon dans toute sa gloire n'a pas été plus brillamment vêtu. » — « Voyez les oiseaux du ciel, ils ne sèment ni ne moissonnent, ni ne font de provisions dans les silos, cependant votre Père Céleste les nourrit — Ne vous mettez pas en peine disant : qu'aurons-nous à manger ou à boire, qu'aurons-nous pour nous vêtir ? Toutes ces choses les païens les recherchent avec sollicitude. »

Comment trouver dans ces paroles qui insistent sur le caractère contingent de n'importe quel effort laborieux et qui condamnent même l'attitude de ceux qui y attachent trop d'importance, de quoi justifier la position traditionnelle de l'Eglise ?

C'est l'occasion alors de se souvenir que saint Thomas d'Aquin avait déjà en son temps pris conscience des dangers que faisait courir au catholicisme l'influence des doctrines qui exagéraient le respect de la profession et qu'il avait cherché dès ce moment à ce que l'homme ne soit pas trop systématiquement confondu avec sa tâche. Simone Weil, à qui l'on ne peut nier ni la foi ni l'expérience du travail moderne le plus ingrat, n'a-t-elle pas aussi conclu son expérience d'ouvrière en écrivant « nul n'accepterait d'être esclave deux heures. L'esclavage pour être accepté doit durer assez chaque jour pour briser quelque chose dans l'homme ».

C'est ce respect de l'homme et de sa nature divine qui pousse aujourd'hui une partie du clergé et des croyants à retrouver dans le christianisme primitif et l'enseignement oublié de beaucoup de Pères de l'Eglise les raisons de refuser en même temps que la société industrielle, la valeur démesurée qu'elle accorde au travail.

C'est le même respect de l'homme qui entraîne de leur côté certains marxistes à ne plus se satisfaire des seules conclusions économiques de la pensée communiste, pour se souvenir que Marx lui aussi a souvent cherché à remettre le travail à sa juste place pour des raisons éthiques et philosophiques. On se souvient facilement qu'il en faisait le « processus vital de toute société », mais se souvient-on qu'il écrivait aussi « le travail est extérieur à l'homme, il s'y renie et ne se sent bien que lorsqu'il le quitte et accomplit ses fonctions animales, boire, manger, procréer », ou encore « le travail n'est pas spontanéité, seule l'activité non productrice peut l'être » ?

Mais surtout, sait-on assez que pour lui le travail était un moyen et non une fin, et que dans la société future « la liberté commencerait là où il disparaîtrait définitivement » ? Dans *l'Idéologie allemande* il avait d'ailleurs déjà écrit : « Dans une société communiste ou socialiste toutes les professions deviendraient pour ainsi dire des passe-temps ; il n'y aurait plus de peintres, mais seulement des gens qui entre autres choses passeraient une partie de leur temps à peindre ; il y aurait des gens qui aujourd'hui font ceci, demain cela, qui chassent le matin, vont pêcher l'après-midi, élèvent du bétail le soir, sont critiques après dîner comme bon leur semble sans pour autant devenir chasseurs, pêcheurs, bouviers ou critiques. »

Ce sont là évidemment révélations souvent aussi surprenantes pour certains communistes que le sont pour les catholiques celles ayant trait à des aspects jusque-là plus ou moins ignorés du christianisme. Leur parallélisme et leur conjonction même expliquent peut-être pourquoi notre époque assiste parfois à des rencontres si inattendues entre l'action de militants chrétiens et celle de militants d'extrême-gauche. Mais dans son *Droit à la paresse,* Paul Lafargue, gendre de Marx, après s'être écrié plus jeune « la Science ne nie pas Dieu, elle le rend inutile », ne faisait-il pas appel lui aussi au Sermon sur la Montagne pour donner plus de poids à sa condamnation de la conception bourgeoise du travail en particulier, et de toute valorisation excessive du travail dans n'importe quelle société en général ?

Cette référence, assez étrange pour l'époque, sous la plume d'un écrivain socialiste, et cette prise de position assez éloignée de celle des rédacteurs du *Manifeste,* n'empêchèrent pourtant pas Lénine de saluer en lui, lors de ses obsèques en 1911, « un des propagateurs les plus doués et les plus profonds du marxisme ». Depuis il est vrai, son œuvre était tombée dans l'oubli, et les rares commentateurs qui y faisaient allusion préféraient n'y voir que paradoxe et presque canular. Pendant longtemps il fut même presque impossible de trouver ses ouvrages en librairie. Depuis quelques années au contraire, les rééditions s'en sont multipliées, aussi vite épuisées que mises en vente, comme si malgré les consignes de silence, beaucoup étaient impatients d'y trouver enfin la caution historique et socialiste de leurs propres opinions, pour pouvoir affirmer avec lui que « c'est folie que l'amour du travail, la passion moribonde du travail poussée jusqu'à l'épuisement des forces vitales de l'individu et de sa progéniture ». D'auteur maudit, le pauvre docteur Lafargue commence ainsi peu à peu à faire figure de génial précurseur.

Il est vrai que, parallèlement à cette mise en lumière des aspects oubliés de la pensée occidentale, ou ignorés des pensées orientales ou primitives, les découvertes récentes de sciences nouvelles, telles par exemple la biologie, l'éthologie ou la psychanalyse, contribuaient elles aussi à ce renversement des valeurs dont pâtissent au premier rang toutes celles qui, de près ou de loin, se rattachent à l'activité de travail.

Plus l'accent est mis sur l'influence des déterminismes génétiques et des pulsions subconscientes dans la naissance des motivations et de nos comportements, et plus en effet il devient illusoire d'attendre du seul travail l'épanouissement de nos personnalités. Plus l'intervention de facteurs encore aussi mal connus que la défense du territoire où l'agressivité naturelle apparaît importante dans l'élaboration de nos réactions bio-psychologiques, et plus peut sembler ridicule le rôle excessif attribué jusqu'à hier aux seules ambitions professionnelles et aux seules satisfactions du travail bien fait. Plus enfin la psychologie et la sociologie nous apprennent que la joie, la frustration et le bonheur, sont sensations essentiellement relatives et non quantifiables, et plus il apparaît illusoire de les faire dépendre du seul statut socio-professionnel ou des avantages et inconvénients qui leur sont directement rattachés.

Certains censeurs atrabilaires voient dans les mouvements actuels de contestation, surtout quand ils remettent en cause des valeurs traditionnelles, les effets d'une entreprise concertée appelée à avilir l'homme en le détournant de ses équilibres et de ses fins naturels. Rien n'interdit de penser au contraire que beaucoup de tentatives faites pour aujourd'hui donner un sens nouveau au travail cherchent au contraire à rétablir une harmonie entre les progrès de la technique et ceux souvent antinomiques de la connaissance. Comment un tel effort si urgent et si ambitieux de synthèse entre les lois de l'homme et celles de la nature ne s'accompagnerait-il pas inévitablement d'excès et de maladresses ?

9

Rêves et réalités

S'essayer à montrer que les générations actuelles n'éprouvent plus pour le travail le respect aveugle qui était traditionnellement de mise, expose nous le savons bien, à se voir accusé de prêter son concours à ceux qui, par n'importe quel moyen, cherchent à détruire notre société en même temps qu'à ruiner notre civilisation. Le risque est encore plus grand quand l'imprudence va jusqu'à analyser les raisons de cette évolution, en semblant les comprendre et donc parfois les approuver.

La susceptibilité de beaucoup est telle en ce domaine que c'est à leurs yeux refuser tout sens et tout prix au travail que simplement s'interroger sur le fait de savoir si la place que lui reconnaissait notre culture dans l'échelle des valeurs morales et sociales est encore légitime, et surtout si elle ne devient pas contraire à l'intérêt même de cette culture. Autant il est de bon ton de se déclarer partisan de plus de liberté en matière de sexualité et de plus d'égalité en matière de revenus, autant c'est, semble-t-il, faire œuvre d'anarchiste ou d'illuminé que de simplement prétendre qu'il est devenu impossible pour l'ensemble de nos contemporains de se retrouver libres et égaux dans l'exercice de leur métier. Affirmer de surcroît qu'une telle ambition deviendra de plus en plus irréalisable pour un nombre croissant de travailleurs ne peut, dans ces conditions, que faire sourire ou hausser les épaules, puisque cette assertion paraît en complète contradiction avec ce qui est généralement dit du progrès, et avec ce que continue d'enseigner la presque totalité des pensées scientifiques, politiques et religieuses.

C'est donc là position inconfortable qui risque de l'être encore plus à partir du moment où il est réclamé de ceux qui s'y tiennent des remèdes à la mesure de la vision pessimiste qu'ils ont de l'avenir des sociétés industrielles.

Il serait évidemment tentant de répondre qu'une telle responsabilité est plus celle des technocrates et des hommes politiques et qu'un heureux partage des compétences voudrait que ces hommes de décision aient seuls à tirer les conséquences de ce que tentent plus ou moins maladroitement de leur faire connaître ceux dont, au contraire, l'horizon scientifique et professionnel se limite à l'observation et à l'étude.

L'expérience prouve malheureusement que de tels vœux ressortent encore plus de l'utopie que les plus folles hypothèses de mai 1968. Plus les princes qui nous dirigent croient maîtriser l'économie à travers leurs ordinateurs et l'opinion publique à travers les moyens d'information, et plus ils sont tentés de mépriser les réactions psychologiques individuelles ou collectives qu'ils ont tendance à ne considérer que comme des épiphénomènes affectifs et illogiques. Pour eux, l'ennui de toute une population est sans valeur, puisqu'il paraît jusqu'ici fort bien toléré et qu'il échappe à toute tentative de quantification.

La peur de déboucher sur des options qui pourraient paraître immédiatement politiques et électoralistes, ou la pression d'arrière-pensées de même nature, empêchent d'ailleurs presque toujours que soient abordés franchement les problèmes urgents de nos sociétés, dont l'étude exigerait de la part de chacun une objectivité devenue presque impossible.

Sensible aux interrogations que ne devait pas manquer de faire naître une révolution des idées et des techniques dont il prévoyait déjà l'acuité, l'historien qu'était Renan croyait comme nous l'avons rappelé que, comme lors de chaque crise de civilisation, l'angoisse de notre génération susciterait la naissance d'un nouveau système de pensée et de croyance propre à momentanément l'apaiser.

Est-ce se montrer trop sceptique ou mal informé que de conclure aujourd'hui à la vanité d'une telle attente, quand la soif d'absolu et de certitudes nouvelles dont témoignent en effet tant de nos contemporains, ne trouve à s'étancher que dans les rubriques d'astrologie, ou la remise au goût du jour de vérités anciennes ou lointaines ?

Peut-être n'est-il pas certain que l'humanité sache à tout coup faire face à n'importe quelle situation critique en imaginant chaque fois des solutions entièrement neuves ? Soit que tout ait déjà été dit ou inventé, soit que son génie et sa plasticité s'épuisent à mesure qu'elle vieillit ou que les problèmes qu'elle a à affronter échappent à la simple dimension de l'homme.

Peut-être au contraire la crise n'est-elle pas encore assez aiguë pour que les habituels mécanismes naturels de défense aient déjà eu le temps de se mettre en place ou d'entraîner l'adhésion des plus sages ou des plus puissants ?

Puisque tout ce qui a trait aux sciences de l'homme a le triste privilège de scandaliser en même temps les défenseurs de l'ordre et ceux de la liberté, chaque fois qu'en ce domaine paraissent mélangés l'économique et le psychologique, n'est-il pas permis de s'essayer à dépasser ces querelles ?

C'est bien entendu se condamner à ne souligner que quelques évidences ou à n'esquisser que quelques timides critiques ou quelques modestes lignes d'action.

Que ceux qui ne s'en contentent pas cherchent à faire preuve de plus d'audace et peut-être aussi de plus d'imagination.

Les évidences.

Il est permis aujourd'hui à n'importe qui d'affirmer n'importe quoi au sujet de l'avenir de notre civilisation, surtout quand il s'agit de prévoir lesquelles des valeurs morales et sociales traditionnelles et de celles qui commencent à s'y opposer triompheront finalement.

Rien en effet, si l'on excepte les préjugés personnels, ne permet, dans l'état actuel des choses, de dire par exemple si la famille, la propriété et les mœurs actuelles seront balayées par un complet bouleversement des idées et des modes de vie, comme l'ont été avant elles l'esclavage, la féodalité et la polygamie, ou si au contraire elles sortiront fortifiées des combats dont elles auront triomphé.

Il n'en est pas ainsi de tout ce qui touche au travail, et dès maintenant il est facile de préciser les limites de ce qui, en ce domaine, est probable, demeure possible, ou restera toujours impossible, et cela quelle que soit l'évolution des techniques et des mentalités.

Sans nous permettre de tout en comprendre, nos progrès dans la connaissance de l'économie, de la psychologie et de la sociologie sont maintenant tels en effet qu'il serait aussi stupide d'en nier certaines lois et certains mécanismes que d'oser en physique nier le IIe principe de Carnot.

Beaucoup, malheureusement, des plus naïfs de nos jeunes contestataires, désorientés par la mode actuelle qui veut que toute vérité soit récusée quand elle n'est pas prônée par leur génération, ne savent plus faire la part exacte entre ce qu'il est licite de remettre en question et ce qu'aucune ignorance ou aucune mauvaise foi ne devrait autoriser à mettre en doute.

D'autres, parmi les plus âgés ou les plus inquiets, se refusent de leur côté à admettre les affirmations les plus irrécusables, à partir du moment où elles sont proposées par des disciplines scientifiques trop nouvelles qui, telles les sciences humaines, leur paraissent les premières responsables du désordre actuel des idées.

Est-ce faire preuve d'une susceptibilité exagérée que de remarquer que chaque fois qu'un ordre établi est menacé, ceux qui font profession d'observer sont accusés par les uns de se faire les complices de la répression, et par les autres de se faire les apôtres de la révolution ?

C'est pourquoi il n'est peut-être pas inutile de rappeler, préalablement à toute suggestion, ce que chacun devrait garder présent à l'esprit avant d'avancer ses propres hypothèses.

La pérennité du travail humain.

Au risque de passer pour un disciple trop zélé de Monsieur de La Palice, force est ainsi de préciser, avant toute autre chose, que jamais l'humanité ne se verra complètement dispensée de l'obligation de travail et que, malgré les promesses prévisibles du progrès, il restera toujours une somme incompressible de responsabilités et de tâches qui restera à la charge des individus parce que ni les robots, ni les machines ne pourront jamais les assumer seuls.

Certains n'en sont pas entièrement convaincus. Ce qu'ils croient savoir de l'automatisation et des ordinateurs les amène de bonne foi à croire que tôt ou tard toute intervention humaine se révélera inutile dans la totalité des secteurs d'activité. La diminution générale des temps de travail constatée depuis quelques décennies dans la plupart des nations industrielles serait ainsi l'amorce d'une évolution irréversible, aboutissant obligatoirement à leur totale suppression. Seuls les intérêts suspects du capital ou de la politique pourraient momentanément la contrarier.

C'est oublier un peu trop facilement qu'il faudra toujours des esprits ou des bras humains pour surveiller, entretenir et surtout inventer les machines indispensables, et qu'il restera toujours des besognes d'exécution ou de conception qu'aucun outil, même très sophistiqué, ne pourra mener à bien. Si dans certaines industries de pointe l'automatisation se traduit par une diminution du personnel, elle ne le supprime jamais totalement et sur le plan local ou national implique au contraire le développement parallèle d' « entreprises de main-d'œuvre » ou de « services » pléthoriques.

Les plus récentes statistiques d'emploi sont en effet unanimes à montrer que, si le progrès des techniques entraîne indéniablement des redistributions et même des économies de main-d'œuvre au stade de la production, il provoque aussi obligatoirement des créations de poste, au stade de l'étude, du contrôle, de la gestion et de la distribution. Il en est de même dans les services où la mécanisation, si elle améliore la qualité et le rendement des opérations, se traduit elle aussi paradoxalement par une augmentation globale des tâches et des emplois. Dans le secteur tertiaire comme dans le secteur secondaire, chaque nouvel allégement de la contribution humaine à l'achèvement du produit fini (objet ou décision) se trouve à peu près complètement compensé par les fonctions nouvelles qui naissent en amont ou en aval de cette opération. L'agriculture elle-même n'échappe pas au phénomène et, après avoir longtemps disposé de « trop de bras », elle commence maintenant, contrairement à toutes les prévisions, à en manquer. S'il faut en effet de moins en moins de cultivateurs ou d'éleveurs, il faut au contraire de plus en plus de spécialistes en machines agricoles, en coopératives, en engrais, ou en conserveries alimentaires, pour les aider à produire et à mettre sur le marché.

Aucun futurologue, même parmi les plus audacieux, n'a jamais fait allusion à une éventuelle disparition du travail humain. Au mieux, certains d'entre eux se sont essayé à esquisser les limites entre lesquelles s'inscrirait l'évolution de son volume, et donc des temps de travail individuels, en fonction de ce que pourraient être les futurs systèmes économiques, et surtout les besoins des générations à venir.

On ne peut en effet séparer la notion de travail de celle de besoins. Si l'homme de demain apprenait à limiter ses appétits, il serait évidemment en droit d'attendre du progrès, à défaut de totale suppression, une diminution sensible des efforts qu'ils réclameront toujours pour être satisfaits. Rien n'interdirait alors d'imaginer pour lui une existence où le travail n'occuperait plus dans les emplois du temps qu'une place fort réduite. Mais n'est-il pas plus raisonnable malheureusement de penser que, comme nous, nos descendants ne cesseront de transformer en nécessité ce qui la veille n'était que superflu, et ce faisant se condamneront inexorablement, quel que soit le secours de la science, à toujours travailler autant, sinon plus ? N'oublions pas que nos contemporains, si fiers du progrès, travaillent pourtant en moyenne beaucoup plus que leurs ancêtres il y a un ou deux siècles. A supposer même que l'humanité devienne plus sage et veuille modérer ses exigences, l'explosion démographique et la complexité croissante des sociétés ruineraient presque à coup sûr cette ambition, en augmentant sans cesse le nombre des consommateurs et celui des fonctions liées au développement des nouvelles relations et structures socio-économiques.

Il n'est même pas certain que l'automation soit un jour capable de permettre l'instauration d'une civilisation où le temps réservé aux loisirs dépasserait de beaucoup celui qui leur est aujourd'hui consacré. Ce serait donc pure utopie qu'en attendre plus et ceux qui s'y abandonnent, en donnant en exemple l'oisiveté de quelques marginaux ou de quelques mystiques, oublient que de telles exceptions ne sont et ne resteront possibles que parce qu'elles vivent du travail des autres.

La pérennité du travail ingrat.

Si ceux qui croient ou disent possible l'avènement d'une société enfin libérée de l'obligation de travail ne constituent en fait qu'une infime minorité, surtout soucieuse de trouver des excuses à sa propre paresse, il n'en est pas de même au contraire de ceux qui pensent sincèrement que le progrès technique, sans supprimer le labeur humain, est capable de le débarrasser de tout ce qui le rend ennuyeux ou pénible. C'est là en effet une hypothèse qui, à force d'être avancée un peu partout, à tort et à travers, finit par s'imposer comme vérité incontestable, admise en particulier très facilement par tous ceux que leur profession met à l'abri de tâches trop rebutantes.

Il est vrai que les machines peuvent contribuer à la complète disparition des travaux exigeant des fatigues musculaires excessives ou présentant des dangers réels pour l'intégrité physique. Elles ont déjà commencé à le faire et rien n'interdit d'espérer qu'un jour viendra où les derniers obstacles liés à la rentabilité de certaines productions ayant disparu, aucun travailleur ne sera plus astreint à des besognes trop épuisantes.

Il n'en est pas de même malheureusement des postes de travail qui, sans réclamer des efforts excessifs, usent ceux qui les occupent trop longtemps, en sollicitant exagérément leur attention ou en les abrutissant de monotonie et d'ennui.

Il a déjà été fait précédemment allusion à cette évolution qui veut au contraire que le progrès des techniques se traduise plus par un contraste croissant entre les tâches très qualifiées et celles qui le deviennent de moins en moins, que par une élévation globale des niveaux moyens de qualification. Depuis la fin de la dernière guerre, les statistiques de main-d'œuvre des nations développées montrent toutes en effet que loin de diminuer, comme il est si souvent et à tort répété, les emplois de manœuvres, d'O.S. et d'employés non qualifiés, ne cessent d'augmenter parallèlement à l'élévation des taux d'industrialisation et d'expansion. Pour la France, cet accroissement aurait été officiellement d'environ 7 % depuis quinze ans et doit être selon les experts d'au moins 3 % d'ici à 1980. Il est beaucoup plus élevé dans la réalité, sans qu'il soit possible de le mesurer exactement, car, pour des raisons de nomenclature salariale et d'indices hiérarchiques, beaucoup de ces emplois sont recensés dans d'autres rubriques que celles où ils devraient figurer.

Seule la présence des travailleurs immigrés, affectés essentiellement aux tâches les plus obscures, cache aujourd'hui la véritable dimension du phénomène aux populations autochtones qui, grâce à eux, s'en trouvent momentanément, dans leur grande majorité, encore écartées. Cela ne peut être là que situation provisoire. Un moment viendra obligatoirement où de jeunes Européens devront prendre le relais des Algériens, des Antillais ou des Guinéens, retournés dans leurs pays. Même si les employeurs faisaient alors les efforts d'investissement en machine, que rend aujourd'hui inutile la contribution financièrement rentable de cette masse d'ouvriers et de manœuvres peu exigeants et facilement remplaçables, la surprise n'en sera pas moins fort désagréable pour beaucoup. Il n'est peut-être pas inutile de s'y préparer dès maintenant, ne serait-ce qu'en dissipant les illusions trop complaisamment entretenues dans ce domaine.

Les attentes toujours plus exigeantes.

Une telle entreprise de démythification paraît d'ailleurs d'autant plus nécessaire et urgente qu'il y a tout lieu de prévoir qu'en même temps les attentes individuelles ne cesseront pas de leur côté de se faire plus exigeantes, dans le domaine de la profession comme dans tous les autres. Elles sont en effet directement liées à la somme d'informations reçues par chacun et à la possibilité qu'a donc chacun de se comparer à autrui. Or, il est difficilement concevable d'attendre des années qui viennent un renversement de la tendance actuelle, c'est-à-dire une subite diminution de l'influence des mass media ou un recul des mesures générales d'éducation. Même s'il apparaît déjà à certains esprits chagrins qu'il est parfois dangereux de donner à l'ensemble des populations trop d'instruments de réflexion et trop d'occasions de critique, il n'est plus dans le pouvoir d'aucun système politique de contrôler ce processus. Certains s'y essaieraient-ils qu'ils verraient bientôt leurs efforts de censure intérieure réduits à néant par l'apparition dans le ciel, au-dessus des frontières, de satellites relais de radiodiffusion et de télévision. Est-il d'ailleurs possible de revenir en arrière dans ce domaine sans risques de se priver de l'ensemble des apports scientifiques extérieurs dont chaque pays a besoin pour rivaliser avec les autres, ou sans risquer même de stériliser intellectuellement ses propres élites ? Comment faire la part exacte entre l'information qui nourrit la connaissance et l'efficacité, et celle qui risque de nourrir la critique, entre l'éducation qui prépare à la profession et celle qui développe la personnalité ?

Mais avoir toujours plus d'exigences, c'est inévitablement s'exposer à toujours plus de déceptions, et nous savons maintenant que dans n'importe laquelle de nos sociétés industrielles modernes, le taux des frustrations s'élève avec le niveau moyen de qualification et de culture.

Comment dès aujourd'hui ne pas s'inquiéter alors des conflits que ne manquera pas de faire naître la conjonction de l'élévation générale des aspirations avec le non moins inévitable appauvrissement des tâches ? Faisant le bilan de son voyage en Chine, Alain Peyrefitte évoquait au sujet de l'enthousiasme des travailleurs de ce pays les tailleurs de pierres de Péguy. Interrogés sur leur activité, le premier disait « casser des cailloux », le deuxième « gagner sa vie » et le troisième « construire une cathédrale ». Si l'occasion ne leur est pas offerte de participer à une grande œuvre, il est à peu près certain que nos enfants se sentiront de moins en moins heureux de « gagner leur vie » en ne faisant que « casser des cailloux ». Tout semble pourtant y condamner un nombre grandissant d'entre eux.

Les solutions incomplètes.

Ce serait faire un mauvais procès aux technocrates que prétendre qu'ils se désintéressent complètement du sens nouveau à donner à l'activité de travail dans nos sociétés industrielles et post-industrielles, ou qu'ils ne savent proposer à des situations entièrement neuves, que des remèdes anciens. Même si beaucoup d'entre eux ont trop longtemps attendu pour avoir la révélation d'insatisfactions et d'inquiétudes qui débordaient du cadre habituel des revendications de salaire et d'horaires, la plupart savent maintenant qu'il leur faut faire preuve de plus d'imagination, et qu'il devient urgent pour eux d'agir, ou tout au moins de réunir des commissions d'étude.

Les pouvoirs publics ont peur d'explosions populaires d'autant plus difficiles à contrôler qu'elles seraient à première vue inexplicables et donc imprévisibles. Les pouvoirs économiques et les employeurs préfèrent dès maintenant faire des concessions d'ordre psychologique et d'effet financier négligeable, plutôt que s'exposer à devoir faire plus tard des sacrifices beaucoup plus lourds. Les syndicats et les partis d'opposition ont appris à leurs dépens qu'il leur fallait faire preuve de plus d'invention pour continuer à précéder leurs troupes et ne plus être dépassés par elles. Il est juste aussi d'ajouter que, sans aucune de ces arrière-pensées, beaucoup de spécialistes de l'organisation du travail, de la médecine du travail, ou de la psychologie industrielle, commencent à les encourager tous dans cette même voie.

La multiplicité de ces motivations et de ces approches plus ou moins antinomiques fait que, malheureusement, rares sont les initiatives concrètes qui tiennent compte à la fois de tous les intérêts en cause et de tous les points de vue scientifiques concernés.

Dans le rapport de forces actuel, le souci de protéger la production et l'ordre l'emporte en général sur celui d'offrir à chacun les chances de se construire le bonheur qui lui plaît. Au mieux un consensus se dégage parfois pour condamner ce qui est supposé insupportable à tous. Comme si toutes les attentes individuelles se conformaient à un même et unique modèle ! Comme si ce qui est jugé bon ou mauvais par les spécialistes l'était toujours ainsi par l'ensemble de ceux dont ils se préoccupent ! Compte tenu de la pression encore fort lourde des idéologies traditionnelles, il est évident aussi que la plupart des solutions proposées pour rendre moins pénible l'existence des travailleurs, continuent de s'inspirer de définitions du travail largement dépassées et apparaissent ainsi, plus souvent, comme de simples palliatifs que comme les nécessaires prémisses de la révolution des idées et des mœurs qui s'impose en ce domaine. Cela ne veut pas dire qu'elles soient toujours inutiles ou mal venues, car beaucoup d'entre elles représentent une amélioration non négligeable de conditions de travail et de vie demeurées jusque-là injustes et parfois scandaleuses.

Peut-être faut-il pourtant souvent leur faire grief de retarder par leurs effets momentanément heureux ou trop habilement exploités, l'étude de mesures plus ambitieuses dont la mise en œuvre obligatoire risque d'être d'autant plus délicate qu'elle sera plus retardée.

L'enrichissement des tâches.

Le souci subit manifesté par les pouvoirs publics et les employeurs d'améliorer les conditions du travail à la chaîne est probablement le meilleur exemple de ces faux-semblants et de l'ambiguïté des préoccupations qu'ils traduisent. Il a fallu qu'un peu partout des O.S. de la grande industrie manifestent bruyamment et en même temps leur refus de continuer à se soumettre à des efforts trop monotones et trop fatigants, pour que du jour au lendemain les jugements portés sur l'automation et la production en grande série changent du tout au tout.

Parce que le seuil de tolérance de ces travailleurs s'était abaissé à mesure que s'élevait le niveau de leurs attentes ou parce que les impératifs de la compétition économique avaient fait trop accélérer les cadences, ce qui hier encore paraissait presque normal devenait matière à scandale. De technique de pointe indispensable à la diffusion des biens de consommation, la chaîne devenait le symbole des erreurs du progrès. C'était là jugement propre à satisfaire tout le monde, et c'est probablement ce qui explique qu'une telle publicité lui ait été si soudainement faite.

Les travailleurs, et surtout ceux directement concernés, ne peuvent que se féliciter de tout ce qui concourt à améliorer leur sort. Les employeurs, utilisant, eux, la technique classique du contre-feu sautent sur l'occasion de faire eux-mêmes le procès de ce qui n'est en réalité qu'un petit secteur de leurs responsabilités pour détourner l'attention de l'ensemble des autres problèmes posés par l'évolution du travail moderne. Quelle meilleure politique aussi pour les gouvernements, qu'exagérer l'importance dc quelques aspects marginaux de la condition salariale pour retarder des mouvements de revendication plus larges ?

Sur un terrain si bien préparé, il était normal que foisonnent les expériences, et qu'une audience démesurée soit accordée à leurs plus modestes résultats.

Aucune grande entreprise n'a voulu rester à l'écart de ce mouvement dont les retombées publicitaires pour leurs propres images de marque n'étaient pas non plus négligeables. Chacune propose ainsi maintenant ses solutions, toutes plus séduisantes les unes que les autres : travail par petites équipes, redistribution et regroupement des responsabilités, initiatives plus grandes dans le choix des cadences et le partage des tâches, etc.

Aucune de ces innovations n'a en fait jusqu'ici dépassé le simple stade de l'expérimentation. Les quelques petits groupes d'ouvriers qui y ont servi de cobayes, s'ils ont pu parfois paraître se féliciter fugitivement du changement de leurs habitudes, avouent en général n'y trouver en fin de compte aucun réel motif de satisfaction.

Comment pourrait-il en être d'ailleurs autrement ? Quelle « astuce subalterne » empêchera jamais, dans le contexte économique et technologique actuel, que n'augmente la masse des travaux ingrats, et quelle manipulation psychologique interdira, dans le contexte culturel qui est le nôtre, que ceux qui y sont affectés ne les comparent tristement à d'autres demeurés plus exaltants ?

Il n'est pas sérieux d'espérer en faire disparaître totalement le caractère insupportable en se contentant d'en améliorer la présentation.

L'égalité des chances sociales et professionnelles.

Il est à la mode aussi de réclamer aujourd'hui pour tous les jeunes des chances égales de réussite. Tous les partis politiques font de cette ambition légitime le principal de leurs propagandes électorales. C'est là évidemment un souhait qu'il paraît difficile de contester tant il paraît naturel et tant sa réalisation apparaît comme plus urgente à mesure que se généralisent les aspirations au bien-être et que semblent se niveler les différences inter-classes et inter-groupes.

C'est dans cet état d'esprit que sont proposées depuis quelques années de si nombreuses mesures d'orientation scolaire et professionnelle, et de si fréquentes réformes de l'enseignement général, de la formation professionnelle et même des services de placement de la main-d'œuvre. Il serait pour le moins osé d'affirmer qu'elles ont déjà abouti aux résultats recherchés, ou qu'elles sont même de nature à autoriser une telle ambition. Si quelques progrès ont été réalisés, il demeure évident que les déterminants sociologiques continuent à jouer, dans l'élaboration du devenir de la plupart des individus, un rôle presque aussi décisif qu'hier. Ce qui est peut-être nouveau, c'est qu'aux habituels mécanismes de sélection par la fortune ou le statut d'appartenance commencent à se substituer de plus subtiles influences culturelles. Le fait d'appartenir à une famille aisée, mais indifférente ou mal informée semble aujourd'hui hypothéquer plus gravement l'avenir que le fait d'être issu de parents pauvres, mais capables d'aider par eux-mêmes à l'orientation et aux succès scolaires de leurs enfants.

De toute manière, rien n'est changé dans l'adéquation à peu près parfaite qui continue à s'établir entre la hiérarchie des filières d'enseignement et la pyramide des emplois et des statuts socio-professionnels. Une minorité se trouve dirigée presque naturellement du sommet de l'une au sommet de l'autre, tandis que la majorité se répartit au gré des aléas du marché du travail sur le reste de l'échelle des honneurs et des salaires. Chacun paraît inséré dans la vie active selon ses résultats scolaires et donc ses mérites, alors qu'il ne l'est presque toujours qu'en fonction de l'inégalité persistante de ses chances socio-culturelles de départ.

Les plus récents travaux des psychologues et des éducateurs ont prouvé en effet que plus de 80 % des enfants, quelle que soit leur hérédité, étaient en réalité capables de prétendre aux succès universitaires les plus brillants, si l'éducation nécessaire à ces performances leur était prodiguée dès le premier âge. Seules les différences éducatives continuent donc d'expliquer avec les différences de réussite intellectuelle les différences de réussite sociale.

Il est évidemment juste d'attendre du progrès social la disparition de telles inégalités et il est même probable qu'un jour viendra où, à eux seuls, les simples progrès de la culture générale et de l'information y parviendront.

Mais que se passera-t-il alors, quand le nombre de ceux qui pourront prétendre à des emplois de haute responsabilité dépassera de beaucoup le nombre de postes privilégiés, quand il y aura plus d'aspirants ingénieurs que de candidats ouvriers, et quand il faudra affecter à des tâches demeurées ingrates des individus formés à de plus nobles ambitions ? Est-ce vraiment préparer le bonheur des générations futures que s'exposer à augmenter ainsi les occasions de rancœur et de frustration, et n'est-il pas dangereux de continuer à canaliser toutes les énergies et tous les enthousiasmes vers les seules réussites professionnelles, alors qu'il est certain qu'en ce domaine appelé à rétrécir, les sociétés futures ne pourront pas tenir toutes leurs imprudentes promesses ?

N'est-il pas temps au contraire de s'intéresser à tous les autres secteurs d'activité humaine, où les individus, quels que soient les progrès des techniques et de l'éducation, seront assurés de conserver des chances égales et illimitées de réussite et d'épanouissement ?

La consommation et les loisirs

C'est évidemment ce à quoi s'appliquent plus ou moins consciemment ceux qui pensent qu'il est toujours facile de se consoler d'un travail devenu lassant en profitant sans vergogne des avantages matériels qu'il procure.

Il est encore de bon ton dans quelques petits cercles bourgeois de refuser de s'intéresser à la condition des travailleurs des usines et des bureaux, sous prétexte qu'il serait ridicule de s'apitoyer sur une classe sociale qui en si peu de temps a pu accéder à un niveau de consommation et à des habitudes de loisir jusque-là réservées à de rares privilégiés. La possession d'une machine à laver, d'un poste de télévision et surtout d'une automobile leur paraît incompatible avec toute revendication justifiée, surtout quand ces anciens « damnés de la terre » n'hésitent pas, par ailleurs, à encombrer les routes de vacances et les plages estivales. Ce sont ces mêmes « bonnes âmes » qui jugent aussi n'importe quelle autre profession en fonction des revenus qu'elle dispense et, mesurant la réussite sociale au train de vie, n'accordent leur estime qu'aux étalages de fortune et de luxe.

Cet état d'esprit est d'ailleurs, en général, plus le fait d'épouses oisives que de leurs maris, car il est rare que les hommes qui travaillent ne sachent pas faire la différence, quel que soit leur statut socio-professionnel, entre les satisfactions retirées de l'activité de travail et celles que sa rétribution permet de s'offrir. Mais ne sont-ce pas les femmes qui contribuent le plus aujourd'hui à la formation des mentalités collectives ? Dans cette appréciation des relations métier-argent ou métier-mode de vie, les préjugés bourgeois vont d'ailleurs dans le même sens que les lancinants soucis financiers des mères de famille ouvrière ou que les pressions de la publicité commerciale.

Plutôt que de réellement s'intéresser aux vrais problèmes soulevés par l'évolution actuelle du travail, les pouvoirs publics et les employeurs ne sont-ils pas aussi souvent tentés d'accorder une importance apparemment excessive à leurs seuls aspects économiques ou matériels, parce que ce sont ceux dont la solution paraît la plus facile immédiatement et la moins dangereuse à long terme ?

Comment critiquer les syndicats de se prêter à ce jeu, quand subsistent encore tant de situations économiques déplorables, tant d'horaires excessifs, tant de pauvretés et tant de fatigues ?

Mais de même qu'il n'est pas déraisonnable d'attendre des progrès de l'éducation une sensible atténuation des inégalités culturelles, il n'est pas utopique d'attendre du progrès économique une disparition presque complète de ces statuts misérables. Tout au moins dans nos sociétés développées, et à condition qu'aucune catastrophe ou mutation ne vienne modifier le sens prévisible de l'évolution actuelle. Que se passera-t-il alors ? Suffira-t-il de bien payer et même de surpayer les travaux ingrats pour les rendre supportables et suffira-t-il d'augmenter les temps de repos et les facilités de loisir pour faire oublier l'ennui de certaines tâches ?

Ce sont là deux perspectives aujourd'hui confondues qui méritent pourtant des réponses séparées.

Pour ce qui est des résultats à attendre d'un accroissement continu des richesses et d'une élévation elle aussi continue du plancher des salaires et des rétributions, aucune hésitation n'est permise. Les lois de la psychologie et de la biologie veulent en effet que les besoins augmentent toujours plus vite que les satisfactions qui leur sont accordées. Il est donc impossible d'attendre un jour de la sagesse des hommes une quelconque pause dans leur quête incessante de biens et de joies, et cela quelles que soient l'opulence et la félicité des sociétés futures.

Comme, même dans une société riche et socialement égalitaire, les tâches resteront toujours différentes, il est à peu près certain aussi que les individus n'accepteront jamais d'être égaux au plan de la consommation et inégaux au plan du travail, et qu'il sera par ailleurs toujours vain de s'essayer à définir une échelle des rémunérations et des loisirs qui coïncide exactement avec la diversité des efforts laborieux à récompenser ou à payer. De telles harmonies ne sont possibles que lorsqu'elles s'inspirent d'idéologies toutes-puissantes, et l'expérience prouve malheureusement aussi qu'elles ne sont longtemps viables que dans des collectivités sociales maintenues volontairement ou non dans un relatif état d'ignorance ou d'indigence.

Ce sont là, il faut bien le dire, des modèles qui nous deviennent de plus en plus étrangers.

Des espérances beaucoup plus justifiées sont par contre nées de ce qu'il est convenu d'appeler l'avènement d'une civilisation de loisirs.

A mesure que diminuait la part de temps exigée du travail, et qu'augmentait celle libérée pour d'autres activités, la tentation est devenue grande d'opposer radicalement ces deux aspects contraires de la vie, au lieu de chercher à les rendre complémentaires.

Compris comme devant tout à la fois délasser, divertir et développer, c'est-à-dire comme pouvant offrir ce qu'offrait de moins en moins le travail, les loisirs devaient tout naturellement faire peu à peu figure d'antidote, de remède ou de substitut de ce même travail.

Faute de trouver des occasions de s'épanouir dans leur labeur quotidien, les hommes les trouveraient dans le repos, le jeu et la culture.

C'était évidemment là hypothèse séduisante, propre à apaiser les inquiétudes de ceux qui se préoccupaient du bonheur des individus, comme celles de ceux qui attachaient surtout de l'importance à la stabilité et au maintien de la production. Grâce au progrès, une conciliation paraissait enfin possible entre des impératifs jusque-là incompatibles. Qu'elle était attrayante l'image de ces sociétés édéniques où les citoyens, après avoir fourni à la collectivité leur contribution laborieuse, oublieraient vite ces pénibles instants en courant sur les stades, en se livrant librement à leurs « hobbies » ou en répondant aux appels de leurs muses favorites.

Cette aimable vision s'est peu à peu ternie. Il est facile en effet d'observer que les week-ends ou les vacances, loin de faire oublier le poids du travail, en rendent au contraire la perspective de plus en plus désagréable à partir du moment où se rapproche l'échéance du lundi matin ou de la fin des congés. Combien de repos, qui pourraient être agréables, sont même gâchés par sa seule évocation ! Ce ne sont pas là puériles attitudes ou fruits d'une imagination morbide, puisque toutes les observations des médecins du travail concluent dès maintenant à l'augmentation des accidents immédiatement après les périodes chômées et à l'apparition, de plus en plus fréquente, d'états de fatigue psychosomatiques parfois graves et prolongés après toute interruption du rythme laborieux habituel. Plus le repos s'allonge, et plus en réalité la réadaptation à l'effort ou à l'ennui devient pénible. Les travailleurs qui pour la première fois bénéficient, grâce au progrès social, de vraies vacances, avec dépaysement et changement complet de leurs habitudes, loin de vraiment se réjouir, s'étonnent surtout d'avoir pu si longtemps supporter sans broncher la vie ingrate qui avait été la leur jusque-là, et qui le redeviendra à l'expiration de cet entracte. Beaucoup même, à cette occasion, quittent leur entreprise ou leur métier et cherchent un nouvel emploi à la dimension des attentes qu'ont fait naître les horizons nouveaux qu'ils viennent de découvrir.

En réalité, plus la masse des travailleurs prendra goût aux joies que peuvent procurer de véritables loisirs, et moins elle sera disposée à accepter de bon cœur l'ingratitude d'une condition laborieuse que seule l'ignorance d'autres perspectives rendait supportable. Il faudrait une inconcevable révolution des esprits pour qu'il n'en soit pas ainsi et pour que le souvenir de moments heureux et épanouis, loin d'égayer la monotonie du quotidien, ne vienne pas au contraire la rendre encore plus sombre. Dans ce domaine aussi toute comparaison ne peut qu'être frustrante.

C'est là, dira-t-on, avoir bien piètre opinion du courage de ses semblables. Mais est-il préférable de fermer les yeux par pudeur et de paraître ignorer ce que chacun sait fort bien, en son for intérieur, pour l'avoir lui-même probablement éprouvé ? Il faut en effet exercer un métier bien passionnant ou passer de fort mauvaises vacances pour attendre avec impatience la fin des jours de congé. Faut-il alors se taire pour respecter une image de l'homme trop imprégnée de stéréotypes et se faire ainsi le complice de rêves qui ne pourraient qu'hypothéquer l'avenir ?

Autogestion.
Participation, néo-capitalisme, etc.

La plupart des familles politiques, conscientes du malaise actuel et assurées qu'il ne saurait que s'aggraver si rien ne changeait dans les habitudes et les structures, cherchent aussi de leur côté à trouver des solutions originales.

Les unes, simples déclarations d'intention, semblent plus désireuses de rajeunir l'image d'une société libérale essoufflée que de bouleverser ses rapports de force. D'autres, plus élaborées et s'inspirant d'un véritable projet politique, témoignent de plus d'ambition.

A toutes, sincères ou non, pourrait être pourtant fait le reproche d'ignorer un peu trop les facteurs psychologiques personnels en supposant à tous les individus d'une même collectivité une semblable hiérarchie des attentes et des refus. Peut-être parce qu'elles ont en commun de devoir trop aux économistes de tous bords, toutes cèdent en effet à la même tentation de croire ou de faire croire qu'il suffit d'augmenter la part de chacun dans la distribution équitable des fruits de son travail ou des responsabilités de sa gestion pour, du jour au lendemain, faire oublier à l'ensemble des travailleurs l'ingratitude de leurs efforts quotidiens.

C'est assurément un objectif vers lequel il faut tendre, mais il ne peut qu'être une étape, parmi d'autres, d'un processus qui devrait être beaucoup plus ambitieux, et dont rien jusqu'ici ne permet de penser qu'il a assez mobilisé les imaginations politiques.

A voir combien deviennent de plus en plus nombreux les jeunes qui commencent à refuser toute responsabilité, ou à préférer des salaires médiocres à des statuts professionnels trop contraignants, il est permis de se demander si ces voies ne risquent pas en fait de mener vers de nouveaux conflits, chaque fois que la publicité qui leur est faite risque de faire croire à la jeunesse que les générations adultes s'entêtent à ne rien vouloir comprendre de ses véritables aspirations.

Ne pourrait-on attendre des responsables politiques, dont la pensée et l'action s'inspirent d'un véritable souci de progrès social, un peu plus d'audace dans l'esquisse d'un monde futur qui, pour une fois, ne chercherait pas à imposer à tous ses membres un système unique et trop rigide de valeurs ? Pourquoi, en particulier, devraient-ils demeurer aussi respectueux des impératifs de la production ou de la croissance ?

Conclusion

Propositions.

Dans le désordre des idées et le trouble des consciences qui caractérisent la fin de ce XXe siècle, ce n'est assurément pas faire preuve d'originalité ou prendre grand risque que mêler sa voix au concert de toutes celles qui s'interrogent, s'inquiètent, ou contestent. L'outrance et la passion leur sont si familières qu'il suffit alors d'être mesuré pour être jugé objectif. Quand de surplus l'intérêt se porte presque exclusivement sur les aspects éthiques et psychologiques de l'activité de travail, les chances sont minces d'entrer en conflit avec quiconque, tant jusqu'ici ces questions ont été négligées ou se sont dissimulées derrière d'autres plus brûlantes.

Il n'en est plus ainsi à partir du moment où, après avoir décousu, il faut s'essayer à recoudre. Même quand une telle entreprise est plus préoccupée d'équilibre psycho-caractériel et d'hygiène mentale que de grands principes, elle s'expose en effet alors tout naturellement à autant d'attaques que de sourires. Mais est-il honnête de critiquer sans rien proposer ?

Ce n'est d'ailleurs pas témoigner d'une excessive présomption que souligner quelques truismes en se contentant d'indiquer les grandes lignes de ce que pourrait être leur possible champ d'application dans une société future encore en gestation. N'importe quelle réflexion sur le sens à accorder aujourd'hui au travail humain devrait, nous semble-t-il, s'inspirer de deux propositions essentielles qui découlent tout naturellement des analyses précédentes.

— Il existe chez l'homme un besoin naturel d'œuvrer à une activité de son choix pour témoigner de son existence. Ce besoin ne fera que croître à mesure que s'élèvera son niveau de connaissance et ne pourra que se diversifier à mesure qu'augmenteront ses informations sur le monde.

— Le progrès ne libérera jamais entièrement l'homme de l'obligation de travail, mais il lui offrira des chances grandissantes de satisfaire ses appétits d'action, de créativité, et d'épanouissement, à condition de ne plus faire de l'activité de travail l'unique et indispensable instrument de cet accomplissement.

Remarques sur ces propositions.

Il n'est pas obligatoirement nécessaire de faire référence à des considérations métaphysiques pour penser que l'être humain a besoin d'autre chose que de « pain et de jeux » pour se sentir pleinement vivre. Platon avait inventé le mythe de l'acteur en coulisse qui dans le dos des hommes tirait les ficelles pour les faire agir. La biologie et la psychologie nous ont depuis appris qu'une telle intervention n'était pas indispensable pour expliquer le désir impérieux qui pousse chacun de nous, comme l'écrivait Dante, « à retrouver sa propre image dans l'action ».

Pour les biologistes, cet élan naturel est la traduction sublimée à la dimension humaine des efforts imposés à tout ce qui vit pour survivre et se perpétuer dans l'espèce. L'homme est encore trop proche de sa condition animale et instinctuelle, de ses déterminants cellulaires et de ses conditionnements ethologiques pour avoir tout oublié des systèmes primitifs d'autorégulation, de défense ou d'agressivité qui lui interdisent de subir passivement son environnement, sans chercher à se singulariser et à s'affirmer dans l'action. Parce qu'il était, au départ de son aventure, la plus désarmée des créatures vivantes évoluées, il a dû aussi, pour ne pas disparaître, non seulement se battre sans cesse, mais encore inventer, c'est-à-dire, en se pliant aux règles des essais et des erreurs, multiplier les expériences fécondes ou stériles. Le souvenir de ces tentatives et de ces apprentissages est inscrit dans ses métabolismes et dans ses gènes, et l'oblige encore aujourd'hui à chercher à toujours faire mieux, à se dépasser, pour simplement exister.

Il peut arriver que ces impulsions et ces empreintes du passé entraînent à des réactions et des comportements qui ressemblent plus à de l'agitation qu'à une rigoureuse administration des dépenses musculaires ou intellectuelles. La physiologie ne nous apprend-elle pas que beaucoup d'états pathologiques, comme par exemple l'état de « stress », ne sont faits que de l'exagération incontrôlée d'auto-défenses naturelles ? Mais à partir de quels critères décider dans ces domaines entre ce qui est effort d'adaptation et ce qui n'est que désordre, entre ce qui est équilibre ou maladie, entre ce qui est respect d'une finalité mystérieuse et ce qui n'cst quc soumission aux lois du hasard évolutionniste ?

Pour les psychologues, sans que pour autant cette hypothèse soit en contradiction avec la précédente, ce besoin irrésistible d'agir, d'œuvrer, trouverait son origine dans le subconscient. Selon les différentes écoles psychanalytiques, il serait le seul moyen que l'homme a de lutter contre son angoisse existentielle, soit en s'évadant pour un temps de l'éternel conflit entre Eros et Thanatos, soit en obéissant à un profond désir de domination ou d'agression, soit enfin en inspirant son propre vécu du souvenir inconscient de tout le vécu agissant du passé de l'humanité.

Les médecins commencent à bien connaître les troubles organiques entraînés par une trop longue mise au repos d'un ou plusieurs de nos appareils moteurs, et les psychiatres rattachent beaucoup de névroses à l'impuissance à satisfaire cet élan vital.

Plus cette disposition de nos corps et de nos esprits apparaît comme essentielle, et plus évidemment certains s'interrogent pour savoir s'il faut la reconnaître non plus comme un simple besoin, mais comme un véritable droit.

Appartient-il à la société d'aider autant que faire se peut à sa satisfaction, ou au contraire se doit-elle d'en imposer le libre choix ? C'est là querelle sans intérêt. En réalité, à partir du moment où la prise de conscience de cet appétit se généralise, ce qui est appris vient une fois de plus exagérer ce qui n'était jusque-là que vrai et spontané. Ce serait menacer l'équilibre même des sociétés à travers celui de chacun de ses membres que l'ignorer ou ne pas tout faire pour l'apaiser. Il en est de cet appétit comme de tous les autres qui grandissent à mesure qu'augmentent les moyens de les satisfaire et qui finissent par devenir aussi impérieux que la faim, la soif ou le sommeil. Viendrait-il à l'esprit de quiconque de se demander si la nécessité de manger ou de dormir à sa suffisance mérite la rédaction d'un article spécial de la Constitution ?

Il y a tout lieu de penser que nos enfants, mieux instruits des facultés potentielles d'agir qu'ils ont en eux — dans des domaines peut-être encore inexplorés aujourd'hui — et mieux à même d'en tirer parti, grâce à l'enrichissement prévisible de leurs divers apprentissages culturels ludiques ou sportifs, se révéleront plus exigeants que nous.

Alors qu'il suffit à beaucoup de nos contemporains de simplement subsister ou ne pas trop s'ennuyer pour se dire heureux, leurs descendants ne se contenteront pas de ces modestes ambitions. Même s'ils se lassent peu à peu d'une surabondance de biens matériels, et peut-être même surtout dans cette hypothèse, il est sûr qu'ils chercheront à mieux s'accomplir dans n'importe quelle activité digne de l'image plus riche qu'ils auront d'eux-mêmes.

Chacun s'accorde à penser que la société de consommation, loin d'apaiser les désirs et les appétits, ne fait au contraire que les exacerber par la publicité et l'étalage toujours plus grand de ses multiples tentations. Il serait déraisonnable d'espérer que la société de « savoir et de comparaison » qui s'installe n'ait pas de semblables effets sur des attentes et des élans encore plus naturels.

Le progrès technique ne va pas manquer d'ailleurs de faciliter et d'accélérer cette évolution. La masse globale de travail exigée de l'ensemble des hommes risque évidemment de varier demain en fonction des systèmes économiques et politiques, ou des idéologies qui les sous-tendront. Il n'en est pas moins vrai que, dans n'importe quelle hypothèse, il n'est pas déraisonnable d'attendre des conquêtes de la science une relative diminution de la part qui en incombera à chacun, en même temps qu'une redistribution des fruits de l'expansion qui privilégiera de plus en plus le secteur des activités étrangères au travail proprement dit.

La place que commencent déjà à occuper dans l'économie, l'industrie des loisirs ou celles du tourisme, et celle qui est déjà faite dans l'éducation générale à l'audio-visuel, à la culture populaire ou aux sports, témoignent déjà de cette tendance irréversible, comme en témoigne encore plus évidemment l'importance toujours plus grande attachée par les masses à leurs distractions et à leurs vacances. Rien ne pourra, semble-t-il, empêcher que peu à peu il apparaisse comme naturel et légitime que les journées et l'existence tout entière se partagent en trois périodes de durée à peu près égale, l'une réservée à l'alimentation, au sommeil et à l'hygiène ; la deuxième consacrée au travail ; et la troisième enfin de complète liberté.

C'est le modèle déjà proposé à beaucoup, et pourtant rares sont, nous venons de le voir, ceux qui s'en satisfont pleinement. Tout semble au contraire se passer comme s'il y avait paradoxalement contradiction grandissante entre un processus culturel qui développe chez tous les attentes d'une vie plus épanouissante et un développement socio-économique qui paraît pourtant toujours plus aider à la réalisation de ces ambitions.

C'est qu'en réalité, dans l'état actuel des jugements de valeurs et des structures qu'ils inspirent, il ne peut jamais y avoir concordance exacte au plan des individus, des fruits de ces deux phénomènes parallèles. Pour que les ajustements souhaitables se fassent, il faudrait en effet que nous ayons tous à peu près la même idée de ce que nous appelons une vie bien remplie, que nos choix soient libres et que le partage des chances et des moyens de s'épanouir soit aussi équitable que celui des tâches ingrates encore à la charge de la collectivité.

L'indispensable désacralisation.

Quel que soit le contexte social ou politique, il est sûr en particulier que rien ne pourra changer de cet état de choses, tant que demeurera intangible la valeur excessive traditionnellement accordée au concept de travail, tant que « faire » se confondra avec « agir », et « travailler » avec « œuvrer ».

Sous la pression des idéologies dominantes, il avait été jusqu'ici assez facile de confondre l'élan naturel qui poussait les hommes à se prouver dans l'action avec la nécessité matérielle qui les obligeait à travailler.

Tout ce qui n'était pas travail, c'est-à-dire maîtrise utilitaire de la nature, n'était qu'activité marginale, propre à divertir ou à reposer, mais incapable de jamais répondre à la seule véritable vocation de l'homme qui était de gagner sa vie à la sueur de son front.

Il n'y avait pas grand dommage à s'en tenir à ce contraste manichéen tant qu'existaient encore un très grand nombre de métiers propres à concilier l'activité de travail de tous avec la plupart des appétits individuels d'accomplissement ou de dépassement ; surtout tant que ne s'était pas généralisée comme aujourd'hui la conscience aiguë de ces appétits.

Maintenant que c'est de moins en moins souvent le cas, le moment semble au contraire venu de dissocier la notion d'épanouissement de la personnalité de celle de l'obligation de travailler. Cela ne peut être possible qu'en désacralisant celle de travail. Puisqu'il n'est plus possible d'offrir à tous des chances égales de satisfaire des élans personnels qui tendent à devenir de plus en plus impérieux, est-il raisonnable et juste, en effet, pour sauvegarder un principe, de condamner de plus en plus d'individus à se sentir coupables d'être frustrés ?

Au stade de développement où elles sont arrivées, nos sociétés n'ont plus besoin de justifications idéologiques pour imposer les tâches qui sont encore indispensables à leur subsistance et à leur développement. Une grande majorité de leurs membres savent fort bien qu'il leur faudra toujours y consacrer une partie de leur temps et de leur énergie, mais beaucoup d'entre eux commencent à penser que c'est leur mentir que faire trop systématiquement de cette contribution un acte de foi politique ou religieux. Toujours disposés à apporter leur contribution à l'effort collectif, ils commencent à refuser que ce tribut souvent pénible soit présenté comme la source presque unique de toute joie et de tout orgueil, surtout quand il devient évident qu'en ce domaine certains sont beaucoup plus privilégiés ou défavorisés que d'autres. Une minorité continue à trouver dans sa profession des motifs légitimes de satisfaction. C'est tant mieux pour elle. Mais comme c'est en général elle aussi qui forge l'idéologie du moment et en fait la loi, n'y a-t-il pas de sa part escroquerie quand elle prétend imposer à tous un modèle de réussite et de bonheur qu'elle seule peut en réalité respecter ? Quand chaque individu, à la place modeste que lui attribue son ambition, ses mérites ou son conditionnement socio-culturel, effectue au mieux les tâches que la société réclame de lui, pourquoi lui refuser le droit de trouver en dehors de son poste de travail une image plus noble de lui-même, aussi riche que celle que quelques privilégiés continuent à trouver dans le seul exercice de leur métier ?

Rien ne l'interdit aujourd'hui, dira-t-on, et l'importance attachée aux loisirs ou aux vacances est là pour en témoigner. C'est trop oublier qu'il faut être bien courageux ou bien indifférent à l'estime des autres pour attacher grand prix à des fiertés que le jugement commun continue à présenter comme futiles ou entachées de paresse et de mauvais esprit. Sous un scepticisme de façade, la plupart de nos contemporains sont encore bien incapables de se sentir à l'aise dans des situations que leur culture condamne et quand il leur arrive de trouver en dehors de leur travail de véritables satisfactions, il leur est bien difficile d'y voir autre chose que des consolations. On ne se débarrasse pas si aisément d'un long conditionnement moral quand ceux qui s'arrogent le choix de dire le juste et le vrai, loin de vous y aider, ne semblent chercher qu'à le rendre encore plus contraignant.

Comment ne pas se sentir coupable de trouver plus de joie à cultiver les roses de son jardin qu'à s'ennuyer à son établi ou à son bureau quand la presque unanimité des moyens d'information ne cesse d'insister sur les mérites de la conscience professionnelle ou sur l'orgueil que ne manque jamais de faire naître l'accomplissement de son labeur ? Quand la plupart des images de bonheur, d'équilibre et de créativité données en exemple dans les discours et sur les écrans, sont celles de réussites professionnelles, il est bien difficile de ne pas se sentir différent, et donc anormal, en prétendant à d'autres satisfactions. Cela, même si dans le fond de leur cœur, beaucoup pensent de même. Qu'il le veuille ou non, et qu'il en soit conscient ou non, chacun de nous est soumis aux pressions de l'opinion publique telle qu'elle est définie ou présentée par les mass media. Est-il exagéré de prétendre que tant que les modèles sociaux et moraux qu'elle offrira s'inspireront en matière de travail des valeurs les plus traditionnelles et les plus rigoristes, ce sera se condamner à l'insécurité au plan matériel comme au plan psychologique, qu'oser affirmer et prouver dans l'action son dédain de tels principes ?

Et pourtant ! en quoi serait-il dangereux pour l'équilibre de nos sociétés de proclamer qu'une fois l'impôt en travail payé, il est aussi noble de chercher à se prouver soi-même dans le sport, le militantisme syndical, l'amateurisme théâtral ou la gestion de son groupe et de sa communauté que dans son métier ou sa carrière ? Ne serait-ce pas le seul moyen d'élargir pour tous les perspectives de succès et de créativité que le développement des techniques s'évertue à rétrécir dans le domaine du travail et du métier ?

Ce n'est pas, pensons-nous, accorder une importance excessive aux seules susceptibilités affectives de nos jugements de valeur habituels, que chercher à déculpabiliser les individus qui ont le plus urgent besoin d'être rassurés sur leur propre valeur. Ce serait peu payer pour empêcher que leurs frustrations au travail ne soient aussi l'occasion de se sentir en tout, différents des autres, et donc niés ou rejetés par la société. Il ne faut pas oublier d'ailleurs que parce que les collectivités d'aujourd'hui sont de mieux en mieux informées, elles sont de plus en plus sensibles au poids de l'opinion publique et à ses changements les plus légers. Il suffirait de peu de choses pour que les notions essentiellement subjectives de réussite et d'échec acquièrent en peu de temps un tout autre sens. Ne serait-il pas tentant à cette occasion d'essayer de faire pour une fois des mass media un instrument de paix psychologique au lieu de les laisser comme aujourd'hui alimenter surtout des rancœurs et des jalousies ?

La liberté de choix des modèles de réussite.

Il ne serait pas inutile en même temps de chercher à alléger l'effet d'autres préjugés et d'autres modèles. L'image classique de la réussite « par et dans » le travail est la seule dans notre monde occidental à avoir valeur normative, mais elle n'est pas la seule à exercer une influence au moment de décider de l'avenir socio-professionnel et du sens à donner à la vie. Au lieu de s'inspirer de l'idéologie globale, ces modèles complémentaires reflètent en général au contraire les préoccupations propres à une classe sociale ou à un simple groupe d'appartenance. Il est ainsi des familles où seuls comptent les diplômes et les honneurs, tandis que d'autres n'accordent d'importance qu'à l'aisance matérielle ou à la sécurité, et que d'autres se sentiraient déshonorées de compter parmi les leurs des poètes, des artistes, des rêveurs ou tout simplement des travailleurs manuels. De tels conditionnements étaient supportables quand les enfants qui y étaient soumis pouvaient être longtemps tenus à l'écart de toute connaissance réelle d'autres devenirs. A partir du moment où à l'école ou devant leurs écrans, leur curiosité est sollicitée par d'autres modèles, par ailleurs fort bien acceptés par la société, comment beaucoup d'entre eux ne réagiraient-ils pas en refusant de continuer à s'intéresser à des destins vers lesquels ils ont été trop tôt aiguillés de force ?

Des efforts ont déjà été entrepris dans ce sens, ne serait-ce que pour revaloriser les métiers manuels. Ils ne seront pas suffisants tant qu'il ne sera pas communément admis qu'à condition de bien tenir sa place dans l'effort collectif de travail, il est aussi légitime de trouver sa satisfaction dans la poursuite d'une carrière, la recherche des honneurs ou la course à l'argent, que dans la quête de sécurité, de quiétude, de dépaysement ou de travaux sans responsabilité. Pourquoi empêcher les uns de consacrer toute leur énergie et tout leur enthousiasme à leurs « hobbies » s'ils savent se contenter à l'usine et au bureau de tâches monotones et pourquoi priver les autres de l'orgueil qu'ils ont à gravir les échelons de la hiérarchie et de la notoriété en sacrifiant toute chance de joie ou de repos étrangère à cette seule ambition ? Pourquoi les uns ne préféreraient-ils pas faire un métier pénible, mais bien payé, plutôt que de s'ennuyer dans un travail monotone et insuffisamment rémunéré ? Pourquoi d'autres au contraire ne paieraient-ils pas de renoncements financiers le plaisir de se livrer à des travaux passionnants ou d'assumer des responsabilités exaltantes ?

En continuant à diversifier les tâches et les fonctions, les sociétés futures ne feront qu'élargir le champ de toutes ces options plus ou moins contradictoires et elles le feront de manière à pouvoir satisfaire qualitativement et quantitativement les attentes les plus diverses. Ce serait accorder bien de l'importance à de simples préjugés que ne pas saisir cette chance de satisfaire toujours plus les individus, sans sacrifier un seul des vrais intérêts de la collectivité.

La véritable égalité des chances.

Reconnaître à chaque individu le droit et même le devoir de choisir à sa guise, hors de toute pression morale et culturelle, la voie qu'il lui faut prendre pour pleinement se réaliser, ne suffit pas. Il faut aussi lui offrir le moyen de concrétiser cette aspiration.

Il n'est pas exagéré d'affirmer qu'aujourd'hui la presque totalité des chances de réussite est monopolisée dans tous les domaines par une petite minorité qui ne laisse aux autres que les bribes d'un festin pourtant toujours plus copieux. Ce sont les mêmes qui trouvent intérêt à leur profession, bénéficient de revenus élevés, jouissent de loisirs véritablement reposants et épanouissants, ont appris à apprécier les arts et la culture, et profitent des honneurs et de la respectabilité. Ce sont les mêmes qui, d'autre part, s'épuisent à des tâches pénibles et monotones, se lèvent tôt et rentrent tard, se débattent dans des difficultés économiques sans fin et savent aussi mal profiter de leurs vacances que des facilités de se distraire et se cultiver qui leur sont proposées.

L'égalité des chances est toujours présentée comme une égalité des chances de promotion dans la pyramide des diplômes et des professions. C'est là un noble objectif, mais c'est aussi, nous le savons, un objectif qui ne pourra jamais être entièrement réalisé car il se heurte à trop d'impossibilités, tenant aux structures des sociétés industrielles, et surtout parce qu'il ne correspond pas en réalité à l'unanimité des attentes.

Ne serait-il pas, dans ces conditions, moins utopique ou moins hypocrite de s'essayer à faire d'un égal partage des joies et des peines imposées par la vie en collectivité la véritable égalité des chances. Chances qui ne seraient plus seulement mesurées en terme de réussite socio-professionnelle, mais en terme de *qualité de vie*.

Il n'est pas forcément déraisonnable d'aspirer à l'avènement d'une société où pour prix d'un travail pénible serait assuré un surcroît de salaire et de repos, où la respectabilité et la notoriété dans la profession n'auraient pas besoin d'autres gratifications pour s'affirmer, où la fierté d'inventer, de créer, de se sentir responsable, se suffirait à elle seule pour prouver la réussite, où chacun enfin pourrait trouver dans ses temps de liberté les moyens de s'épanouir que lui refuserait son métier.

A partir du moment où le développement économique permettrait d'assurer à tous les individus un niveau de consommation élevé, ce ne serait priver personne qu'envisager une telle répartition des avantages liés à l'effort laborieux. Ce ne serait pas non plus condamner qui que ce soit à l'ennui ou à l'étouffement de ses virtualités que profiter de l'augmentation continue des loisirs et des instruments d'acculturation pour donner à tous des chances égales de s'épanouir en dehors du travail quotidien.

Si une telle vision de l'avenir peut aujourd'hui paraître encore un peu trop onirique, elle ne l'est assurément pas plus que toutes celles qui promettent pour demain une société de *justice* et d'*égalité* sans chercher à s'interroger sur la nouvelle signification que la plupart des hommes commencent à donner à ces deux concepts. Plus s'atténuent les inégalités économiques trop criantes, et plus en effet augmente le désir de voir surtout disparaître celles qui ont trait à la simple joie de vivre.

Il est évident qu'il faudra beaucoup de temps ou des crises bien graves, beaucoup de persévérance, ou une bien grande inquiétude pour que la conscience collective et les initiatives de ceux qui s'en font les interprètes reflètent une ambition si neuve.

Est-il si difficile pourtant d'imaginer une société qui ferait de la recherche d'une telle joie son premier impératif et son meilleur ciment ?

On la verrait mal d'esprit capitaliste tant les notions de profit, de consommation et de compétition sont en contradiction avec ce qu'elle exigerait d'équilibre, de mesure et d'organisation.

Socialiste donc, on voit mal aussi aujourd'hui à quel modèle existant elle pourrait se référer, modèle qui ne devrait pas se contenter de remplacer l'entreprise privée par l'entreprise d'Etat, qui ferait de la liberté la condition de son développement et qui, surtout, s'attacherait à concilier l'évolution de l'économie avec les véritables aspirations des individus.

C'est probablement le choix des modes de croissance et des politiques culturelles, plus que des étiquettes idéologiques qui lui donnerait son véritable visage.

Mais ce sont là des perspectives qui échappent encore, et c'est probablement heureux, à la compétence des seules sciences humaines.

Ne pourrait-on pourtant pas préparer, dès maintenant, cette révolution parallèle des systèmes et des mentalités, en s'attaquant aux préjugés en même temps qu'aux structures et en menant de pair la construction politique et la démythification ?

En attendant de proposer un jour à chacun des chances égales de réussite, il n'est pas trop tôt pour apprendre à tous ce que vraiment signifie ce mot de réussite, quand il est compris comme un accomplissement de l'être tout entier et non plus seulement comme une simple consécration sociale.

Il est temps donc d'aider, dès maintenant, ceux qui en sont encore incapables à redécouvrir en eux-mêmes les profondes aspirations qu'un trop long conditionnement a, peu à peu, fait taire.

Ce serait déjà préparer des jours meilleurs que révéler à tous ceux qui se découragent dans leur travail les véritables raisons de cette frustration, le sens des combats qu'ils pourraient mener pour que le progrès ait de moins fâcheuses conséquences, et toutes les chances qui leur restent de trouver en dehors du travail des raisons de continuer à croire en eux-mêmes.

A supposer que cela soit trop tard pour quantité d'adultes trop fatigués, trop désabusés pour réagir, cela ne l'est pas pour les jeunes qui ont encore tout à construire de leur avenir.

Beaucoup des adolescents qui ont aujourd'hui seize ans ont peu de chance de jamais trouver dans leur futur emploi les raisons et les moyens de s'affirmer et de s'épanouir.

Pourquoi ne pas les préparer dès maintenant à cette échéance, au lieu de la dérober honteusement derrière un écran démodé de vérités et de promesses fallacieuses ?

D'abord, bien entendu, en amenant chacun d'entre eux à prendre conscience de ce qui le condamne personnellement à un avenir si peu souriant, à l'analyser et donc à s'essayer à le corriger. Mais aussi, en les intéressant tous très tôt aux efforts déjà entrepris pour lutter contre l'évolution actuelle du travail salarié.

Plus concernée par le futur que ses aînés, la jeunesse est aussi plus capable d'innover parce qu'elle est plus imaginative et parce que surtout elle est moins embarrassée d'entraves idéologiques. Ce serait une faute que de refuser sa contribution, comme c'en est déjà une de la maintenir dans l'ignorance de phénomènes dont elle est condamnée à être la victime. Il faut l'empêcher de développer des attentes qui seront d'autant plus cruellement frustrantes qu'elle auront été trop longtemps entretenues, mais il faut aussi lui donner les moyens de gérer le mieux possible le douteux héritage que lui laissera notre génération.

Nous savons que le devenir socio-professionnel de chaque écolier est presque tout entier décidé bien avant la fin de sa scolarité obligatoire. Pourquoi ne pas profiter des structures éducatives dans lesquelles se trouvent encore les futurs O.S. ou les futurs employés non qualifiés, pour développer chez eux, parallèlement à une véritable réflexion sur le devenir de la société dans laquelle ils vivront, le goût et l'apprentissage d'activités, étrangères au travail, mais propres à leur offrir ultérieurement une chance de ne pas faire de leur vie un long ennui ?

Pourquoi ne pas profiter aussi des étapes successives d'orientation pour dresser le bilan complet de leurs goûts et de leurs aptitudes en essayant de déborder les habituelles et trop étroites perspectives professionnelles ? Ne pourrait-on imaginer, qu'à ces occasions, soient apportés autant de soins et d'intérêt à mettre en évidence les virtualités esthétiques, artistiques, sociales, ludiques ou sportives, que les prédispositions plus ou moins naturelles à un quelconque métier ?

L'information qui leur est encore si maladroitement prodiguée aujourd'hui ne pourrait-elle porter autant sur le cadre social, politique ou économique dans lequel ils auront à exercer leur futur métier que sur les conditions de travail et la nature des tâches que son choix implique ?

Il est dès aujourd'hui inadmissible que la société continue à confondre l'entrée dans la vie avec la seule entrée dans le monde du travail, et croit avoir assumé la plénitude de ses responsabilités en proposant n'importe quel emploi à n'importe quel jeune, sans jamais se soucier de savoir s'il y sera heureux ou s'il s'y sentira des chances de le devenir, égales à celles de tous les autres de son âge.

De telles réflexions peuvent paraître attacher trop de prix aux facteurs psychologiques et à l'intérêt que chacun attache à sa propre image, mais existe-t-il, en ce monde, notion plus subjective que celle de bonheur ?

Éléments de bibliographie

Le concept de travail.

Adret et coll., *Travailler deux heures par jour,* Paris, Le Seuil, 1977.

Aristote, *La Politique,* Paris, PUF, 1950.

Aron, R., *Dix-Huit Leçons sur la société industrielle,* Paris, Gallimard, 1962.

Chombart de Lauwe, P. M., *Pour une sociologie des aspirations,* Eléments pour des perspectives nouvelles en sciences humaines, Paris, Denoël, 1969.

Dumazedier, J., *Vers une civilisation du loisir ?,* Paris, Le Seuil, 1962.

Durkheim, E., *De la division du travail social,* Paris, PUF, 1967.

Fourastié, J., *Le Grand Espoir du XXe siècle,* Paris, Gallimard, 1963.

Friedmann, G., *Où va le travail humain ?,* Paris, Gallimard, 1953.

Hegel, G. W. F., *La Phénoménologie de l'Esprit,* Paris, Aubier, 1947.

Illich I., *Le Chômage créateur,* Paris, 1977.

Lafargue, P., *Le Droit à la paresse,* Paris, Maspero, 1965.

Marx, K., *L'Idéologie allemande,* t. 1 : *Feuerbach,* Paris, Editions sociales, 1965.

Marx, K., *Contribution à la critique de l'économie politique,* Paris, Editions sociales, 1957.

Proudhon, P. J., « Système des contradictions économiques ou philosophie de la misère », in *Œuvres complètes,* Paris, Rivière, 1926.

Saint-Simon, C. M., *Du système industriel,* Nouveau christianisme, in *Œuvres complètes,* t. 3, Paris, Anthropos, 1966.

Thomas d'Aquin, *Somme théologique,* Paris, F. Rieder et Cie, 1927.

Vialatoux, J., *Signification humaine du travail,* Paris, Editions ouvrières, 1953.

Weber, M., *Economie et Société,* Paris, Plon, 1971.

Weber, M., « L'Ethique protestante et l'esprit du capitalisme », in *Etudes de sociologie de la religion,* t. 1, Paris, Plon, 1964.

La jeunesse.

Copferman, E., *La Génération des blousons noirs,* Problèmes de la jeunesse française, Paris, Maspero, 1962.

Copferman, E., *Problèmes de la jeunesse,* Paris, Maspero, 1967.

Davranche, M., Fouchard, G., *Enquête sur la jeunesse,* Paris, Gallimard, 1968.

Dufrasne, C., *Des millions de jeunes,* Etudes recueillies et présentées par C. Dufrasne, Paris, Editions Cujas, 1967.

Duquesne, J., *Les 16-24 ans.* Ce qu'ils sont, ce qu'ils pensent d'après une enquête de l'IFOP, Paris, Le Centurion, 1963.

Ferrand, S., *La Jeunesse nouveau tiers état,* Gallimard/Laffont.

Field, M., Brohn, J.-M., *Jeunesse et Révolution,* Paris, Maspero, 1976.

Jousselin, J., *Les Révoltes des jeunes,* Paris, Editions ouvrières, 1968.

Kreutz, H., *La Jeunesse et l'Evolution de la société,* Conseil de l'Europe, 1973.

Rousselet, J., *Jeunesse d'aujourd'hui,* Paris, Flammarion, 1960.

Rousselet, J., *L'Adolescent, cet inconnu,* Paris, Flammarion, 1958.

Sauvy, A., *La Révolte des jeunes,* Paris, Calmann-Lévy, 1970.

Sauvy, A., *La Montée des jeunes,* Paris, Calmann-Lévy, 1959.

Teindas, G., Thireau, Y., *La Jeunesse dans la famille et la société moderne,* Paris, Editions sociales, 1961.

Zazzo, B., *Psychologie différentielle de l'adolescence,* Etude de la représentation de soi, Paris, PUF, 1966.

Education.

Baudelot, C., Establet, R., *L'Ecole capitaliste,* Paris, Maspero, 1971.

Bourdieu, P., Passeron, J.-C., *Les Héritiers,* Les étudiants et la culture, Paris, Editions de Minuit, 1964.

Bourdieu, P., Passeron, J.-C., *La Reproduction,* Eléments pour une théorie du système d'enseignement, Paris, Editions de Minuit, 1970.

Chilland, C., *L'Enfant de six ans et son avenir,* Paris, PUF, 1970.

Faure, E., *Apprendre à être,* Paris, Fayard-Unesco, 1972.

Girard, A., Bastide, H., « L'origine sociale des élèves de 6e », in « *Population* » *et l'enseignement,* Paris, PUF, 1970, p. 31-46.

Girard, A., Bastide, H., Pourcher, G., « Enquête nationale sur l'entrée en 6e et la démocratisation de l'enseignement », in *Population,* janvier-mars 1963.

Husen, T., *Origine sociale et Education,* Paris, OCDE, 1972.

Pascaud, E., « Etude statistique des flux d'élèves dans le second degré des enseignements public et privé », in *Etudes et Documents,* n° 23, 1971.

Rousselet, J., « Perception par les jeunes du rôle parental dans leur orientation », in *Revue des affaires sociales,* avril 1968.

Sauvy, A., Girard, A., « Les diverses classes sociales devant l'enseignement », in « *Population* » *et l'enseignement,* PUF, 1970, p. 233-260.

Sauvy, A., Girard, A., *Vers l'enseignement pour tous,* Paris, Bruxelles, Elsevier-Sequoïa, 1974.

Vincent, G., *Le Peuple lycéen,* Paris, Gallimard, 1974.

Vincent, G., *Les Lycéens,* Contribution à l'étude du milieu scolaire, Paris, A. Colin, 1971.

Vrain, P., « Les débouchés professionnels des étudiants », in *Cahiers du Centre d'études de l'emploi,* n° 3, PUF, 1973.

La jeunesse face à l'emploi.

Enquêtes du Centre d'études et de recherches sur les conditions d'emploi et de travail des jeunes et du Centre d'études de l'emploi :

Rousselet, J., Haicault, M., *Recherche sur les motivations et les ambitions socio-professionnelles des jeunes demandeurs d'emploi,* CERCETJ, 1964.

Rousselet, J., Haicault, M., *Etude sur une promotion d'apprentis scolarisés de la (RNUR),* Motivations et ambitions professionnelles, 2 tomes, CERCETJ, 1964.

Balazs, G., Poupard-Chominot, A., *Les Jeunes Filles en formation professionnelle devant le travail,* CERCETJ, 1970.

Le Développement staturo-pondéral et pubertaire d'adolescents apprentis de l'industrie et de l'agriculture, d'origine rurale et d'origine urbaine, CERCETJ, 1970.

Rousselet, J., Faguer, J.-P., Balazs, G., *Les Emplois proposés aux jeunes par la section d'accueil des jeunes de Paris,* 1959-1969, CERCETJ, 1971.

Faguer, J.-P., Balazs, G., « Les emplois proposés aux jeunes de 16 à 18 ans », in *Cahiers du Centre d'études de l'emploi.* n° 2, PUF, 1973.

Rousselet, J., Faguer, J.-P., Kandel, I., Dossou, F., *L'Entrée des jeunes dans la vie active, la génération 1955,* Cahiers du Centre d'études de l'emploi, PUF, 1974.

Rousselet, J., Balazs, G., Mathey, C., *L'idée de travail, de réussite et d'échec chez les jeunes,* Cahiers du Centre d'études de l'emploi, PUF, 1974.

Autres travaux.

Baudot, J., Desmottes, J.-M., Vimont, C., « Conditions de vie et d'emploi des jeunes travailleurs, résultats de deux enquêtes », in *Travaux et Documents,* n° 50, Paris, PUF, 1968.

Boudon, R., *L'Inégalité des chances,* La mobilité sociale dans les sociétés industrielles, Paris, A. Colin, 1973.

Delcourt, C., « Les jeunes dans la vie active », *Economie et Statistique,* n° 18, décembre 1970.

Fourastié, J., *Les Jeunes devant l'emploi,* Paris ANDCP, 1972.

Idiart, P., Goldstein, R., *L'Avenir professionnel du milieu populaire,* Analyse des réponses de 60 000 jeunes, Paris, Editions ouvrières, 1965.

Maupeau-Abboud, N. (de) *Les Blousons bleus,* Etude sociologique des jeunes ouvriers de la région parisienne, Paris, A. Colin, 1968.

Mangenot, M., Alise, N., Remoussin, F., *Les Jeunes face à l'emploi,* Paris, Editions universitaires, 1972.

Rousselet, J., « La volonté profonde de réussite professionnelle chez les jeunes futurs travailleurs », *Revue française des affaires sociales,* décembre 1967.

Rousselet, J., « Le rôle du conditionnement socio-économique et psychique dans la mise au travail précoce des jeunes », *Revue des jeunes travailleurs,* septembre-octobre 1968.

Rousselet, J., « Quelques aspects des ambitions sociales des adolescents », in *Enfance.*

Rousselet, J., « L'adolescent en apprentissage », *Encyclopédie de l'éducation,* Paris, Nathan, 1969.

Rousselet, J., *Nouvelles Attitudes de la jeunesse face au travail,* Communication à l'Académie des sciences morales et politiques, juin 1971.

Rousselet, J., « Les activités " marginales " des jeunes », in *Bulletin d'information du centre d'études de l'emploi,* n° 6, novembre 1972.

Rousselet J., Faguer J.-P., Balazs G., Kandel I., Dossou F., Mathey C., « Les jeunes et l'emploi », *Cahiers du Centre d'études de l'emploi,* n° 7, PUF, 1974.

Rousselet J., Faguer J.-P., Balazs G., Kandel I., Dossou F., Mathey C., « L'entrée dans la vie active », *Cahiers du Centre d'etudes de l'emploi,* n° 15, PUF, 1977.

Schiélé, R., Montjardet, A., *Les Apprentis scolarisés,* Leur mentalité vue par 5 000 d'entre eux, Paris, Editions ouvrières, 1964.

Evolution du travail et de la société.

Bernard, J.-F., *La Condition de l'OS à la Régie Renault,* Paris, Credoc, 1971.

Dumont, J.-P., *La Fin des OS ?* Paris, Mercure de France, 1973.

Fremontier, J., *La Forteresse ouvrière : Renault, une enquête à Boulogne-Billancourt chez les ouvriers de la Régie,* Paris, Fayard, 1971.

Friedmann, G., *Le Travail en miettes : spécialisation et loisirs,* Paris, Gallimard, 1964.

Gavi, P., *Les Ouvriers,* Paris, Mercure de France, 1970.

Goldthorpe, J., Lockwood, D., Bechmofer, F., Platt, J., *L'Ouvrier de l'abondance,* Paris, Le Seuil, 1972.

D'Hugues, P., Petit, G., Rebat, F., « Les emplois industriels, nature, formation, recrutement », in *Cahiers du Centre d'études de l'emploi,* n° 4, PUF, 1973.

Mills, C., Wright, *Les Cols blancs,* Les classes moyennes aux Etats-Unis, Paris, Maspero, 1966.

Lacroix, J., *Force et Faiblesse de la famille,* Paris, Le Seuil, 1949.

Poml, R., Thelot, C., Jousset, M.-E., *L'Enquête formation-qualification professionnelle de 1970,* Paris, INSEE, 1974.

Touraine, A., *Les Travailleurs et les changements techniques,* Paris, OCDE, 1965.

Table

IMP. AUBIN A LIGUGÉ (VIENNE)
D.L. 3e TRIM. 1978. N° 4920 (L 10609)